U1070378

权威·前沿·原创

感谢中共威宁县委、威宁县人民政府对本报告编写的全面支持！

贵州苹果产业发展报告
No.1，2020

李发耀　李顺雨　◎主编

知识产权出版社
全国百佳图书出版单位
—北京—

图书在版编目（CIP）数据

贵州苹果产业发展报告. No.1, 2020 / 李发耀, 李顺雨主编. —北京：知识产权出版社，2021.7

ISBN 978-7-5130-7578-7

Ⅰ. ①贵… Ⅱ. ①李… ②李… Ⅲ. ①苹果—产业发展—研究报告—贵州—2020 Ⅳ. ① F326.13

中国版本图书馆 CIP 数据核字（2021）第 125900 号

责任编辑： 高　超　　　**责任校对：** 谷　洋

封面设计： 叶　娇　　　**责任印制：** 刘译文

贵州苹果产业发展报告　No.1，2020

李发耀　李顺雨　主编

出版发行：	知识产权出版社有限责任公司	**网　　址：**	http://www.ipph.cn
社　　址：	北京市海淀区气象路50号院	**邮　　编：**	100081
责编电话：	010-82000860 转8383	**责编邮箱：**	morninghere@126.com
发行电话：	010-82000860 转 8101/8102	**发行传真：**	010-82000893/82005070
印　　刷：	三河市国英印务有限公司	**经　　销：**	各大网上书店、新华书店及相关专业书店
开　　本：	787mm × 1092mm 1/16	**印　　张：**	19.5
版　　次：	2021年7月第1版	**印　　次：**	2021年7月第1次印刷
字　　数：	288千字	**定　　价：**	88.00元

ISBN 978-7-5130-7578-7

《贵州苹果产业发展报告　No.1，2020》
编委会

作　　者	李发耀　潘学军　李顺雨　李春艳　姚　鹏 马　检　吴　超　杨　华　邵　宇　陶玉鑫 钟　蕾　刘清庭　谢　江　王洪亮　彭邦远 朱琴佳　刘　茜　杜小书　汤　津　涂娟芝 彭渊迪　牟东岭　周金忠　邓昭祥　朱忠琴 谭贵艳　牟　琴　谢　源　谷庆红　张龙芬 刘　松　熊佳佳　梁海伦　代振江　梁　潇 赵　鹏　朱良玉　杨荣福　邓云江
文字注解	李顺雨

主要编撰者简介

李发耀，男，1971 年生，汉族，贵州贞丰人。贵州省社会科学院研究员，贵州大学兼职教授 / 硕士研究生导师，贵州省地理标志研究中心主任，贵州省地理标志研究会会长，中国民族地区环境资源保护研究所兼职研究员，贵州省委宣传部 2010 年“四个一批”理论人才，贵州省苗学会副秘书长，2017 年中国农业品牌建设“十大个人贡献奖”获得者，贵州品牌指数平台首批智库专家。

主要研究专长为：民族地区社会经济与社区可持续发展，传统知识保护，地理标志保护，地方标准体系制定，文化遗产与文化产业等。出版专著《多维视野下的传统知识保护机制实证研究》（知识产权出版社，2008）、《贵州：传统学术思想世界的重访》（第二作者，贵州人民出版社，2010），主编《生态档案：跨越时空的生态历史记忆》（知识产权出版社，2015）、《反贫困的历史征程：来自普定生态文明的报告》（知识产权出版社，2015）、《中国薏仁米产业发展蓝皮书》（社会科学文献出版社，2017）、《贵州地理标志产业发展蓝皮书》（社会科学文献出版社，2018，2018 年 8 月获中国皮书报告一等奖）。发表学术论文 60 余篇，如《地理标志制度框架下遗传资源获取与惠益分享研究》（《贵州社会科学》，2014 年第 10 期）、《地理标志制度对生物资源的保护及可持续利用分析》（《中央民族大学学报》自然科学版，2015 年第 11 期）。主持联合国课题：全球环境基金“赤水河流域生态补偿与全球重要生物多样性保护示范项目”，促进企业参与赤水河流域保护的生态标签机制设计活动。主持国家社科基金课题：地理标志制度视野下西南山区特色产业发展模式研究，多次主持国家部委课题、省长基金课题、省科技厅（知识产权局）课题、省社科规划办课题、省级软科学课题、地方政府委托课题等研究，以及地理标志相关的技术实证、社会经济可持续发展等多个项目。曾经接受美国《科学》杂志社亚太分社，中央电视台（1频道、2频道、7频道），新华社、《中国农民报》、《当代贵州》杂志、《贵州日报》、《经济信息时报》等国内外20多家媒体的专题采访。

李顺雨，威宁自治县高效农业园区管委会副主任，威宁自治县果业发展中心主任，高级农艺师。研究专长：现代农业园区管理、果蔬栽培技术、苹果产地环境绿色安全与病虫害防控。主持多项科研攻关项目："贵州威宁脱毒马铃薯良种繁育技术集成示范与推广""威宁苹果农产品地理标志认证登记""威宁黄梨农产品地理标志认证登记""2017年威宁县重点乡镇精品苹果种植项目""迤那片区精品苹果种植及生态化栽培示范""威宁自治县2016—2017年新增10万亩苹果种植项目""海升集团二期矮化密植肥水一体化精品苹果示范园建设项目""蔬菜产业突破发展夏秋喜凉蔬菜项目和食用菌生态化栽培技术示范""牛棚片区精品苹果提质增效示范""威宁县猴场镇一二三产业融合发展""威宁县易地蔬菜产业扶贫基地建设""威宁苹果'万亩片''千亩村'提质增效项目""威宁苹果地理标志农产品保护工程"。主要成果：获国家农业丰收计划三等奖1项、全国科技助力脱贫攻坚表彰1项、省级农业丰收计划二等奖2项、市县表彰5项，牵头起草威宁苹果、威宁黄梨、威宁白萝卜市级地方标准；发表农业科研与开发论文30多篇，其中第一作者15篇、第二作者11篇。代表性论文主要有：《威宁苹果产业发展现状与对策》《贵州威宁苹果苗木管理技术》《威宁县马铃薯优质高产栽培技术》《威宁软籽石榴栽培管理技术》《威宁软籽石榴花果管理与病虫害防治》《移栽期对马铃薯原种成活率与产量及经济性状的影响》《黔西北蔬菜产业发展现状及对策》《葡萄属种质资源多样性及利用》《种子败育型葡萄胚发育及败育过程中胚珠的内源激素含量变化》《种子败育型无核葡萄胚发育及败育的细胞学研究》《种子败育型葡萄胚珠中内源多胺含量与胚珠发育及败育的关系》《种子败育型葡萄胚珠败育的外观形态学观察》《郑州国家葡萄种质圃考察及对贵州省葡萄发展思考》。

序　言

《贵州苹果产业发展报告　No.1，2020》由总报告、产区报告篇、知识产权篇、专题研究篇及附录五个部分构成。

总报告对贵州苹果产业发展及种植历史进行了介绍，分析了贵州苹果产业发展情况：2020 年，全省苹果种植面积 70 万亩，其中威宁自治县 50 万亩，长顺县 11.43 万亩，赫章县 3.2 万亩，兴义市 1 万亩，盘州市 1.1 万亩，桐梓县 0.8 万亩，其他地区零星种植面积 2 万余亩。全省苹果总产量 50 万吨，总产值约 30 亿元。目前全省苹果品种主要有黔选系列、嘎啦系列、长富系列、烟富系列、华硕、富士 2001 等。全省苹果产业正快速向规模化、标准化、品牌化“三化”方向发展，地理标志、绿色认证、有机认证、名特优产品认证等促进了苹果产业的融合发展。同时，分析了目前贵州苹果产业的优化发展趋势。

产区报告篇是专门设置的独立篇，介绍贵州苹果重点产区的产业发展，包括威宁苹果产业发展报告、兴义苹果产业发展报告、长顺苹果产业发展报告。

知识产权篇，介绍贵州苹果产业发展过程中，现代农业知识产权如何助推贵州苹果产业发展，分析贵州苹果产业发展中的专利、商标、标准、地理标志保护现状。具体包括贵州苹果产业专利发展分析报告、贵州苹果商标发展分析报告、贵州苹果标准发展报告、贵州苹果产业种源分析报告。

专题研究篇， 重点介绍贵州苹果产业发展过程中的热点问题。包括贵州苹果公共政策建设研究报告、贵州苹果产业公共技术发展报告、贵州苹果产业发展公共服务报告、贵州苹果产业发展公共宣传报告、贵州苹果产业“三品一标”发展报告、贵州苹果产业质量安全可追溯建设报告、贵州苹果生产企业发展报告、贵州苹果产业产业链发展报告、贵州苹果产业品牌建设专题报告。

附录部分针对贵州苹果产业发展，梳理推动贵州苹果产业发展的大事记，整体反映贵州苹果产业发展的相关重要信息。

目　录

总报告篇

B1 贵州苹果产业发展概况与发展趋势

李发耀　李顺雨　邵　宇[1]　黄晓芳[2]

摘　要： 贵州省苹果种植始于1904年，已有116年的历史。2020年，全省苹果种植面积70万亩，其中，威宁县50万亩，长顺县11.43万亩，赫章县3.2万亩，兴义市1万亩，盘州市1.1万亩，桐梓县0.8万亩，其他地区零星种植面积2万余亩。全省苹果总产量50万吨，总产值20亿元。目前全省苹果品种主有黔选系列、嘎啦系列、长富系列、华硕、富士2001等。全省工商注册并存续（在营、开业、在册）的苹果企业共有437家。苹果企业数量超过一百家的地区有两个，分别为黔南州和毕节市。黔南州地区共有192家苹果企业，毕节市的苹果企业共有147家。目前，全省苹果产业正快速向规模化、标准化、品牌化"三化"方向发展，地理标志、绿色认证、有机认证、名特优产品认证等不断与苹果产业融合发展。

关键词： 贵州苹果；产业发展；发展趋势

1 邵宇，男，贵州省果树蔬菜工作站副站长，研究员。研究方向：果蔬栽培与生理生态。
2 黄晓芳，女，贵州地理标志研究中心助理研究员。研究方向：公共政策、地理标志。

一、苹果文化与产品种植历史

（一）苹果文化考证

苹果作为人类较早驯化栽培的果树品种之一，在我国已有两千多年的栽种历史。原产于中国本土的绵苹果，是由新疆天山西部的野生苹果驯化而来，古人称为“柰”。清朝末年，经由美国传教士之手引进了西洋苹果，沿用了苹果的名称。我们现在所说的苹果主要是指近代引进并经由多年培育适宜中国种植的改良苹果品种。

关于苹果的文字记载最早见于西汉司马相如《上林赋》：“楟柰厚朴”，说明在上林苑内种植有柰。《西京杂记》则进一步记载了汉代上林苑中栽种有紫柰、白柰和绿柰三种品种。① 由此可见，在汉朝就已经种植了红色、绿色和白色三种颜色的苹果品种。从其他汉代文献中可以看出汉朝的人们对柰还是比较熟悉的，《说文解字・木部》有“柰，果也”的表述②。除此之外，汉晋时期，除西安有种植苹果的记录外，四川和河南等地也有相关种植记载。西汉文学家扬雄的《蜀都赋》中有“杜樼栗柰”；西晋文学家左思的《蜀都赋》描述成都附近有“朱樱春熟，素柰夏成”③。同一时期，河南人潘安在其《闲居赋》中描述了自己家中种植苹果的景象：“三桃表樱胡之别，二柰曜丹白之色。”④ 不仅如此，相关历史记录也表明了当时的河西走廊已经是小有名气的柰产区。晋朝郭义恭在《广志》中说：“西方例多柰，家家收切曝干为脯，数十百斛为蓄积，谓之频婆粮。”⑤ 从中不难看出，当时河西走廊的居民将其晒干食用，且产量也十分可观。据相关文献记载，当时还有从河西走廊传入中国的苹

① 刘歆．西京杂记 [M]. 丛书集成初编本．上海：商务印书馆，1935-1937:5.

② 许慎．说文解字 [M]. 北京：中华书局，1981：114.

③ 扬雄．蜀都赋 [M] // 严可均．全上古三代秦汉三国六朝文（卷 51）. 续修四库全书本．上海：上海古籍出版社，2007：392.

④ 萧统．文选 [M]. 上海：上海古籍出版社，1998：29，108.

⑤ 太平御览（卷 970）・果部 7[M]. 北京：中华书局，1962：4302.

果新品种林檎。

到了唐宋时期，我国苹果的种类又有所增加。南唐药学家陈士良在其著作《食性本草》中就提到林檎有三种："大长者为柰；圆者林檎，夏熟；小者味涩为梣，秋熟。"① 唐玄奘西天取经的宗教活动，也使得西域一些质量优良的苹果品种传入中国，其中一种被称为"频婆"，影响尤为深远。北宋周师厚在《洛阳花木记·果子花》中记载当时柰和林檎的品种，包括红柰、大柰、频婆、寒毬、蜜林檎、金林檎等在内的16种品种。从相关的记载来看，林檎在宋代是一种比较受欢迎和重视的水果。《东京梦华录》就记载了当时开封流行的水果中就有"林檎干"和"成串熟林檎"。

明清时期，"频婆"一词慢慢变成了人们喜爱的一种北方名果的特定称谓，这一名称也在随后的发展过程中被简化为"频果"，也就是我们现在所说的苹果。《本草纲目》载："柰与林檎，一类二种也。"② 认为柰和频婆是同一种类但品种略有不同的水果。清朝汪灏的《广群芳谱·果部》将苹果种类作了分类，将其分为柰、林檎和苹果。又有《采兰杂志》和《学圃余疏》两本著作作者得出柰和苹果属两种的结论。长期以来，苹果一直在我国农作物栽培史上扮演着重要的角色。但由于西洋苹果的引进，其在口感、品质等方面远胜本土的绵苹果，因而柰和林檎的种植日渐减少，也就慢慢地退出了历史的舞台。

（二）苹果种植历史

苹果在我国种植的历史十分悠久。关于苹果的历史最早可追溯至夏朝时期，相传大禹吃的"紫柰"就是苹果。虽然这一说法尚无有效证据证明，但也从侧面证明了我国很早就有关于苹果食用的记载。李育农通过调查研究后发现，柰是原产于中国最古老的栽培树种之一，是从新疆天山西部塞威士苹果的纯系驯化而来的栽培种③。孙云蔚认为，绵苹果可能在汉代前后就已经从新疆一带传入陕西，再传布中原各地。因此，新

---

① 唐慎微．重修政和经史证类备用本草 [M]. 北京：人民卫生出版社，1957：477-479.
② 李时珍．本草纲目 [M]. 北京：人民卫生出版社，1978：1776-1777.
③ 李育农．苹果起源演化的考察研究 [J]. 园艺学报，1999（04）：3-5.

疆很有可能是绵苹果的原产地之一。并且《河北省苹果志》中也有相关记载，我国栽种苹果最早是从新疆开始的，以后逐渐向东传播。以前未见著录，入汉以后始见文字记述。① 陈景新也认为，新疆是我国本土苹果最早的栽培地，之后逐渐向东传播到西北、华北等中原各地。② 北魏《齐民要术》中也记载了关于柰和林檎栽培和种植技术。这些研究都表明了我国苹果种植历史悠久。

关于苹果的起源。欧洲东南部、中亚细亚和中国新疆一带是世界公认的苹果起源地。根据相关考古研究发现，在亚洲西部安纳托利亚半岛发现的苹果果实化石遗迹可追溯到公元前6500年前左右；在以色列也发现了公元前1000年左右的苹果栽培遗址。考古学的证据还表明在2000多年前，世界范围内的苹果栽培就已经很普遍了。中国是公认的世界第一的苹果生产和消费大国，近年来苹果产量及种植面积均呈稳步增长态势。中国拥有的苹果属种质资源极为丰富，根据相关数据统计，全世界苹果属植物有35个种，中国原产27个种，③被认为是苹果属植物的起源中心。苹果文化考证和考古学的相关证据均表明了中国是重要苹果的起源地。虽然近代我国本土苹果被更具竞争力的外来苹果所取代，但不可否认本土苹果在我国农作物发展过程中和人们生活中发挥的重要作用。

二、贵州苹果种质资源概况

（一）贵州苹果种质资源考察与收集

我国作为苹果属植物起源地之一，苹果野生种有16种，分布在26个省和自治区内。西南地区的云、贵、川等地种类最多，有15种，是我国苹果属植物的遗传多样性中心。

贵州省于1904年引入苹果栽培，已有116年的历史，省内种植的品种有100多个，品种较多，质量不一。2008年农业部将渤海湾、黄河故

① 孙云尉.中国果树史与果树资源[M].上海：上海科学技术出版社，1983：69-70.
② 河北省农林科学院昌黎果树研究所.河北省苹果志[M].北京：农业出版社，1986：6-8.
③ 我国苹果种植资源基础研究进展.[EB/OL][2020-11-16]. https://www.xzbu.com/8/view-4475652.htm.

道和秦岭北麓、黄土高原和西南冷凉高地产区规划为我国四大苹果优势主产区。而贵州省正属于西南冷凉高产地产区，优越的自然地理和气候条件为苹果的生长提供了良好的环境，也为不同苹果属植物的分布提供了各种各样的地理生态环境。樊卫国等人在 1983—1989 年对贵州省苹果属植物种类、分布及利用情况作了调查。结果发现，贵州省境内共有苹果属植物 15 种，包括山荆子、三叶海棠、川滇海棠等在内的 12 种野生种，和西府海棠、花红和苹果 3 种栽培种。其中又以西北部的野生苹果属植物分布范围最广，种类最多，共有 10 种。野生种的分布数量仅次于四川省，居全国第二位。①

贵州省内分布最广、野生数量最多的是三叶海棠 (M.sieboldii Rehd)，在全省境内 40 个县、市均有野生分布，以贵州苗岭山区、大娄山区、武陵山区分布最多；贵州省内野生分布较多的是湖北海棠 (M.hupehensis Rehd)，分布海拔 800 ~ 2400 m，西部和西北部地区海拔 2000 m 左右地带分布最多。野生分布较多的是威宁、赫章、水城、织金、纳雍、毕节、大方、普定、盘县等县，印江、德江、务川、道真、正安等县也有少量野生分布。

贵州省西北部海拔 1800 ~ 2400 m 的地区，栽培的苹果极为丰产优质，是贵州省重要的优质苹果核心产区。该区域栽培数量较多，主要集中在威宁县，其次是赫章县部分区域和六盘水市西部一带。由于地处低纬度，该区域相同苹果品种比北方苹果主产区提早 20 天左右成熟上市。

（二）贵州苹果种植品种

贵州省立体气候明显，境内种植的苹果品种呈多样化特征，可以满足不同上市时间的需求。主栽的早、中熟品种有黔选 2 号、嘎啦、华硕、富士 2001 等，晚熟品种主要有黔选 3 号、长富 2 号、长富 8 号、烟富 3 号、烟富 6 号、福布瑞斯、科库等（见表 1-1），晚熟品种种植面积超过贵州苹果总种植面积的 70%。其中，苹果新品种“黔选 2 号”和“黔选 3 号”是贵州本土选育的主推品种。

---

① 苹果主要栽培品种在贵州适应性的初步鉴定 [J]. 贵州农业科技，1975（2）：30-34.

表 1-1 贵州主要苹果种植品种

品种名称	果形指数	单果重 / g	去皮硬度 / （kg/cm²）	可溶性固形物 / %
黔选 2 号	0.85	170 ~ 200	10.82	14.42
黔选 3 号	0.87	180 ~ 220	9.43	14.93
烟富 3 号	0.8 ~ 0.89	245	8.7 ~ 9.7	14.8 ~ 15.4
烟富 6 号	0.8 ~ 0.90	253 ~ 271	9.8	15.2
嘎啦	0.86	144.9	7.7	13.4
华硕	0.8 ~ 0.90	242	10.1	13.4
长富 2 号	0.87	250 ~ 350	11.47	15.5
黔选 1 号	0.87	210 ~ 250	7.5	14.7 ~ 15.9

数据来源：贵州政府网，http://www.guizhou.gov.cn/。

虽然贵州苹果种植品种呈现出多样化，但种植结构仍稍显不合理。晚熟苹果种植面积占全省苹果总种植面积的 70%，早、中熟品种种植面积只有 30%。10 月、11 月是各地苹果集中上市的高峰期，贵州苹果也集中于此时上市，竞争激烈，压力大增，存在收购价格被挤压和可能滞销的风险。

三 、贵州苹果产业发展情况

（一）贵州苹果主产区基本情况及分布

贵州省气候温暖湿润，属亚热带湿润季风气候。气温变化小，冬暖夏凉，气候宜人。从全省看，最冷月（1 月）平均气温多在 3℃ ~ 6℃，比同纬度其他地区高；最热月（7 月）平均气温一般是 17℃ ~ 25℃，为典型夏凉地区。贵州苹果主产区具有典型的高原气候特征：冬暖夏凉，日夜温差大，年温差小，日照时间长，生态环境良好，污染程度低。

贵州省苹果传统主产区主要集中在威宁县，其次是兴义市、长顺县、桐梓县。近年来赫章、盘州发展迅速，也是重要的苹果产区。主产区的栽种面积占全省种植面积的 80% 以上，贵阳、安顺、六盘水、铜仁等地有小面积栽种。截至 2016 年 12 月，贵州省苹果栽种总面积达 30.34 万亩，产量 5.65 万吨，产业惠及 77.59 万农民，人均增收 857.8 元，是贵州贫困地区脱贫致富的重要产业之一。

（二）贵州苹果市场与贸易基本情况

目前，我国苹果种植面积和产量都居世界首位，是当之无愧的苹果生产大国，同时也是世界上最大的苹果消费市场。由图 1–1 可以看出，我国苹果产量呈逐年上升的趋势。2018 年受大范围冻害灾害的影响，苹果减产 200 多万吨。

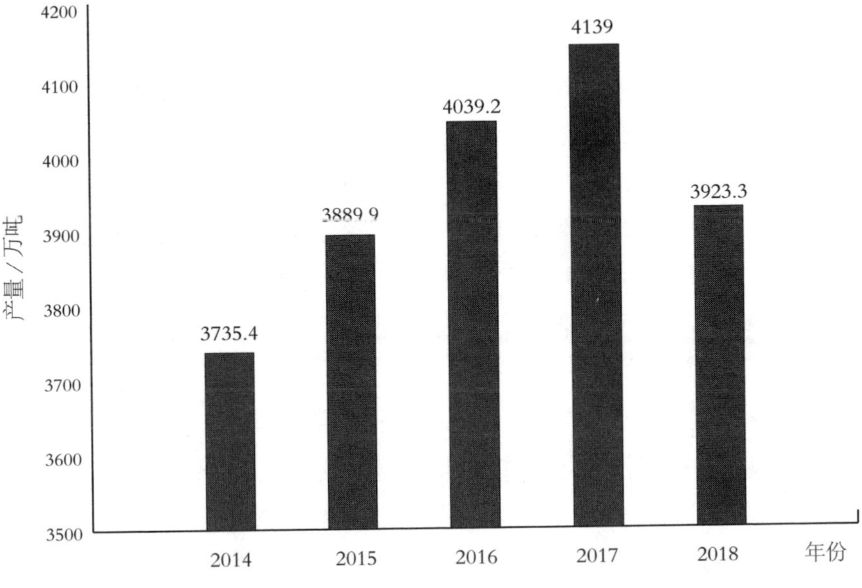

图 1–1　2014—2018 年中国苹果产量

数据来源：贵州政府网，http://www.guizhou.gov.cn/。

2018 年，受冻害灾害的影响，我国新鲜苹果减产，价格有明显的上升。由于主要满足国内市场需要，加上全球鲜食苹果市场增速下滑，2018 年我国苹果出口量出现明显下降。当前，我国苹果出口市场主要以亚洲地区为主，集中在菲律宾、泰国、孟加拉国和印度等国家。2015—

2019 年我国新鲜苹果进出口情况见表 1–2。

表 1–2 2015—2019 年我国新鲜苹果进出口情况

年份	出口数量 / 万吨	出口金额 / 万美元	进口数量 / 万吨	进口金额 / 万美元
2015	8.75	14672.5	83.34	103216.8
2016	6.71	12254.9	135.06	148081.0
2017	6.88	11506.7	133.48	145685.7
2018	6.45	11738.5	111.84	129892.2
2019	12.51	21900.2	97.12	124645.3

数据来源：贵州政府网，http://www.guizhou.gov.cn/。

经过多年发展，苹果产业在我国农产品种植中的地位和作用越来越重要和明显。长期以来，苹果产业一直是我国西部地区重要的农业支柱产业之一，如今苹果产业也逐渐成为推动我国贫困地区助农增收、走向脱贫致富的重要产业之一。国家及各级地方政府都高度重视苹果产业的发展，通过各种优惠政策、激励措施，助推苹果产业走向规模化、标准化、规范化和品牌化，延伸产业链，提高苹果产品的附加值。

2014—2018 年，贵州省苹果产业发展迅速，苹果产量从 4.21 万吨增加到 9.11 万吨，产量增加了一倍多（见图 1–2）。2018 年，全国苹果产量为 3923.3 万吨，贵州省苹果产量仅占全国苹果总产量的 0.23%，远不能满足潜力巨大的南方市场乃至东南亚市场的需要。因此，贵州苹果产业市场前景广阔。目前，贵州省的苹果主要以满足本地需要为主，部分销往重庆、广西等地。

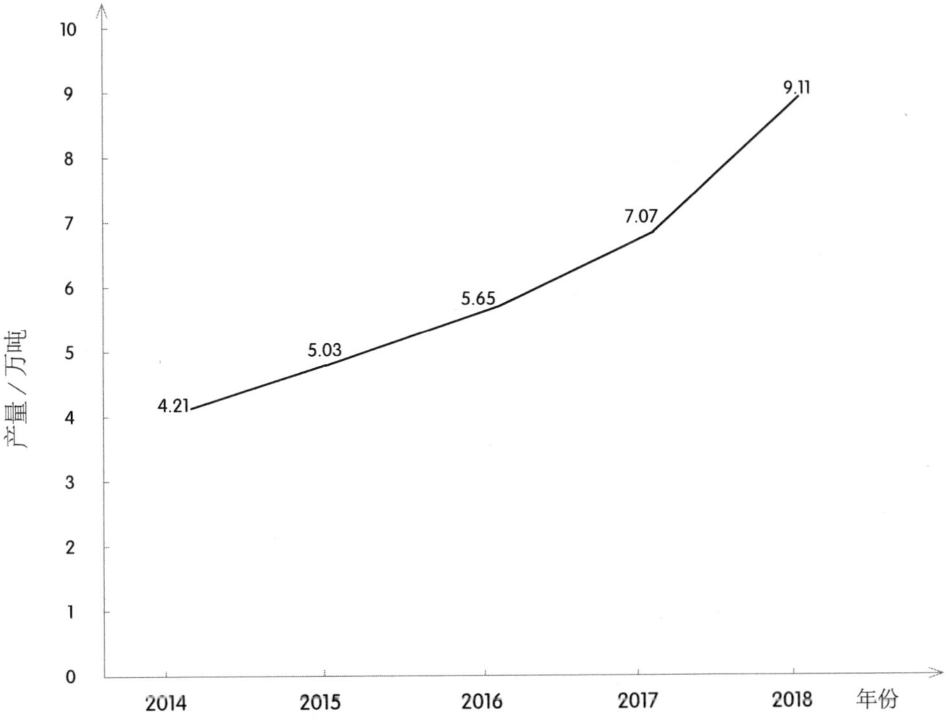

图 1-2　2014—2018 年贵州苹果产量

数据来源：贵州政府网，http://www.guizhou.gov.cn/。

（三）贵州苹果标准体系建设情况

我国高度重视苹果产业标准的建设。目前我国苹果产业的标准主要有国家标准、行业标准、产品标准和企业标准。根据相关统计，我国苹果产业相关国家标准总计有 33 项，包括苹果苗木质量标准、栽培管理标准、加工工艺标准、产品质量标准、地理标志产品标准、检测方法标准和储运包装标准七大类标准。除国家标准之外，我国已发布与苹果产业相关的行业标准总计达到了 58 项，涵盖农业（NY）、出入境检验检疫（SN）、商业（SB）、轻工业（QB）、供销合作（GH）、林业（LY）、气象（QX）七个行业领域。又以农业标准数量最多，高达 29 项；供销合作及气象标准数量最少，均为 1 项。据不完全统计，我国苹果产业相关企业标准数量有近 1000 项之多，但贵州省的苹果相关企业标准却只有 3 项，其中一项企业已自行废止，现行有效的企业标准只有 2 项，均为苹果衍生产品标准。

相较于全国苹果产业标准建设以及山东、山西和陕西这些苹果生产大省产业标准建设相对健全和完善的情况，贵州省苹果产业标准建设显得较为滞后。1994 年发布苹果产业的三项标准（DB52/T 390.3《苹果栽培苹果常见病虫害防治技术规范》、DB52/T 390.2《苹果栽培苹果优质丰产栽培技术规范》及 DB52/T 390.1《苹果栽培 苹果建园技术规范》，已废止）后，直到 2020 年贵州省才重新发布了一项苹果产业地方标准，这中间存在着 26 年的空窗期。2020 年 1 月 2 日，贵州省发布了 DB5205/T 2—2020《地理标志产品威宁苹果》的地方标准，于 2020 年 3 月 1 日开始实施。标准发布部门为贵州省毕节市市场监督管理局，技术归口在威宁自治县果业发展中心。作为地理标志产品的专用标准，该标准规定了地理标志产品威宁苹果的术语和定义、保护范围、要求、检验方法、检验规则及标识、包装、贮存和运输等，适用于国家质量监督检验检疫总局公告 2017 年第 117 号批准保护的地理标志产品威宁苹果。

（四）贵州苹果品牌建设与保护情况

通过统计贵州苹果企业相关信息发现，贵州省的企业名称中带有“苹果”名称存续且经营范围与“苹果”相关的企业共有 437 家。其中苹果企业数量超过 100 家的地区有两个，分别为黔南州和毕节市，黔南州地区共有 192 家苹果企业，毕节市共有 147 家苹果企业。黔西南州共有 33 家苹果企业，安顺市有 20 家苹果企业，遵义市有 12 家苹果企业，贵阳市有 10 家苹果企业，六盘水市和黔东南州各有 8 家苹果企业，铜仁市有 7 家。虽然与苹果产业相关的企业众多，但是注册与苹果相关的商标的企业不到企业数量的 1/5。根据不完全统计，贵州省苹果相关商标申请人划分为有限责任公司、合作社、个人独资企业（指种植基地、种植园等）及其他（除前三者以外的申请人）四种。其中，以合作社为申请人的注册数量最多，有 32 个；有限责任公司相关商标为 25 个；以个人独资企业和其他作为申请人的注册商标最少，分别为8个和6个。这些商标的申请人主要分布在贵阳市、遵义市、毕节市、黔南和黔西南。毕节地区申请注册的相关商标数量最多，有8个；其次为黔南地区，有5个；黔西南、遵义、贵阳注册的商标数量较少，分别为3个、2个、1个。六盘水市、黔东南州、铜仁市、安顺市等地尚无与苹果相关的商标注册。

品牌是由产品的核心价值凝聚而来，是一个产品的灵魂，也是一个产业的无形资产。截至2020年，贵州苹果产业的品牌数量不多，与苹果相关的商标数量仅有19个，且商标类别主要以新鲜苹果为主。当前，我国各行各业主要通过以下两种方式进行品牌建设。其一是通过在市场监督管理局进行商标注册的形式，对品牌进行相应的保护。根据不完全统计，贵州省注册的商标有19个，包括“威宁苹果”“炭山红”“黔山红”“苹果娃”“盛源红”“苹果屋”“黔威新”等。其二是通过相关渠道，申请原产地保护，这种保护又有三种途径：一是申请国家市场监督管理总局商标局标准注册的地理标志证明商标；二是申请中华人民共和国地理标志保护；三是申请相关部门和协会认定的原产地之乡。目前，贵州省内只有“威宁苹果”在2017年被国家工商行政管理总局核准注册为地理标志产品。

（五）贵州苹果产业相关支持政策

贵州省独特优越的自然条件和良好的地理位置优势，使得贵州省内的苹果产业成为该地区脱贫致富的重要支柱产业之一。因此，贵州省及各级地方政府高度重视苹果产业的发展，通过出台各种相关政策助推贵州苹果产业的发展。

自《贵州省国民经济和社会发展第十一个五年规划》（简称“十一五”规划）实行至今，贵州省政府及各级地方政府出台与苹果产业发展相关的政策共计31个。在“十一五”规划中，贵州省政府结合经济发展的趋势与当前面临的新形势，作出了促进产业结构转型升级的决定，重点突出加强对农业及相关产业的保护和促进其产业化发展。颁布了一系列政策为农产品的发展提供指引和政策保障。

关于贵州苹果发展的政策大体可以划分为四类：第一类以通知、意见为主，如省人民政府办公厅关于打赢种植业结构战略性调整攻坚战的通知（黔府办函〔2018〕19号）、省人民政府关于加快发展新经济培育新动能的意见（黔府发〔2017〕11号）等，主要是省政府及相关部门为保障苹果产业发展相关工作的稳步开展所做的宏观层面的规划和提供的政策保障；第二类为方案、决定，如贵州省人民政府关于修改《贵州省征收征用林地补偿费用管理办法》的决定、毕节市《发挥品牌引领作用推动供需结构升级实施方案》等，主要是为了解决贵州苹果产业发展过程中出现的问题以及对苹果品牌的建设和发展提供指导意见；第三类为办法、条例，主要是对贵州苹果产业发展重点的规定与实施规则的阐述；第四类为其他相关具体的扶持、支持性质类政策，包括人才培养、税收、基础设施、资金投入等方面的政策。

四、2020—2025年贵州苹果产业发展趋势

（一）优化产业布局，化产地优势为产业优势

贵州是我国苹果规划适宜种植区之一，是南方最适宜苹果栽种的区域。威宁县和长顺县是贵州两大苹果主产区，这两地都具有典型的高原气候特征：冬暖夏凉，昼夜温差大，年温差小，日照时间长，生态环境良好。因此，产出的苹果不仅颜色鲜艳、外形美观，而且在口感、味道以及营养物质等方面都有着天然的竞争优势。除具有优越的苹果生长环境外，贵州省地处西南腹地，毗邻广西、湖南、重庆、四川和云南等地，交通运输便利，还有明显的区位优势。西出云南便可打入泰国等东南亚市场，加上西南区域内苹果消费潜力巨大，是以贵州苹果产业发展的市场前景广阔。但是目前贵州苹果产业还存在产业体系不健全、相关技术人才缺乏导致相关技术服务的不到位、基础设施薄弱等问题，制约着贵州苹果产业的发展。

2017年，党的十九大报告提出实施乡村振兴战略，而产业振兴是实

现乡村振兴的重要因素之一。产业的发展不仅能够解决当地农民的就业问题，还能确保当地群众实现脱贫致富、增加收入，提高生活水平和质量。抓住乡村振兴战略的重大机遇，贵州省政府根据中央的政策精神，对省内种植业结构进行调整，进一步优化产业布局。省内各市（州）、县也依据省委的指示，积极调整产业布局，努力实现“苹果产业 +”，加深苹果产业与旅游业及其他相关行业的联系，将其打造为当地的支柱性产业之一，将产地优势转变为产业优势。为了确保苹果产业的健康可持续发展，各地开始因地制宜地摸索构建适宜当地特点的苹果产业体系，筛选出具有区域优势的拳头品种，促进苹果产业的标准化、规模化和集约化的生产经营。同时，注重培育打造龙头企业，以带动全省苹果产业的进一步发展。加快苹果培育、生产、储藏运输等产业链的建成和完善，加快苹果产业的转型升级，将其打造为助推贵州省全面脱贫攻坚和实现乡村振兴的希望产业。

（二）加快苹果产业的科技创新，苹果产业现代化发展进程加快

当代社会，创新的作用显得更加重要与突出，创新不仅是各行各业不断进步的源泉，更是推动行业向前发展的不竭动力。加快苹果产业的科技创新，推动苹果产业走向健康发展的道路，是贵州苹果产业顺应时代发展的需要，是走健康可持续发展道路的大势所趋。当前，贵州苹果产业在重视数量扩张的同时，通过对优质苹果品种的培育、改良树种、精准化土肥水管理技术着力建设高效优质的现代化果园，实现苹果种植的机械化和自动化等方面的创新活动，加快贵州苹果产业的发展。首先，贵州省政府及各级地方政府都加大对苹果产业发展研究的物力、人力和财力的投入力度。以“节约成本、提高质量、增强竞争力、突出特色”的可持续发展为目标。通过政府动员，社会各界、技术人员和其他参与者积极响应，共同努力推进适宜贵州发展的优质苹果品种的培育工作。推进建立健全优势苹果品种专业化、规模化和产业化的栽培模式，加快优势品种的推广工作和推广体系的建立，加快优势品种的培育进程，规

范苗木生产的工艺技术，提高产业化经营水平，为苹果产业健康可持续发展奠定了良好的基础。其次，建设高效优质的现代化果园和果园示范基地也是贵州苹果产业发展的另一大趋势。目前，贵州苹果的种植规模化程度还比较低，以传统栽培种植模式为主，大部分果农劳动力偏老龄化。果农不易接受和消化现代高效优质的种植新模式，学习新技术的能力较差，知识更新速度缓慢，难以满足大规模生产的需要；生产效率低下，人工成本高等局面一时难以改变。目前，政府和社会各界共同努力，积极借鉴和充分利用国内外其他苹果优势产区的技术、市场和管理等方面的经验，发挥优势，克服不足，努力建设现代化果园以及苹果示范基地，健全高效优质的种植新模式。

（三）苹果产业与大数据、物联网等新技术的融合程度加深

优良的生态环境、日益完善的基础设施加上良好的政策发展环境，使贵州省成为中国大数据的“硅谷”。贵州省是我国第一个国家大数据综合试验区，大数据产业发展迅速，全球互联网企业中有八家在中国发展，其中苹果、微软、IBM、英特尔、腾讯、阿里巴巴等七家企业将数据中心落户于贵州。如今，贵州省与大数据相关的企业已经超过了12000家。这些都为大数据等新技术在苹果产业中的应用和融合奠定了良好的技术基础。当前我国尚未出现苹果产业与物联网和大数据等新技术融合的先例，还只是一种概念性的假设和说法。但是农业大数据已经是中国农业发展的新趋势，而农业大数据为苹果产业的发展提供十分重要的技术支持。以大数据为依托，通过数据实现对苹果产业的种植、营销和其他服务等方面的管理。苹果产业与大数据的结合不仅带来技术革新和一种全新的技术工具，更是推动苹果产业在种植、生产、管理与人才方面的一场深刻而系统的产业革命。当苹果产业大数据产品开始服务于三农时，产品的更新迭代也将与之同步进行，这就对技术研发和需求提出了挑战。而贵州的大数据产业可以很好地为苹果产业发展提供技术支持，苹果产业与大数据的结合也可以很好地推动贵州大数据产业得到进一步延伸与扩展，形成一种良性循环。万物互联的时代，专家、技术人员和

果农、果园都将被紧紧联系在一起。市场与生产同样相连紧密，“大数据＋苹果产业”将成为贵州苹果产业发展的一种新趋势。

（四）从苹果初级加工走向深加工，形成完整的产业链

苹果是一种季节性强并容易受市场供需影响的水果，是以苹果的加工环节显得尤为重要。目前，贵州苹果仅有诸如产品包装、果汁、苹果醋等初级加工的方式。能对苹果多酚、果胶以及苹果籽油等进行深加工的企业和产品还未出现。在贵州，苹果主要还是以鲜食为主，只有少数企业重视对苹果进行加工。而在山东、陕西和山西等传统优势苹果产区已经重视对苹果进行深加工。在发达国家，果汁是其三餐中必不可少的液体食物之一，苹果除少部分用于直接食用和出口外，大部分都会被加工成果汁、复合果汁等。苹果汁的生产加工能够带动其他各类加工方式及产品的发展，如果酒、苹果粉等。种类多样的加工方式及产品可以极大地丰富苹果加工产业的层次体系，提高苹果产品附加值，推动苹果产业的蓬勃发展。因此，今后贵州苹果产业应从规模效益走向质量效益。另外，要从种植链、储藏运输链、加工链和消费链等产业链出发，运用统一的先进管理技术，制定统一的质量标准，进行统一的管理，形成完整的产业链。这样做既可以保证苹果的质量，又能确保苹果在原有的基础上获得更大的价值。

（五）苹果产业走向绿色发展之路

绿色发展是以传统产业发展为基础，以效率、和谐以及可持续发展为目标的经济增长和社会发展的新模式。随着人们对生态环境的重视，走绿色发展之路业已成为一个重要的发展趋势。已有不少国家将绿色产业作为推动产业结构调整的重要举措。苹果产业走绿色发展之路，不仅是贯彻落实党的十九大精神，也是我国生态文明建设新发展理念得以落实的重要措施。既能守住绿水青山，加快美丽中国的建设步伐，又能提高苹果产业的经济效益，促进苹果产业的可持续发展，且在保障果品安全和生态安全中也有着十分重大的意义。贵州优越的地理生态环境使得

贵州苹果产业走绿色发展之路有着天然的优势。如何发挥好这种优势为贵州苹果产业发展增添新的动力就需要在今后一段时间内加强对绿色发展理念的理解与宣传。从保护大自然环境出发，“减肥减药”，鼓励使用有机肥。在维持土地、苹果与生态之间平衡的同时，生产出品质高、绿色无污染的健康苹果。坚持走质量兴农、绿色兴农的发展道路。在未来几年之内，基本上形成资源环境友好、与生产生态相协调的苹果产业发展新格局。

产区报告篇

B2

威宁苹果产业发展报告

李顺雨　马　检[1]吴　超[2]谢　江[3]杨　华[4]

摘　要： 威宁县是国内外公认的苹果优质生产区，全县苹果种植面积稳定在 50 万亩以上，覆盖农户 10.6 万户，其中贫困户 2.7 万户。初步形成了 4 个万亩以上、35 个千亩以上生产基地。尤其是以迤那镇、牛棚镇、中水镇为中心，基本建成了 10 万亩以上优势产业带，2020 年挂果面积 30 万亩，总产量 25 万吨，产值约 15 亿元。

关键词： 威宁县；苹果产业；发展分析

一、威宁县自然资源概况

（一）威宁县地理位置

威宁县地处贵州省西北部，是毕节市管辖的自治县。它的西部、北部、南部和云南省相接壤，东部和六盘水市、赫章县毗邻，所以威宁县被称为贵州的“西大门”。此外，威宁县既是云南东北走廊的要塞，又被称作贵州“屋脊”。

---

1 马检，女，威宁县果业发展中心技术员，农艺师。研究方向：果树栽培管理与生理生态。
2 吴超，女，威宁县果业发展中心技术员，助理农艺师。研究方向：果树栽培管理。
3 谢江，男，威宁县果业发展中心技术员，高级农艺师。研究方向：果树栽培管理。
4 杨华，男，威宁县高效农业园区管委会技术员，研究员。研究方向：果树栽培管理与生理生态及农技推广。

威宁县是贵州省海拔最高且面积最大的县，其所辖乡镇街道有39个，居委会、社区（行政村）有627个，全县总面积为6298 km^2，全县最低海拔1234 m，最高海拔2890 m，平均海拔2200 m，全县的森林覆盖率超过40%，属于贵州省直管县试点之一，同时也是实施新阶段扶贫开发工作的重点县之一。

威宁县县域内大小的河流纵横交错，县域属于云贵高原的乌蒙山系中段部分，所属乌蒙山的3条主脉纵向穿过县域。威宁县位于北纬26°~27°，东经103°~104°，南北间的最大距离为115.21 km，东西间的最大距离为104.13 km。

县域四周较为低矮平缓，中部较为平缓开阔，域内江河奔流且峰壑相交错，是乌江、牛栏江、珠江、横江的发源地，所以威宁县被称作“四江之源”。

威宁县的环境质量、水质、大气等都属于国家优级标准，空气清新，是我国西南地区较为优质的苹果生产、种植区域，被称作“百鸟之都阳光威宁”。

（二）威宁县气候条件

威宁县属于年平均气温在10℃~12℃的亚热带季风性湿润型气候，全年温差较小但是昼夜温差较大，冬季1月份的平均气温为1.9℃，夏季7月份的平均气温为18.8℃。1990—2009年，极端低温为零下9℃，极端高温为32.3℃。属于夏少酷暑冬无严寒的气候类型。这种气候类型有利于果树生长结果，果实易产生鲜艳的着色、积累糖分、果皮蜡质层增厚，苹果的硬度增大，耐贮运。苹果的无霜期为206 ~ 238天，全年降水量为750 ~ 960 mm，年光照时长为1800h左右。凭借着优良的环境，威宁县获得了“阳光之城”的称号。威宁县地区不仅日照质量好，紫外线资源丰富有助于果树进行光合作用，而且该地区土层较为深厚，病虫害较轻，苹果果树枝条与根系的成长。在这样的气候条件下种植苹果可以获得丰产、稳产。

从表2-1中苹果最佳气候的各项指标与威宁县的气候条件对比可

知，在评估适宜种植苹果的气候指标当中，威宁县的条件全部与之相吻合。威宁县独特的生态条件与优越的自然环境条件使当地种植出来的苹果具有独特品质，苹果果肉脆、着色佳、耐贮藏且风味浓郁。所以，威宁县是我国西南地区优质苹果生产地区。

表 2–1 威宁县气候条件与苹果最适宜气候指标对比情况

项目	年降水量／mm	一月中旬平均气温／℃	年极端最低气温／℃	夏季 6~8 月平均气温／℃	年≥35℃气温日天数	夏季平均气温／℃
最佳区	560~750	>–14	>–27	19~23	<5	15~18
威宁	750~960	1.9	–9	18.8	0	17.5

（三）威宁县地质地貌

威宁属于珠江水系和长江水系的分水岭，又属于可渡河、牛栏江、洛泽河与二塘河的上游河源区域，该地区全域地势高凸，境内侵蚀地貌和岩溶地貌呈交错发育状态，整体具有地形起伏较大，地势较高，地面零星破碎，地貌形态变化多样的高原山地特征。威宁县全县的地貌可划分为高中山区、中中山区、低中山区三种类型，其中，高中山区的地貌位于威宁县境内四周高山山脊与高原面，面积 821.32 万 km^2，海拔超过 1900 m，占全县总面积的 87%，相对高差 20 ~ 200 m。中中山区以高山谷底为主体，四周有二塘河、洛泽河、牛栏江、可渡河，面积达 116.34 万 km^2，海拔 1400 ~ 1900 m，占全县总面积的 12.3%。低中山区面积有 6.59 万 km^2，海拔小于 1400 m，占全县总面积的 0.7%。

威宁县林地面积有 237 万 km^2，耕地面积有 367.02 万 km^2，草山草坡与成片的草场有 320 万 km^2。耕地的土壤类型主要以草甸土、棕壤土与黄壤土为主，泥土质地疏松且土层深厚，蓄水保肥、透气能力强。土壤中含有丰富的锌、钙、镁、钾等诸多微量元素，土壤的平均有机质含量约 35.38 g/kg、速效钾 152.21 mg/kg、有效磷 18.99 mg/kg、全氮 1.94 g/kg，大多数土壤是中性偏酸性质。

威宁县的土地多以山地缓坡为主，向阳型坡地是种植苹果的优势地区，温度适宜且阳光充足，有利于苹果果树充分利用、吸收热能与光能生长发育，从而提高苹果产量、增进苹果品质。另外，威宁县拥有优越的土壤条件，有利于苹果树的根系生长，使苹果树更好地吸收养分、水分，生长结果。因而，威宁县是国内外公认的苹果优生区，生产具有威宁特色的优质苹果。

（四）威宁县水资源

威宁县的地下水与地表水资源充沛，雨量丰富且源头小河较多，这为当地苹果产业的发展准备了较好的灌溉条件。全县的年平均降水量为 750 ~ 960 mm。4 ~ 9 月为苹果生育期，该时期降水量为 748.1 mm，降水量占全年降水量的 84%，充沛的雨水可以满足苹果树生长所需水分，有利于果树生成树体、长出花果。此外，全县河流长度超过 10 km 的有 37 条，总长度有 1036.1 km。全域的干流河网密度是 16.4 km/km^2。如此充沛的水资源奠定了现代苹果产业发展节水灌溉设施的资源基础。

总之，威宁县在发展苹果产业方面具有明显的资源优势，第一，威宁县是连接云贵高原的交通要地，其地理优势与区位经济优势明显。第二，威宁县日照温差较大、降雨适中、光照充足，气候条件优越。第三，威宁县高山坡地资源丰富且土地类型多样，适宜发展果树种植产业。第四，威宁县地形适宜、土地质地疏松、土层深厚、土地含有丰富的微量元素、透气且蓄水保肥能力较强，有助于提高苹果品质。

二、威宁县苹果产业发展现状

（一）苹果品种多样化，种植规模扩大化

威宁县凭借独特的气候资源条件与悠久的苹果种植经验，在发展苹果产业方面取得的成果较为显著，苹果种植面积不断扩大的同时苹果的品种也日渐丰富。

通过查阅《威宁县志》发现，“威宁的西地一带，与滇之鲁、昭相接壤，且该地多回族”，威宁苹果的主要种植、生产区便是威宁县西北

部。在清代，曾有一些回民以贸易为名来贵州游历，后期便落户于威宁县，并逐渐引进苹果的种植。据古书记载："中河乡回族在清朝时将苹果树枝转接于林檎砧上并保存至今。"早在1904年，威宁县便引入苹果种植，共有红玉、国光、金冠、磅苹、倭锦5个品种。起初是将苹果树苗栽种在威宁石门坎的教堂周边，后来将其移栽至威宁其他乡镇。在《贵州省志・地理志》的记载中，也有对于威宁各地区种植苹果的相关描述。

1975年，威宁县种植的苹果果树已达30万株，苹果产量超过40万斤。2009年，威宁县苹果种植面积近8万亩，其中新建果园2.94万亩，老果园5万亩。苹果的品种主要以黄元帅和富士2001为主，年平均产量有3万吨，其中精品苹果有1.2万吨，总产值有4560万元。2016年，威宁县新建果园和改造低产果园共达20万亩。2017年苹果种植面积新增13万亩，全县苹果种植面积达33万亩。2018年苹果种植面积新增17万亩，全县苹果种植面积扩展到50万亩。2019年通过查缺补漏获得5万亩新增面积，全县苹果种植面积稳定在50万亩，挂果面积近15万亩，苹果总产量超过15万吨，产值约为7.5亿元。

截至目前，威宁县的苹果品种日渐呈现出多样化特征，可以充分满足不同上市时间的需求。在威宁苹果品种当中，早熟和中熟的苹果品种有红将军、富士2001、金冠、黔选2号、皇家嘎啦、华硕、太平洋嘎啦。晚熟的品种有天红2号、烟富8号、烟富6号、烟富3号、长富8号、长富2号、黔选3号等。

（二）初建苹果生产示范基地、打造优势区域产业带

根据独特的气候优势与地理生态环境，威宁县以苹果产业化发展作为基本要求，以构建产业带作为核心，以目标市场作为发展导向，大力发展苹果产业，目前已经形成猴场镇（东南部）、中水镇与迤那镇、牛棚镇（西北部）、雪山镇（北部）、黑石头镇（南部）为中心且超过4万亩的苹果生产区域，并初步形成以雪山镇、黑石头镇、中水镇、迤那镇、牛棚镇为中心的超过10万亩的优质苹果产业带。威宁县贫困人口10.3万人，苹果产业覆盖贫困户2.4万户，覆盖率达到20%。苹果产业所

覆盖的贫困户户均种植面积超过 3 亩，挂果果园户均增收超过 1500 元。威宁县挂果面积 2020 年年底超过 30 万亩，实现苹果亩产 3000 斤，贫困户户均增收超过 4500 元。

目前，威宁县的苹果生产企业和专业合作社主要有 54 家，具体包括中基有限公司、乌蒙绿色产业有限责任公司、威宁超越农业有限公司、红苹果专业合作社、红云苹果专业合作社、炭山红农产品专业合作社等。此外，猴场、牛棚、中水、黑石头、迤那等乡镇已经建成苹果标准化种植园林超过 2 万亩。值得一提的是，2016—2017 年，威宁超越农业有限公司在威宁县已建造 3500 亩苹果示范园（矮化密植肥水一体化），2018 年建成 4000 亩苹果种植标准示范园，示范园涵盖黑石头镇、牛棚镇、中水镇三个地区。

（三）不断扩大销售半径、促进果品深化加工

威宁县的纬度位置低于北方苹果主产区，所以威宁的苹果比北方产区提前半个月成熟上市。此外，铁路、高速公路、机场的修建与完善，加快了威宁县立体型交通网络的形成，这有助于威宁县获得更明显的早熟市场销售区位优势。

虽然威宁县在物流、冷链、加工等各方面发展相对滞后，但是与物流、冷链、水果加工等相关的设备设施正处于异军突起之势。例如威宁超越农业有限公司投资的威宁 2 万吨苹果分级洗选线、气调库已经在 2018 年 9 月运营。规划建设在雪山镇、黑石头镇、牛棚镇、中水镇且占地面积 20 万亩的集散点项目、冷链物流正在积极推进。

技术、设备的不断更新，使得原本以果园内销售为中心的威宁苹果，开始不断销往云南的宣威、曲靖、陆良、昆明，贵州的毕节、六盘水等周边农贸市场和批发市场。并且逐渐开拓出全国各地的市场，威宁苹果开始销往广州、上海、北京等城市，甚至销往中国香港等地区。

（四）稳步推进品牌建设、不断增强品牌效应

威宁苹果凭借其肉质细脆、外形美观、着色鲜艳、可口多汁、风味

浓郁、可溶性固形物含量高等特征闻名于全国。

1973 年，出产于威宁中水的金冠苹果便在全国外销苹果评鉴会中获得黄色品种第二名。1999 年，出产于威宁雪山的红富士苹果获得贵州省优果品称号。“黔山红”与“炭山红”获得国家工商行政管理总局的注册商标，“炭山红”还获得贵州省著名商标的美称。2017 年，“威宁苹果”荣获国家质检总局与国家农业部的地理标志保护产品认证。2018 年 10 月，“威宁苹果”获得中国果品区域公共品牌价值榜第 108 位的好成绩，“威宁苹果”的品牌价值高达 2.6 亿元。2019 年，“威宁苹果”的果品区公用品牌价值位于 111 位，此时“威宁苹果”的品牌价值已经超过 3 亿元。

（五）有序推进产业扶贫子基金项目

2017 年 10 月，《威宁县苹果产业全产业链实施方案》成功编制并且上报。12 月，有 2 个扶贫产业子基金项目顺利通过审核并获得了 2.25 亿元的放款。全产业链主要包括五个建设项目，即威宁县精品苹果种植园项目（0.35 亿元）、威宁县苹果分选包装线建设与苹果气调库建设项目（1.9 亿元）、威宁县农业产业投资有限公司的三个产业扶贫子基金项目（11.36 亿元），这三个产业扶贫子基金项目主要是重点乡镇集散点与冷链物流建设项目（1.06 亿元）、基础设施建设项目（3.8 亿元）、示范基地建设项目（6.5 亿元）。

三、威宁县苹果产业发展特点

第一，苹果产业组织化程度高。威宁县于 2015 年引进陕西海升集团（全球最大的浓缩型果汁加工企业），注册成立了威宁海越农业公司与威宁超越农业公司。2019 年，由县农业产业投资集团与威宁超越农业公司组合构建的威宁依超现代农业有限公司正式成立。威宁县在坚持党建引领下，实施市场化运作，以“龙头企业 + 合作社 + 基地 + 农户”的发展模式推进苹果产业发展。到目前为止，威宁县已经基本形成了种植户、合作社、村集体、龙头企业、政府平台公司等各主体分工协作、紧密联结、风险共担且利益共享的产业发展格局。

第二，苹果产业拥有较强的科技支撑。威宁县先后邀请霍学喜教授、韩玉明教授（国家苹果产业技术体系首席科学家）担任威宁苹果的科技顾问。并聘请马峰旺教授（西北农林科技大学）、闫振立研究员（中国农科院郑州果树所）等专家为威宁苹果的发展出谋划策。2018 年，贵州精品水果产业技术体系综合实验站在威宁成立。此外，贵州省果树研究所和重点 985 高校西北农林科技大学的园艺学院就“贵州山地果树综合试验站”框架协议达成合作共识。

第三，苹果产业呈现区域化、规模化发展。威宁县形成了以牛棚、中水、雪山、猴场、黑石头、迤那等为集中点的精品苹果产业示范基地。目前已经将 5 万余亩流转或入股土地用于苹果产业的标准化、规模化发展。

第四，苹果全产业链发展格局已初步形成。威宁县的苹果产业包括品种选育、技术推广、试验示范、分拣包装、储藏加工、规模化生产、市场营销等环节。目前已建成 5 万亩以上的示范区有 2 个，10 万亩以上产业示范带有 1 个，50 km 以上的产业长廊有 3 个。每小时 10 吨的分拣包装线与 2 万吨的苹果气调库于 2018 年 11 月投产。此外，威宁迤那的苹果现代农业产业示范区已经成功批复建设。苹果浓缩汁项目目前也正在紧锣密鼓的推进中。

第五，苹果销售半径扩大化。地处低纬度的威宁苹果成熟上市时间要早于北方苹果 20 天左右，这为威宁苹果产业的快速发展获得了先发优势。威宁苹果在近两年里也不断地扩大销售区域，从威宁县走出贵州省，销往全国。

四、威宁县苹果产业发展问题与优化策略

（一）威宁苹果产业发展问题

（1）思想认识不到位。威宁县部分乡镇并未认识到发展苹果产业的重要性，基础工作不到位，调度工作未到位，乡镇苹果产业的发展不平衡。甚至有少数乡镇的村民认为发展苹果产业是一项投资大、周期长、用工多、见效慢、费时费力的产业，对苹果产业严重缺乏信心，在发展苹果产业当中并未将精力落实在提高工作效率方面，反而出现了应付思想、畏难情绪。

（2）栽植技术不规范。部分乡镇的苹果种植技术不符合相关标准，苹果果树栽植质量较低，苹果果树的成活率不高。

（3）工作措施不得力。部分乡镇在种植苹果时并未将行政推动和宣传引导巧妙地结合起来，推广栽植苹果果树忽视运用正确的方式方法，没有将发展苹果产业的政策措施、优势等内容清晰透彻地讲解给当地农户，反而是简单直接地实施行政命令，导致当地群众出现抵触情绪。这种现象使农户发展苹果产业的积极性遭到挫伤，甚至出现苹果果树前期栽后期毁、年年栽却年年被毁的现象。各乡镇、部门需要对上述这些问题引起高度重视，并积极采取措施解决阻碍苹果产业发展的一切问题。

（4）组织化程度低。虽然威宁苹果的重点发展小镇成立了部分专业农业合作社，但是很多专业农业合作社的功能不够健全、服务领域狭窄、覆盖范围小、基础设施条件差且运作机制不够灵活，这些都是阻碍威宁苹果产业发展壮大的现实问题。

（5）采后处理加工相关环节薄弱。威宁苹果在保鲜、营销、加工、采后（贮）藏等环节的技术相对薄弱，苹果质量与果品和市场需求间的差距仍然较大。很多果农仍然处在自产自销的初级发展阶段，目前已经

出现的专业合作社也并未能够发挥很好的组织协调功能与带头引领作用以促进威宁苹果产业发展壮大。目前已经建成的气调库与冷库数量较少，很多鲜果的商品化处理技术仍然比较落后，苹果产品的附加值有待提高，加工产品的发展仍然处于空白状态。

（二）威宁苹果产业发展优化策略

1. 积极完善基础设施，多方面推动生产条件转型升级

为了促进苹果产业进一步发展完善，需要重点以苹果示范区域和产业示范带为核心，围绕地力培肥、土地整治来加强耕地质量建设。整合通村公路建设、“美丽乡村小康路建设”、国家路网建设等项目，促进以整合果园内耕作道路与连接基地主干道为关键的路网建设。将“小康水”与“水利三大会战”的行动计划作为行动抓手，因地制宜且实事求是地促进以提灌设施、排灌渠系、节水灌溉、集雨蓄水、水肥一体化为核心的水利基础设施建设，力保乔化种植园的苹果亩用水量达到 40 m^3，矮化密植园的苹果亩用水量达到 80 m^3。积极加快以果品加工、商品化处理、育苗设施、储藏保鲜与绿色防控等为重点的配套设施建设。

2. 多样化推广新品种、推动品种结构转型升级

(1) 优化品种结构布局。威宁苹果的发展可以在响富、天红 2 号、烟富系、长富系、黔选3号等晚熟型苹果品种的基础上，适当引入黔选2号、嘎啦优系、蜜脆、秦脆、红将军、富士 2001、玉华早富等早、中熟品种，这样可以不断优化苹果品种结构，通过晚熟与早、中熟的品种搭配来早日实现产业优化。除此之外，可以以气候、土壤、湿度、光照等自然条件为依据，有针对性地引入烟富 10 号、烟富 6 号、礼泉短富、宫崎短枝等短枝新优型富士苹果品种，并对乔化低产的老龄果园如长枝型富士等进行品种改良与高接换优。

(2) 合理布局种植区域。合理布局苹果种植区域是优化苹果产业非常重要的工作环节，可以以不同的立地条件为依据进行因地制宜的分类指导。在规划、布局苹果产业的过程中，各乡镇要按照“不适宜区杜绝栽植、次适宜区适度种植、适宜区尽量发展、优生区全覆盖”的原则，在

优先考虑适宜种植苹果的贫困村的同时合理科学地制订产业发展目标。缓地、坡地以推广矮化栽培技术为主，山台地以乔化栽培的技术推广为主。其中，在黑石头、中水、牛棚、迤那等苹果优势产区当中，在没有水源条件的陡坡地和山台地主要推广乔化栽培技术，在水源条件不够好的区域推广矮化密植栽培模式（以 T337 等自根砧为主），水源条件较好的缓地和平地适宜重点推广矮化密植栽培技术（以 T337 等自根砧为主），这样可以帮助威宁县各地区获得最大限度的产业经济效益。

(3) 建设优质苗木基地。建设优质的苗木基地是将苹果产业发展壮大的重要前提，威宁县可以优先积极扶持威宁乌蒙绿色产业有限公司与威宁超越农业有限公司的苹果果木标准化繁育基地。积极加强和国内国外科研院所、苗木企业的项目对接，通过鼓励、引导企业和其他社会力量参与，促进短枝苗木、中间砧、矮化自根砧的标准化繁育基地建设。此外，为了提升苗木培育质量，可以将无毒苗木作为积极推广的繁育品种。对创办苹果良种果树繁育基地的大户、企业可给予农业产业发展贷款扶持，帮助其化解苗木基地建设所需资金紧缺的问题，为苹果产业的发展壮大提供基础支持。

（三）苹果产业全链条运用新技术，力促传统的生产方式转型

1. 推广栽培管理的高效技术

积极推广高效栽培苹果的管理技术，统一实施作业机械化、管理集约化、肥水一体化、栽培简约化、生产标准化的高效栽培技术，统一实施矮化密植型栽培方式，全面推广乔化短枝密植果园与矮砧密植果园，统一实施威宁苹果标准体系，可以进一步降低苹果生产成本，增加苹果质量效益。

2. 推进低产果园改造

通过采取落头、提干、间伐、高接换优、开角、疏枝等措施，可以解决果园机械化推进难、低产老龄化程度高、生产成本高等一系列难题。也可以直接更新效益低下、树势衰弱的果园，进一步提升果品质量。

3. 落实标准化管理措施

统一实施果园标准化管理办法，全面培育标准化现代果品示范区，可以切实提高果园的管理质量。具体包括全面推广以节水灌溉、果园覆盖为主的抗旱保墒技术，以肥水耦合、平衡（配方）、增施有机肥为主的沃土养根技术，以人工授粉、疏花疏果、摘叶转果为主的花果管理技术，以重拉轻疏、轻剪缓放为主的高光效修剪整形技术，以“草、沼、畜、果”为主的生态果园建造技术，以机械、物理、生物、农业等为主的有害生物综合防控技术，以工程与机械、预报预防相结合的减灾防灾技术，以分级贮存、分期采收为核心的果品商品化处理技术等。

4. 加快各类基地认证

以“目标有机，绿色起步”为发展方向，加快出口创汇基地、有机果品生产基地、全球良好农业规范基地、苹果标准化生产基地建设，积极落实果园覆盖、增施有机肥等绿色苹果生产技术。努力使苹果果实的品质与果园管理达到国家规定标准。目前威宁县各类基地的年认证平均数达到 5 万亩以上，2020 年，全县的苹果基地认证面积达到总体果园面积的 80%。

（四）新模式培育层次化、经营管理升级化

1. 加快合作组织建设

威宁县要尽快成立威宁苹果产业协会，吸引果品产业的技术能手、致富能人、生产经营大户、合作社参加协会，积极发挥协会组织对产业发展的引领带动作用。以“扶持发展一批、帮助提高一批、规范引导一批、示范建设一批”的思路指导，扶持现有的贫困村果园合作社进行规范化运行，一步步实现集约化、标准化、规模化的苹果产业经营模式。加快推进“三变”改革，引导农户将精准扶贫贷款、宅基地、承包土地进行参股、入股。通过固定分红、规模化种植、分户出资的模式，大力扶持龙头企业、农民合作社等经营主体的发展。从而带动贫困农户脱贫致富，有效提高农户的财产性收入。

2. 扶持壮大龙头企业

一方面，以上市公司的标准为要求，扶持威宁县苹果的重点企业、龙头企业加快上市步伐。以强强联合、资产重组的方式，重点打造SPV公司——威宁侬超农业有限公司，使其成为集精深加工、商贸物流、生产包装等产业发展于一体的现代化公司。另一方面，以招商引资为基础加强威宁苹果与国内外大型苹果相关企业间的对接与合作，并引进、创立一批集运销、加工、贮藏、种植于一体的龙头企业。切实通过资源共享、优势互补来强化龙头企业的产业带动能力。

在此基础上，支持、鼓励威宁县内外实力较强的企业以跨行业投资的方式创建苹果基地，拓宽营销网络、完善物流冷链、开展贮藏加工，从而使苹果果品的产业链得到进一步延伸。

3. 加快种植大户培育

大力推广威宁超越农业有限公司、威宁乌蒙绿色产业有限公司、威宁侬超农业有限公司、海升集团威宁超越农业有限公司等产业化的经营方式，努力建设“合作社＋基地＋农户”“公司＋基地＋农户”的苹果基地经营格局，促进土地流转合理化，并通过招商引资的方式推动产业大户、致富能人、龙头企业对集中产业用地进行集约化管理、标准化生产和规模化种植。鼓励种植大户与龙头企业对果品园区实施规模化发展。

（五）构建全方位新机制、实现服务体系转型升级

1. 完善技术服务体系

完善苹果产业技术服务体系的内容主要包括以下方面：第一，在县级、乡镇级以及村级苹果产区纷纷成立产业技术服务专家组，配备苹果产业技术辅导员，以健全威宁县、乡、村的技术服务体系。第二，积极加强与科研院所、高等院校之间的合作交流，建设推广新技术研发基地，为威宁苹果的产业发展提供专业技术支持。第三，全面发挥科技特派员、果树技术员的技术优势，充分开展苹果种植技术服务。第四，扶持、引导现代果园机械专业合作社、苹果产业技术服务队、果园托管服务公司，通过有偿服务的方式对土肥实施集约化管理、对有害生物进行防治，逐

步实现对苹果果农提供全方位技术服务。

2. 健全质量监管体系

首先，需要加强农业投入品与果品质量安全监管力度，具体可以通过建立经营登记备案的相关制度，健全统一实施的威宁苹果标准体系，完善果品的质量安全数据库与果品质量安全可追溯体系等方式来实现。

其次，可以通过实施苹果的市场准入与产地准出制度来完善果品品牌经营登记备案制度。建设互联共享、全程追溯的果品质量安全信息预警平台，加强苹果市场的监管执法力度，有效维护威宁苹果的质量声誉。

最后，建设一批地方与服务产区的专业质检中心，健全苹果从农田到餐桌的质量安全监管系统，以保障苹果产业的发展壮大。

3. 构建风险防范体系

构建完善的风险防范体系，一方面，积极修订、细化、完善公共卫生事件应急预案、重大自然灾害应急预案，促进威宁苹果产业的减灾防灾能力建设。通过强化救灾物资配备，强化防霜设施、防雹网的建设力度，加大防雹点作业次数与布设密度，强化对灾后重建、气象监测预警的建设力度，加快对检疫性有害生物的实时监控，以提高威宁苹果对自然灾害的应对能力。

另一方面，加大商业保险、农业政策性保险的推广力度，促进果园面积逐年增加，有效降低灾害损失。落实农业产业扶持贷款与资助果农构建果园防雹网，不断提高威宁苹果抵抗自然灾害的能力。

（六）多渠道拓展新市场、推动营销模式转型升级

1. 扩大营销队伍

组建、壮大村、乡、县三级的果品专业销售团队，最大限度发挥果品销售组织“对接市场、服务果农、联系政府”的纽带作用，促进田间地头的摊点式营销向市场型营销转变。力争通过两年的努力，实现果品经纪人全覆盖自然村，销售大户覆盖重点村，苹果适宜区营销组织覆盖乡镇。

2. 创新营销模式

第一，在营销模式方面，建立“果农 + 合作社 + 龙头企业”的苹果产地营销模式，大力推进农社、农企、农超相互对接，最大限度地提高产业效益。第二，积极开展窗口直销、产地销售、电子商务、农超对接、边贸交易、出口外销、仓储期货等，逐渐提高果品的外销能力。第三，推动果业大户、经济合作组织、苹果企业积极开展果品促销活动，积极参加国内外大型果蔬展销会。第四，发展电子商务，大力推动“互联网 + 果业”的发展，促进物流企业、电商、全国知名网店强强联合，促进县电商示范销售平台建设，努力形成乡村三级电商服务体系。

3. 拓展营销市场

加大威宁江楠现代农业物流园的推进力度，积极打造“辐射范围广、业态先进、设施完善、品种丰富、西南一流”的现代化综合型农业物流市场平台。在苹果专业种植村重点建设乡镇果品销售集散地。以“定策、定企、定人、定区”为依据，将大型果品批发市场与一线省会城市的销售市场作为发展的主攻对象，通过建设农产品超市专柜、批发市场档口、加盟店、连锁店、旗舰店等方式，构建平稳的市场促销渠道。

参考文献：

[1] 朱海波，聂凤英．深度贫困地区脱贫攻坚与乡村振兴有效衔接的逻辑与路径：产业发展的视角 [J]. 南京农业大学学报（社会科学版），2020，20（3）：15–25.

[2] 叶启伟，沈光勇，周阳．威宁：果蔬绿了日子红 [J]. 当代贵州，2019（37）：46–47.

[3] 肖萧，李永荷，杨晋，等．威宁县发展苹果产业气候条件适应性分析 [J]. 南方农业，2019，13（12）：162–163.

[4] 冯建文，吴亚维，宋莎，等．贵州山地苹果高效栽培技术 [J]. 农技服务，2018，35（6）：8–18.

[5] 马检，李顺雨，谢江，等．威宁苹果根部主要病虫害识别与防治 [J]. 农

业科技通讯，2018（9）：332–333.

[6] 李歆诺，黄朝宾．威宁县山地高效农业发展现状及对策 [J]. 现代农业科技，2018（6）：255–256.

[7] 陈旭浉，冀雨潇．贫困地区电子商务发展与农产品网销影响因素研究：以贵州省威宁县“电商扶贫”为例 [J]. 中国农学通报，2018，34（3）：158–164.

[8] 李顺雨，马检，谢江，等．2016 年威宁县新增苹果种植情况调查研究 [J]. 现代农业科技，2017（9）：91–92，97.

[9] 李顺雨，谢江，马检，等．威宁苹果整形修剪技术要点 [J]. 农业科技通讯，2017（4）：249–251.

[10] 李顺雨，马检，谢江，等．威宁苹果产业发展现状与对策 [J]. 贵州农业科学，2017，45（4）：163–166.

[11] 王远白．为有源头活水来 [J]. 当代贵州，2016（39）：16–18.

[12] 杨华，吴亚维，韩秀梅，等．贵州苹果产业发展现状与建议 [J]. 农技服务，2016，33（8）：190，189.

[13] 左太安．西南喀斯特山区石漠化贫困效应研究 [D]. 重庆：西南大学，2014.

[14] 韩秀梅，吴亚维，杨华，等．新品种王林苹果在威宁引种试验初报 [J]. 贵州农业科学，2013，41（12）：151–153.

[15] 牟东岭，郑元红，陈祖瑶，等．贵州威宁苹果产业现状与发展措施 [J]. 中国园艺文摘，2012，28（5）：56–57.

B3

兴义苹果产业发展报告

朱琴佳[1] 彭邦远[2] 赵 鹏[3] 朱良玉[4] 杨荣福[5]

摘 要： 兴义市有13年的苹果种植历史，如今已经有2000多亩苹果果园，其中成熟的果园有200多亩。苹果品种主要有德国红星、英国皇家嘎啦、长富2号等。该市苹果种植总面积达9830亩，其中白碗窑镇苹果种植面积为8540亩，捧乍镇苹果种植面积为700亩，七舍镇苹果种植面积为350亩，布鲁格镇苹果种植面积为200亩，乌沙镇苹果种植面积为40亩。白碗窑镇是兴义市最大的苹果产区，该镇成熟期的苹果产量可达到13000斤，每亩经济价值17000元。兴义市的苹果产业经过数年的发展取得了较为显著的成效，但该地区在苹果生产、推广方面依旧存在不足。

关键词： 兴义市；苹果产业；现状分析

一、兴义市自然资源概况

兴义市地处贵州省西南部、黔西南布依族苗族自治州西南部，属于桂、滇、黔三省（区）接合部中心地带。该市地理位置优越，位于东经104°51'~104°55'，北纬24°38'~25°23'。从行政区域层面而言，兴义市

1 朱琴佳，女，兴义市农业农村局助理农艺师。研究方向：生态农业与可持续发展。
2 彭邦远，女，兴义市农业农村局助理农艺师。研究方向：绿色农产品质量安全。
3 赵鹏，男，兴义市农业农村局农艺师。研究方向：区域品牌与特色农业。
4 朱良玉，女，兴义市农业农村局农艺师。研究方向：绿色农业与可持续发展。
5 杨荣福，男，兴义市农业农村局高级农艺师。研究方向：果蔬技术推广。

是黔西南布依族苗族自治州首府所在地，周边与兴仁县、安龙县相邻，属于全州政治、文化、经济、信息中心。距广西南宁 525 km，距云南昆明 362 km，距贵州贵阳 357 km；辖区国土面积 2911 km^2，属于昆明、南宁、贵阳经济圈中心，有“三省通衢”的美称。

就地形地貌而言，兴义市自然资源丰富，市区境内的地势东南低、西北高，河流纵横、山峦起伏，拥有良好发育的喀斯特地貌形态。在全市地域形态分布当中，喀斯特地貌占 71.5%，平坝占 7.2%，丘陵占 20.5%，河流、村庄占 0.8%。全市的地形地貌特征被地质学家称为中国第二个“金三角”。

就气候环境而言，兴义市属于热带山地季风湿润气候，该地区日照充足、雨量充沛、冬无严寒、夏无酷暑。雨热同季，年降水量为 1300~1600 mm，无霜期为 275 ~ 334 天。年平均气温为 13℃ ~ 15℃，一月平均温度为 7.1℃；七月平均温度为 22.2℃，白天温度为 28℃ ~ 30℃，晚间温度为 13℃ ~ 15℃。昼夜温差 20℃左右。全市无霜期有 320 天。受到得天独厚的小气候影响，全市周边会有特有的阴雨大雾，市内大部分地区有阳光，气候干燥且全年日照时间长，全年积温高达 3590℃。兴义市得天独厚的气候、土壤条件十分有利于苹果果树的生长，种植的苹果比云南昭通早熟 15 天左右，比北方苹果种植区更是早熟一个月，这为兴义市苹果提供了良好的市场先发条件。兴义市苹果生产相关生态条件的农业气象指标见表 3–1。

表 3–1　兴义市与其他苹果优质种植区气象指标对比

市（县）	主要指标			辅助指标				
	年均气温 /℃	年降水量 / mm	年日照时数 / h	1 月平均气温 /℃	年极端最低气温 /℃	夏季平均气温 /℃	年≥ 35℃气温日数 / d	秋季日平均温差 /℃
兴义	17.0	800	2200	4.8	−3	22.7	<1	7.8
昭通	12.9	730	1889	8.8	−8	19.3	0	8.8
威宁	11.8	625	1800	4.1	−11	17.9	0	7.5
长顺	15.5	1168	1228	7.1	−3	20.7	0	6.9
桐梓	15.3	1039	1092	5.5	−4	23.5	1	7.4

注：（1）昭通位于“川滇古陆”之内，富有“苹果之乡”美誉，是南方地区最

大的优质苹果种植、生产基地。

（2）威宁、长顺、桐梓为贵州苹果的主产区，苹果种植面积占贵州省苹果种植面积的84%。

兴义市有13年的苹果种植历史，如今已经有2000多亩苹果果园，其中成熟的果园已经有200多亩。苹果品种主要有德国红星、英国皇家嘎啦、长富2号等。长富2号是成熟型果园主要种植的苹果品种，每亩种有50多棵果树，苹果挂果率高。2016年已经是第8年挂果，由于当时正处于高光改造时期，兴义市2016年生产苹果多达80万斤左右，并且长富2号品种的苹果在2015年以后便已经进入稳产阶段。

兴义市发展苹果产业方面具有多方面的优势。首先，兴义市拥有明显的区位优势。贵州省兴义市处于贵州、云南、广西三地的交界地区，经济基础好、交通便利。并且处于黔西南州自治州范围内，该州拥有300多万常住人口，兴义市拥有80万常住人口，兴义市苹果产业拥有庞大的消费群体作为产业发展的后盾，具备能销售、可带动的区位优势与消费群体。

其次，兴义市拥有产品优势。以前该市广阔的土地上主要种植辣椒，烤烟，早、晚熟蔬菜等农作物。全市的产业结构单一且属于单年耕作化状态。种植烤烟的亩产量经济价值仅为3000元左右，扣除人工成本与投入成本后所剩无几，种植苹果不仅可以改变各种劣势，还可以提高亩经济收入。如果每亩地平均种植苹果果树50棵，丰产盛果期的一棵果树可生产300 ~ 400斤苹果，亩产量高达15000斤，如果每斤苹果售价为1.5元，亩经济价值可高达22500元以上。产品品牌化、基地规模化发展吸纳周边分散农民加入的引力较强，有助于在兴义市开发整体式生态农业。

再次，兴义市拥有政策优势。国家新一轮退耕还林、全面小康建设、精准扶贫、扶贫开发战略等政策，鼓励农村经济与农业发展，统筹城乡发展与新农村建设的强度明显加大，这为加快精准扶贫开发带来了难得的发展契机。

最后，兴义市拥有明显的市场优势。兴义市最大的苹果产区——白碗窑镇大水井村落水洞林场苹果基地在苹果种植方面已经取得了明显成效，截至目前，该地成熟期的苹果亩产量可达到13000斤，亩经济价值达 17000 元。兴义市苹果凭借优良的地理环境与特有的土壤环境可提前进入市场进行销售。2014 年，兴义市长富 2 号苹果在云南昭通的苹果展销会上便获得了口感第一名的优秀成绩，白碗窑镇苹果已经获得水果行业无公害绿色食品认证。

兴义市苹果产业主要集中在白碗窑镇，白碗窑镇处于兴义市西南地区，南部与七舍镇、雄武乡相连，东部与下五屯街道相接，北部与乌沙镇相连，西部与云南省曲靖市罗平县长底乡、钟山乡相连。白碗窑镇距离兴义市中心约 16 km，与“川滇古陆”相邻。此外，该镇处于北纬 24 ° 58'44" ～ 25 ° 06' 32"、东经 104 ° 43'75" ～ 104 ° 49' 28"，全镇国土面积高达 119 km^2 ；占兴义市国土总面积约 4%；总人口数为 2.6 万，包含 13 个乡村，其中农业人口数量占全镇总人口数近 90%；全镇森林覆盖率近 30%。白碗窑镇地形崎岖，地势起伏，高度差 890 m。位于“七舍高原”与乌沙岔江底热河谷的过渡地带，海拔 1110 ～ 2000 m。温暖、湿润的气候条件，使得白碗窑镇苹果在花期不会遇到“倒春寒”气候。

白碗窑镇种植苹果的优势主要体现在三个部分：第一，品质优势。白碗窑镇位于偏远山区，该地区空气洁净且无工业污染。日照时间长且秋季昼夜温差大，降水量适中。该地种植出来的苹果肉质细脆、色泽亮丽、口感香甜。第二，生态气候优势。该地夏无酷暑、冬无严寒。全年的温差偏小，与威宁、昭通等优良苹果种植地区相比，其农业指标相近甚至条件更优，更有利于苹果种植。第三，区位优势明显，白碗窑镇位于滇、黔、桂接合部，这些省区在气候因素限制下苹果产出数量有限，所以兴义苹果拥有广阔的消费市场。

二、兴义市苹果产业发展历程

兴义市苹果种植总面积为 9830 亩，其中白碗窑镇苹果种植面积为 8540 亩，捧乍镇苹果种植面积为 700 亩，七舍镇苹果种植面积为 350 亩，布鲁格镇苹果种植面积为 200 亩，乌沙镇苹果种植面积为 40 亩。白碗窑镇是兴义市最大的苹果种植区，贵州益生福农业发展有限公司与李氏苹果园是该种植区较为典型的苹果企业代表，下面以这两个企业为重点来剖析兴义市苹果产业的发展历程。

1. 贵州益生福农业发展有限公司苹果产业发展历程

白碗窑镇是兴义市苹果种植的首选之地，贵州益生福农业发展有限公司的苹果产业发展可追溯到 1999 年。该年冬季，云亮苹果种植园法人肖云亮由云南省昭通市引进 500 株红富士（长富 2 号）到兴义市白碗窑镇冬瓜林种植，当时一株苹果苗售价为 2 元，种植苹果苗后 2003 年开始结果，一棵苹果树的苹果产量大致为 300 斤，但是由于当时缺乏相关技术，经营管理不善，苹果种植园的总体效益不好。

肖云亮通过分析白碗窑镇的湿度、土壤、气候等条件，认为白碗镇较为适合种植苹果，在该地大力推广苹果是十分值得的事。故此，2004 年春天，肖云亮再次由云南省昭通市引进白斗 200 株、皇富嘎啦 400 株、长富 2 号 4000 株，108 号 200 株、岩富 10 号 200 株、富 2001 号 200 株，并将这些苹果果苗种植于白碗镇大水井村林场内。在专业技术人员的指导下，引进的苹果树苗生长良好，在多年的生长后经济效益明显。2009 年，白碗镇苹果的平均亩产量高达 5000 ~ 6000 斤，且所产苹果不管是色泽、品质还是口感都迎合了市场需求，经济效益十分明显。

2. 李氏苹果园发展历程

李氏苹果基地位于贵州省兴义市的白碗窑镇海子村。该基地拥有 60 亩的占地面积，由李兴彪负责种植与经营。2005 年便开始种植苹果树，刚开始种植苹果时，在政府工作人员的介绍下，李兴彪邀请果树专家到他的基地进行考察，了解当地的气候与土壤情况，果树专家推荐了适合该地种植的部分苹果果树。当年年末，李兴彪开始组织种植苹果树。2010 年，由于缺乏套袋、保花、梳果、防病、防虫、施肥、灌溉、剪枝等果树管理经验，尽管果树逐渐长大，但并未获得苹果果实。

2010 年年中，李兴彪通过手机学习相关管理与种植技术，把这些技术运用到果树种植与果园管理中，由于缺乏扎实的理论知识和基础技术，最终以失败告终。经过这一番折腾，白白浪费了三年时光，投入了大量精力却没有收成，李兴彪试图放弃。2013 年，他专程赴云南省昭通市进行苹果种植考察，而且请到了相关专家来黔教授、指导相关技术。专家从套袋、疏果、疏花、保花、杀菌、防虫、不同季节灌溉、不同季节施肥、修剪枝条等各个方面对李兴彪进行了指导。经过三年时间，他家的果树在2016年开始结果，但由于果树的品种早已过时，苹果的收成很低，苹果成色也不是很好。于是他又重新开始在部分果树上嫁接了八个新品种，不断探索哪几种果树比较适宜在本地种植。2016年年末，他的果园终于开始正式向当地出售苹果。

第一年的销售途径十分单一而且知名度较低，苹果的卖相也很一般，他自己又不会使用其他销售途径，一些苹果滞销坏在了地里。第二年，他通过微信推广，到市区发放广告、宣传单等方式，提高苹果知名度，吸引了很多的消费者直接到果园进行消费，销售途径得到了较好的解决。但由于苹果的卖相存在缺点，出果率也不高，苹果销量的上升空间不大。但在2016年嫁接的新品种当中，有三种苹果品种比较适合在当地种植，收成率、味道以及成色各方面都不错。2017年年末，李兴彪从云南省昭通市邀请了六名苹果研究专家进行种植指导。通过对苹果果树进行大量的修枝与嫁接，2018年的苹果收成量虽然有所减少，但苹果的成色与味道都得到了很大提升。李兴彪看到了转机，于是又种植了一些新品种，还培育了几亩苹果树苗。

2019年，当地天气干旱，由于灌溉用水不足导致果园的幼果和花干枯死亡，当年收成大幅减少，苹果果园经济损失惨重。为了避免干旱天气再次带来负面影响，李兴彪2020年在苹果园安装了滴灌设备。但自来水价格较高且水量太小，于是他又邀请水源专家进行考察，试图在果园周边钻井使用地下水。

三、兴义市苹果产业发展展望

（一） 苹果产业建设

(1) 建设养殖园区。围绕苹果的生长习性和害虫清除，可选择投入鸡、鹅和鸭的配套养殖经营，这样一来，既实施了无公害的绿色生产，又能将观赏性与食用性进行有机结合。

(2) 建设栽植基地。在现有百余亩苹果种植配套生产的基础上，再做扩建、改造与提升，将现有果园扩大 500 亩。以大水井为土地流转基础，通过流转 500 ～ 800 亩地，打造第二个示范果园。在白碗窑镇大圆子与马家槽子流转 2000 ～ 2500 亩地，打造第三个苹果示范果园。这三个示范点可实现同时投产。加强果树种植和果园管理，让果农学习如何种植苹果树，并且在各示范点种植其他种类的经济果树，达到三年有花、四年有果。同时实现观赏和绿化的立体生态效果。

(3) 基础设施配套。规划 8 亩土地打造农产品贮藏厂房，增配运输设施和工具等；完善铺设水网，保障种养基地的供水；建设现代化科技农业园林，增加农村的就业岗位数量。

（二） 苹果产业经营理念

(1) 培养果农高科技、高效农产品种植理念，开展多种经营，自创有影响力品牌，完善贮藏和销售渠道等。

(2) 强化经营管理，根据不同果树的结果季节，引导与组织游客进入果园、田间，开展农业观光和有偿采摘（如新鲜水果、时令蔬菜、瓜果等），让消费者在观赏田园风光之余体验收获的快乐，增长消费者的见识。

四、兴义市苹果产业现存问题及原因

（一）生产规模小，苹果品种结构较单一

目前，兴义市成熟苹果园面积两百余亩，种苗多从云南省引进，正在实施的五千亩基地种植计划的苹果苗也是从云南省引进的。兴义市没有成熟的优质种苗选育基地，由于气候等问题无法大量提供适应当地生态环境的种苗。生产规模小，苹果品种结构较单一，产量、产值不稳定，应对气候和市场的风险能力较弱。究其原因，兴义市苹果生产主体是以

小农户为主，种植面积小且分散，主体实力较弱，从事苹果生产的果农尚未发展成为职业果农。

（二）经营模式简单，缺乏龙头企业引领

兴义市在贵州省是典型的喀斯特地貌，地形崎岖、起伏较大，生产条件、交通条件较差，信息、技术相对封闭落后，生产经营模式不够成熟，企业和合作社规模均相对较小，缺乏长远的品牌意识，苹果销售渠道不稳定。销售模式主要有果园内销售、就地批发销售、通过度假游客和本地居民观光采摘销售，销售量有限且没有形成完整的产销链，需要发展龙头企业并对该行业进行引领。品牌管理、质量检测、加工、物流、保鲜体系不够健全，统一的采购、包装和营销的先进经营理念欠缺，存在市场开拓力不足的情况。

（三）技术力量薄弱，标准化生产需强化

目前，兴义市进行苹果种植的果农，大多是从事玉米、烤烟等其他农作物生产的农民，苹果种植的相关理论知识不够，专门从事苹果推广、科研、生产的职业果农特别少。虽然兴义市农业局与兴义市政府联合举办了苹果种植管理等技术培训，培养了一批技术人员，但难以满足苹果生产管理业务指导、生产技术服务等方面的要求。生产及推广的人员屈指可数。果农是苹果生产的第一劳动者，果农的文化水平与思想观念决定了他们对新技术、新观念的接受程度，影响了苹果集约化经营、规范化管理与标准化生产的有效开展。

兴义市苹果的相关生产标准滞后，产业缺乏技术标准、生产标准支撑。这与贵州省、贵州各县相关专业技术人员不足密切相关，贵州从事生产推广、果树科研的省级单位仅有贵州大学农学院、贵州省果树科学研究所、贵州省果树站等几家单位，专门从事业务指导与技术服务的技术人员十分不足。这与贵州苹果产业发展的需求差距较大，不仅限制着贵州省苹果产业相关标准的制订工作，也会影响到未来苹果产供销体系的建设与种植工作。

（四）政策奖惩机制不够

目前，推动苹果产业发展的政策还不够完善，很多政策主要倾向于基地建设，与市场、销售和品牌建设相关的支持和鼓励政策很少。主要是贵州目前苹果种植面积不大，政府关注点还放在基地建设上，发展思路是传统的以产定销而不是以销促产，现有种植面积生产的果品销售不成问题，因而整体发展上没有从提升贵州苹果在全国的影响力方面进行市场、销售和品牌的全面打造。

（五）产业化、品牌化薄弱

目前形成的合作社与企业的影响力不大，规模均相对较小。合作社与企业各自经营，尚未形成有影响力的产供销式联合体，市场意识不强，苹果产业没有大市场。此外，苹果品牌呈现出小而多的状态，并未形成极具影响力的营销与品牌体系。

五、优化兴义市苹果产业的相关建议

（一）建立奖惩机制，推动苹果产业的快速发展

第一，当地政府与企业推进土地流转，依照“有偿、自愿、依法”三原则，积极鼓励专业合作社、大农户、企业通过互换、租赁、承包等方式，建立规模化、标准化的优质高效苹果基地。对用于流转土地五百亩以上建设果园，前三年政府给予合作社或者果园相应的土地流转费补助。

第二，激励干部职工个人通过独资方式流转土地并创建苹果产业基地，超过 200 亩享受带薪带职三年的待遇，超过 300 亩享受带薪带职五年的待遇。此外，职工在获得项目对基地的建设补助以外，还可一次性预支带薪带职期间工资作为创业发展资金使用。苹果果园的建设每年实施 3 个“百分百”考核，即技术 100% 到位、定植 100% 成活、建园 100% 面积。苹果果园的建设须达到三年试花五年投产，能对该区域起到

技术培训与示范的带头作用。每个苹果产业示范基地每年的培训规模应达到 300 人次左右。

第三，所有的果园需要以相关技术要求为参照，对苹果果园进行管理。对于苹果果树在三年内长势良好且果树的保有率不低于 98%，第三年的苹果亩产量达 200 千克以上的，兴义市农牧局组织验收后可以退耕还林的补助标准为参照，对前三年的土地实施相应补助。

第四，加大财政支持。政府部门拿出一定资金，每年对苹果生产经营先进团体与苹果种植科技示范户实施奖励。对成功选育引进一个契合本地生态的优质新品种的农户、合作社、企业与科研单位均予以一定的奖励。

第五，积极支持散户组建农民合作社，整合苹果生产资源，引导果农依法组建覆盖面大的、规范的苹果专业合作社。以合作社团体为基础力求实现资源整合。技术单位要为果农提供技术培训、生产指导等综合服务。苹果专业合作社实行品牌化销售，充分发挥下游的带动作用，以促进苹果产业持续高效且循环发展。

（二）培养领头羊，提高苹果产业组织化程度

加强政策引导，以典型示范带动为主，组建种植大户、培育企业与专业合作社，形成具有一定规模且配套设施完善、产业集中连片的苹果基地。打造效益良好且管理高效的中心示范区域，以中心示范区辐射带动周边区域的生产管理水平提升到一个新阶段。强化政策环境意识、社会诚信意识与政府服务意识，提升对苹果产业领头羊企业的扶持力度，主动给龙头企业的发展解决问题，想方设法为发展壮大龙头企业创造有利条件。

（三）苹果种植规模化，苹果生产管理精细化、标准化

虽然兴义市的苹果产业目前规模较小，但该地存在很大的发展潜力。随着扶贫攻坚工作接近尾声，未来五年甚至十年的时间将是兴义市苹果产业快速发展的时期。发展苹果产业要以长远的眼光为基础，以前瞻的

规划为保障，通过细致的步骤促进苹果产业一步步发展壮大。兴义市目前在建设新果园基地时，需要以本地的地理条件与气候环境为依据，严格参照优质苹果相关种植技术标准稳步推进建设工作，杜绝盲目追求数量与规模却忽视质量的思想，推行规范化、标准化的精细种植。对每一个苹果果苗坑点进行定位，对打挖的每一个种植坑、管理的每一棵果苗进行建档，尽可能保证每一棵苹果树的实时动态数据可以随时调查，从而为下一步精准水肥维护和管理奠定坚实基础。

在扩大苹果产业规模的基础上，还需要规划拥有高技术与高价值的农产品与农业资源，在发展养殖、种植基础上，努力打造农产品销售生态体系与农业生产资料供应体系。将苹果产业与森林生态旅游、乡村民俗旅游、农业休闲时光相结合，创建现代化苹果产业经营模式。让种植苹果的农户享受到发展苹果产业带来的高收益。

精细化、现代化的苹果种植模式可以提高农户种植苹果的积极性与主动性，从而吸引更多的农户参与到苹果产业专业合作社中，发挥集聚影响力，打造“果农 + 合作社 + 苹果基地”的强势产业和集种植、运输、贮藏、销售于一体的产业链，推动兴义市发展成苹果产业大市。一方面可以提高农户经济收入，帮助农民早日脱贫致富；另一方面可以增加兴义市政府财政收入。

（四）选育优势品种，增强苹果产业竞争力

通过创建标准优质型资源圃的方式为苹果产业深化发展积累发展后劲。20 世纪八九十年代，由于品种配置不合理和栽培措施失当，贵州省苹果种植面积大幅萎缩，可见合理的配套措施与适宜的品种对苹果产业的重要性。目前云南省的很多优质品种都是经过长期选育产生的，十分适宜当地生产，由于苹果产业性状均优于外来引进品种而在当地得到大力推广种植。因此，兴义市苹果产业要持续发展并形成一定规模，就需要不断尝试群众性实生选种和苹果芽变，归纳出一套适宜兴义市当地发展种植的栽培措施和优良品种，建立起标准优质的资源圃。进行良种选育，是形成兴义市苹果品质特色、增强苹果产业竞争力的重要环节。

（五）增强苹果品牌意识，优化产品营销策略

兴义市现有的苹果品种多而不精，苹果品牌知名度不高，需要整合资源优势，增强品牌意识、加大营销力度。实际上，兴义市的苹果产品具有多方面的优势，具备较强的竞争力。可以从以下四个方面进一步加大工作力度。

一是通过网络平台大数据准确、及时地向相关生产加工企业与果农提供国内外技术革新、市场环境等最新的实时动态消息。建立信息不间断发布制度。广泛利用报纸、广播、直播、电视以及小视频等数字媒体，运用便捷且快速的方式直接和果农进行交流。切实发挥市场实时信息对苹果产业深化发展的指导作用。

二是在一些地理优势明显的区域创建果品批发市场，积极打造“产品批发市场 + 直播电商平台 + 营销经纪人 + 苹果企业 / 专业合作社”的立体式营销网络。努力探索“产后抓营销、产中推技术、产前签订单”的苹果生产经营模式，充分发挥专业合作社与龙头企业的领头羊作用。

三是针对贵州苹果产业未来的主要市场在沿海一带的实际情况，建议通过网络高速广告、电视、列车等媒体，重点在目标市场区域加大对贵州苹果产品的宣传力度，让更多的消费群体了解兴义苹果，喜欢兴义苹果并且消费兴义苹果。

四是兴义市可以通过创建苹果产供销联合体的方式对全市苹果销售、生产、种植环节所涉及的市场、销售、保险、技术、农贸等内容实施规范化、统一化管理。尽可能实现苹果产业的利益最大化。苹果产供销联合体在开发苹果后续产品的过程中，需要考虑深加工的重要性，通过延长苹果产业链来促进果农收益提高，增加苹果产业综合效益，最终为兴义市三农发展做出贡献。

参考文献：

[1] 韩立新，郝贝贝，瞿振芳，等 . 供给侧改革背景下三门峡苹果产业如何发展 [J]. 北方果树，2020（5）：44−45，49.

[2] 杜小妮，张泽鹏 . 从产业发展看 2020 果季陕西苹果产销 [J]. 西北园艺（果树），2020（4）：38–39.

[3] 王亚明 . 天水市麦积区花牛苹果产业发展对策探究 [J]. 南方农业，2020，14（21）：129–130.

[4] 段凯，孟伟东 . 陕西洛川苹果产业现状 [J]. 农业工程，2020，10（7）：126–128.

[5] 王周亮，王靖，刘丽娟，等 . 临沂市苹果产业发展现状及提质增效对策 [J]. 安徽农业科学，2020，48（14）：229–231.

[6] 庞华 . 沂水现代苹果产业发展现状问题与建议 [J]. 基层农技推广，2020，8（7）：54–55.

[7] 刘浩武 . 对苹果产业发展及金融支持情况的调查：以甘肃省庆阳市为例 [J]. 中国金融家，2020（7）：118–119.

[8] 王田利 . 天水果业发展考察报告 [J]. 果树资源学报，2020，1（4）：26–28.

[9] 李林光 . 创新发展思路，加快山东省苹果产业高质量发展 [J]. 落叶果树，2020，52（4）：1–4.

[10] 马玉芳 . 洛川县苹果产业发展面临的困境及对策 [J]. 乡村科技，2020（17）：22–23.

[11] 党亚，古强，李承军，等 . 理县苹果产业发展现状及对策建议 [J]. 四川农业科技，2020（6）：67–68.

[12] 邹雨婷，索朗曲珍，黄鹏程，等 . 西藏地区苹果产业发展的 SWOT 分析 [J]. 西藏农业科技，2020，42（2）：69–72.

[13] 司梦实 . 关于河南省数据驱动苹果产业发展的探讨：以二仙坡绿色果业智慧果园为例 [J]. 河南农业，2020（16）：6–7.

[14] 肖萧，李永荷，杨晋，等 . 威宁县发展苹果产业气候条件适应性分析 [J]. 南方农业，2019，13（12）：162–163.

[15] 孙小娟 . 特色产业推动特困地区扶贫工作的实证研究 [D]. 西安：陕西师范大学，2018.

[16] 汪腾，姜丽，周端咏 . 白碗窑苹果产业发展现状与建议 [J]. 兴义民族师

范学院学报，2017（4）：39−41，111.

[17] 李顺雨，马检，谢江，等．威宁苹果产业发展现状与对策 [J]. 贵州农业科学，2017，45（4）：163−166.

[18] 杨华，吴亚维，韩秀梅，等．贵州苹果产业发展现状与建议 [J]. 农技服务，2016，33（8）：189−190.

[19] 李云国，蔡兆翔，马静，等．昭通高原苹果产业发展现状及可持续发展对策研究 [J]. 云南农业大学学报（社会科学版），2015，9（5）：69−73.

[20] 冯晓龙，霍学喜．考虑面源污染的中国苹果全要素生产率及其空间集聚特征分析 [J]. 农业工程学报，2015，31（18）：204−211.

[21] 丰佩明，梁正英，胡娄燕，等．贵州长顺县苹果产业发展现状、对策与建议 [J]. 中国园艺文摘，2014，30（10）：73−75.

[22] 牟东岭，郑元红，陈祖瑶，等．贵州威宁苹果产业现状与发展措施 [J]. 中国园艺文摘，2012，28（5）：56−57.

B4

长顺苹果产业发展报告

黄晓芳 刘 茜 张龙芬[1] 刘 松[2] 熊佳佳[3] 梁海伦[4]

摘 要：

截至目前，长顺县高钙苹果种植面积达 11.43 万亩，挂果面积达 6 万亩，平均亩产鲜果 1276.70 公斤，预计产量超过 7 万吨，实现高钙苹果产业年总产值达 33236.08 万元以上。惠及全县 3 个乡镇 36 个村 1.2 万户农民，其中贫困户 2400 户，贫困人口 9800 人，为当地贫困地区的脱贫致富做出了重要的贡献。经过十几年的实践与发展，长顺高钙苹果产业在经济、生态和社会等方面的效应日益显现，其独特的优势在促进长顺县农业和农村经济发展过程中发挥着不可替代的作用。但我们也应该看到，长顺苹果产业的发展仍然受到诸如种植结构不合理、基础设施不健全、果园后续管护不力等制约因素的影响。长顺县今后应从优化种植结构、加大对基础设施的投入以及加强技术队伍建设等方面进一步促进苹果产业的健康可持续发展。

关键词：

长顺县；高钙苹果；产业发展

---

1 张龙芬，长顺县农业农村局果蔬科农艺师。研究方向：果蔬技术推广。

2 刘松，长顺县农业农村局果蔬科负责人。助理农艺师。研究方向：果蔬技术推广。

3 熊佳佳，长顺县农业农村局果蔬科工作人员。研究方向：果蔬技术推广。

4 梁海伦，长顺县农业农村局果蔬科工作人员，助理农艺师。研究方向：果蔬技术推广。

一、长顺县苹果产业发展现状

2002 年，长顺县首次引进苹果并在广顺镇进行示范种植。随后两年多的时间里，在烟台果树专家的帮助下，专家组经过多次的科学实验，成功筛选出适宜长顺县种植的高产、优质品种，同时总结了一套符合当地地理、气候条件的高产栽培技术。2005—2007 年，长顺县政府出台相关政策鼓励支持优质水果产业的发展，并欲将苹果产业打造成富民强县的支柱产业之一。为了实现做大做强这一目标，县政府积极采取包括农户贷款政府贴息、干部留职带薪带头种植精品水果等配套措施促进精品水果产业的发展。在这一阶段，长顺苹果种植业得到了快速发展，种植面积从 800 亩激增至 15000 亩。2008 年，长顺县对农业产业布局进行调整，对苹果产业进行重新规划。2009 年，长顺苹果获无公害农产品质量认证。2012 年，长顺县以“苹果产业为主，带动其他产业发展”的理念，成立了长顺农业园区管理委员会，以期在全县范围内形成一套完整的苹果产业链，包括种苗培育、生产种植、粗深加工、冷贮运输、销售、服务等方面。依托于苹果产业，带动长顺县在旅游、餐饮、交通等产业的进一步发展。

（一）产地生态环境

长顺县地属中亚热带季风湿润气候区，雨热同季，冬无严寒，夏无酷暑，年均气温 15.5℃，年极端最低气温为零下 4.3℃，极端最高气温为 33.9℃。相对湿度 81%。无霜期 295 天。年降水量 1347 mm。其北部海拔 1200 m 以上的开阔丘原地区，纬度低，海拔高，气候冷凉，石灰岩发育的地区气候干燥，尤其是 3 ~ 10 月日照多且集中，昼夜温差大，石灰岩母质发育的酸性土壤，有利于苹果营养物质的积累和果实的着色。加之长顺县没有大工业，自然生态环境良好，因此其产出的苹果甘甜可口、品质优良，是种植高品质、高质量苹果的绝佳之地。

（二）种植品种、面积

1. 种植品种

目前，长顺县种植的苹果品种主要以乔化和矮化为主。其中，“乔化”主栽品种有烟富 3 号、烟富 6 号、烟富 8 号、富士 2001、黔选 1 号等，授粉品种有太平洋嘎啦、皇家嘎啦、丽嘎啦；“矮化”主栽品种有天红 1 号、长富 2 号，授粉品种有皇家嘎啦、丽嘎啦，具体见表 4-1。

表 4-1 长顺县苹果种植品种

	皇家嘎啦、丽嘎啦 太平洋嘎啦、黔选 1 号等	烟富 3 号、烟富 6 号、天红 1 号、长富 2 号、富士 2011 等
结果期	7~8 月	10~11 月
成熟期	中熟苹果	晚熟苹果
品种特点	质硬脆，汁液多，风味酸甜，香气浓，耐贮藏	肉质细脆，汁多，味甜，有香气，较耐贮藏

资料来源：长顺县政府网，http://www.gzcsx.gov.cn/。

长顺县主要苹果品种以中、晚熟苹果为主。其中，中熟类苹果可以很好地满足每年八九月苹果市场的需求，占据一定的市场份额；而晚熟类苹果能为后续市场需求提供持续供给。既有适宜直接出售的鲜苹果，也有较耐贮藏的苹果，可以保证长途运输后的新鲜口感、不易变坏腐败，有利于销售到省内各县市，乃至外省。打破了贵州省内苹果长期需要从外地买进的局面，并实现了一定数量的对外销售。

2. 种植面积

目前，长顺县苹果种植面积达 11.43 万亩，产值约为 3.3236 亿元，涉及该县长寨街道、广顺镇和白云山镇的 36 个行政村。其中，广顺镇的种植面积占长顺苹果种植总面积的 1/2，白云山镇次之，长寨镇最少，仅占 19%（图 4-1）。

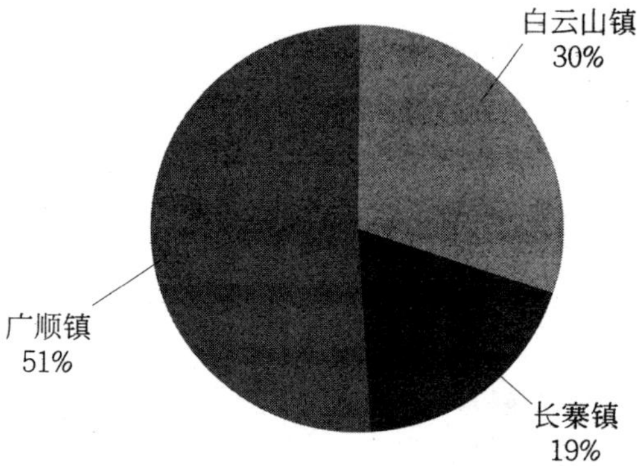

图 4-1　长顺县苹果种植面积分布

资料来源：长顺县政府网，http://www.gzcsx.gov.cn/。

2015 年，为了响应省、州党委、政府提出的发展精品苹果产业的号召，长顺县依据自身实际发展状况，提出了加快推进农业产业化发展要求，打造以广顺镇为核心区的苹果种植基地，并辐射长寨镇、白云山镇的“苹果强县”，决定在已有种植面积的基础上，2015 年冬至 2020 年春新增苹果种植 40000 亩，其中长寨街道 10000 亩、广顺镇 19000 亩、白云山镇 11000 亩（表 4-2）。到 2020 年，长顺县高钙苹果种植面积达 10 万亩，挂果面积达 6 万亩，并依托高钙苹果种植产业建设全省山地农业“接二连三”先行示范区，实现高钙苹果产业年总产值 6 亿元以上。

表 4-2　长顺县苹果产业新增种植面积

乡（镇、街道）	“十三五”总面积／亩	2015 年冬至 2016 年春／亩	2016 年冬至 2017 年春／亩	2017 年冬至 2018 年春／亩	2018 年冬至 2019 年春／亩	2019 年冬至 2020 年春／亩
长寨街道	10000	2500	2000	2000	2000	1500
广顺镇	19000	4000	4000	4000	4000	3000
白云山镇	11000	3500	2000	2000	2000	1500
合计	40000	10000	8000	8000	8000	6000

资料来源：作者依据长顺县“十三五”农业发展规划（2016—2020 年）与长顺县政府网整理所得。

实际上，截至2020年，长顺县实际完成苹果种植面积11.43万亩，远超规划种植面积10万亩目标，超计划14.43%。长顺县苹果产业能取得如此优异的成绩离不开长顺县通过多举措为苹果产业发展保驾护航。

二、长顺县苹果产业发展优势

为了促进和加快长顺苹果产业的发展，加快达成苹果强县的目标，将苹果产业打造成帮助人民增加收入、助力脱贫、带领人民走向致富的支柱型产业之一，长顺县采取多种政策措施，从多方面为其保驾护航，确保其能健康稳步地向前发展。

（一）以龙头企业带动高钙苹果种植迈向产业化经营

一方面，县政府以各种优惠政策吸引外来投资，积极引进有实力的外来企业创办龙头企业，如在前三年免征企业所得税以及在本县从事林果种植等项目的外来企业，可以通过有偿的方式取得土地的使用权等。另一方面，充分发挥银行的政策金融支持作用，通过降低贷款利率、贷款贴息等方式鼓励和引导各类企业参与到高钙苹果产业化的经营中来。鼓励和支持不同层次、成分多样的企业、个体工商户、个人及其他民间组织等以多种形式共同创造、发展有竞争力的龙头企业，激发全县人民参与建设苹果强县，推动苹果种植业向规模化、标准化的产业化发展。除此之外，以龙头企业为核心，开展果品研发、果品基地建设，建立以从事苹果加工、储藏和运输、销售等环节的工厂，延长苹果产业链，增加产品附加值。

（二）以优质果园基地为基础，建设生态果园，实现苹果产业的可持续发展

果园基地作为发展高品质、高质量精品水果产业的基础，是苹果产业化道路上的一个重要节点。首先在多方考察借鉴其他地区的优秀苹果

种植基地后，长顺县按照标准化、专业化和规模化的要求，建设了广顺镇凤凰坝苹果基地、长寨苹果产业园、长阳坡苹果产业园和长顺县广顺葫芦坡农业观光园区等一批高水平、高标准的果园基地。其次，对因管理不善导致退化的高钙苹果种植基地进行修复、完善和流转，完善配套管理用房、机耕道、耕作便道、排灌沟渠建设，完备种植设施，进一步提高产业发展的能力。再次，在果品基地引导、支持建立农民专业合作经济组织。最后，积极推进土地集约化经营，务求连片，注重规模，形成一村一品、一乡一品或数村一品的产业结构。在规划区内，一是坚持示范引导，政府扶持，龙头企业带动，农民自愿的原则；二是重视果园与畜牧、沼气工程的结合，将果园行间作物、畜牧、沼气池及有关技术纳入园区规划，建设生态果园，实现高效果业的可持续发展。

（三）重视学习先进科学经验，为苹果产业发展提供智力支持

长期以来，长顺县都十分重视学习先进科学的苹果栽培、种植和生产等方面的技术。首先，长顺县聘请省内、州内在研究苹果方面成果较为突出的有关专家组成专家顾问组，指导苹果产业发展，为苹果产业发展提供智力支持。主要体现在以下三个方面：第一，为苹果产业科学合理地规划布局，避免在发展过程中走弯路，指引苹果产业健康可持续发展。同时，为苹果产业的发展提供技术培训和技术服务，及时解决发展过程中出现的各类技术难题。第二，鼓励和支持科技创新活动。对为苹果产业发展做出积极贡献和示范作用的个人或集体给予物质或精神上的奖励，提高全县人民的创新积极性和热情。加快建立无公害苹果标准化生产技术体系、操作规程和产业化开发技术体系等。第三，除对有关技术部门人员和种植农户进行各方面的技术培训外，还将县、各乡镇以及村组的有关领导、干部纳入培训范围内。培养和造就一大批既懂技术又会管理的苹果生产经营的干部、技术人员和种植户。除此之外，县政府还积极鼓励技术推广机构和技术人员通过提供和承包技术服务、转让技术专利与科技入股等多种方式与企业和农户在不同方面开展合作。

（四）注重品牌、质量建设，提高长顺苹果的市场竞争力

其一，继续推动和完善高钙苹果品牌的建立和商标注册。在我国，传统苹果产区：山东烟台苹果、陕西洛川苹果和新疆阿克苏苹果等因其种植历史悠久、口感良好而备受国民的欢迎和喜爱。如何在残酷的市场竞争中抢占市场份额，推动和建立高钙苹果品牌和商标的注册是其中最基础也是最为重要的一步。只有创建有自身特色的品牌，才能提高品牌价值，苹果的价值才有上升的空间，目前，已成功创建了“品长顺”系列农产品知名品牌、“盛源红”商标等。

其二，鼓励、支持水果专业组织申报无公害农产品、绿色食品和有机食品的认证工作，开通绿色通道，以减少不必要的申报程序。为各类认证工作提供政策咨询等方面的智力和技术上的支持，努力推动各项认证成功完成。

其三，建立健全苹果质量安全标准体系。对苹果的质量进行严格监控，避免发生以次充好的现象，在源头上做好质量把控。实行苹果全程质量可追溯制。对消费者而言，能让消费者吃得放心，保障消费者的合法权益；对于苹果企业而言，不但可以加强质量管理，降低纠错成本，而且还能树立良好的企业形象，增强竞争力。

其四，引导和支持企业开展果品储藏保鲜、包装、加工等产后处理，提升产品附加值。

其五，重视产品推介。县政府通过召开市场新闻发布会和产品推介会等活动，介绍长顺苹果的特点、优势，积极推广长顺苹果，提升长顺苹果市场知名度。支持企业、农民、专业合作社等参加省内外和国外有关交易会。促进交流活动，打响长顺苹果的名号，将长顺县特色苹果推向全国各地，让更多的企业和消费者认识它、品尝它、拥有它。目前，产品已进入重庆、广西、贵阳等地市场。

（五）扩宽筹资渠道，加大投入力度

为了支持长顺县苹果产业的健康发展，长顺县政府扩宽筹资的渠道，加大投入力度。首先，长顺县每年从县财政中拨出一部分专项资金

作为高钙苹果果业基地建设的贷款贴息补助和产业发展工作经费。实行专款专用，充分发挥专项资金的导向和激励作用，引导和激发更多企业、个人、果农及其他农业合作社等加入苹果产业化的建设，推动高钙苹果产业的发展。其次，要求各有关部门大力支持高钙苹果迈向产业化，在科技、水利、扶贫开发等项目上提供具体帮助。同时高度重视苹果产业化发展在扶贫开发中的作用，将其打造成脱贫致富、助民增收的支柱产业之一。截至2020年，长顺县苹果种植面积已达11.43万亩，平均亩产1276.7公斤，实现总经济效益33236.08万元。此外，加强对金融部门的政策指导，争取金融对苹果产业的倾斜支持，上级部门在得到县农行、县信用联社申请将部分资金用于满足企业、果农合作社及农户建设精品优势果业基地及其他方面用途的贷款需要时，积极予以批准。县政府还鼓励各县属部门通过资金和土地要素入股等形式，让其加入苹果产业化发展进程中去。

（六）激发苹果产业内新活力，形成新的发展优势

为了激活苹果产业新活力，形成新的发展优势，长顺县从以下两个方面助力苹果产业的发展。

第一，积极开展苹果新品种培育工作，建设新品种实验示范基地。2016年，长顺县第一次从山东烟台果业研究院引进了由“烟富3号”芽变而来的新品种“烟富8号”。该品种具有适应性强、结果早、果个大、果面色泽艳丽、着色均匀、果实内质好等优点，丰产性及经济性都优于“烟富3号”。苹果新品种相关配套栽培技术的研究工作也在着手准备中。这为长顺县苹果品种改良打下了良好的基础，打开了长顺县苹果产业发展的新篇章。

第二，紧盯“三区三基地”定位目标，深入推进大扶贫、大数据两大战略行动，按照“科学治贫、精准扶贫、有效脱贫”的要求，围绕实现0.8万贫困人口脱贫、5个贫困村出列、3个贫困乡镇“减贫摘帽”三大任务，以长顺绿壳蛋鸡、高钙苹果、紫王葡萄、小米核桃、优质蔬菜的“4+N”特色产业为主导，努力建设省级优质苹果基地。坚持以调结

构、上规模、创品牌、突重点、争市场为主抓手，深入推广实施“龙头引领、农户参与、抱团取暖、共同发展”的“藤缠树”产业扶贫模式，扭住农村“三变”改革，加大招引力度，培育和引进农业经营主体，以龙头带动、以销定产、有效供给的发展方式，全面推动苹果产业发展。

（七）加强对高钙苹果产业的领导工作，促进其健康发展

长顺县成立了专项工作领导小组，以县委分管领导为组长，县人大、县政府、县政协分管领导为副组长，各有关部门为成员，领导和统筹长顺县苹果产业发展的工作，促进高钙苹果产业健康发展。该领导小组主要负责做好相关的项目规划和政策落实工作，指导、督促高钙苹果产业各类管理和服务工作，牵头解决产业发展中存在的重大问题。各乡镇也成立了相应的工作机构，抓好本乡镇优质水果发展规划、协调指挥、宣传动员、管理服务等工作。项目实行定方案、定目标、定人员的“三定”工作责任制，做到总体规划明确，分期目标具体、服务网络健全的工作机制，真正实现责任到位，制度健全，奖罚分明。

三、长顺县苹果产业发展过程中的制约因素

经过 10 多年的发展，在县委、县政府的领导下，在全县各级有关部门的努力和全县人民群众的支持下，长顺高钙苹果产业发展取得了一定的成绩。但在实际发展过程中还存在一些问题，制约和阻碍了长顺县苹果产业的发展。

（一）苹果品种单一，种植结构不合理

目前，长顺县苹果种植品种较多，其种植结构存在不合理之处。首先，长顺县苹果种植以中、晚熟苹果为主，虽有一定的发展，但竞争力强的拳头产品较少。中、晚熟苹果集中于苹果上市高峰期采摘，容易造成收购价格被挤压、销售压力大和滞销等风险，不利于苹果产业的健康发展。其次，长顺县种植的苹果品种并未包含早熟型果品，种植结构不合理，容

易影响其市场占有率和竞争力，不利于长顺苹果产业的可持续发展。

（二）基础设施建设尚待健全完善

长顺县苹果产业起步晚，发展慢，在基础设施方面仍存在不健全、不完善乃至缺失的问题。首先，部分果园的蓄水池、供电、肥水一体化、生产便道、机耕道以及防灾减灾等基础设施不健全。既导致广大种植户在苹果的种植、培育和养护等方面效率低下，也对生产、管理和销售等方面造成了严重影响。其次，缺乏在防灾减灾方面的基础设施建设，果农防御自然灾害的能力较弱，没有形成寒潮、低温冻害、冰雹等预警机制，一旦发生自然灾害，果农将面临巨大的损失，这是制约长顺苹果产业发展的一大因素。

（三）种植户管护意识薄弱，果园后续管护不力

长顺县的种植户多以单家独户的散户为主，这些散户又多以农民为主，因文化程度不高，广大种植户缺乏对苹果的管护意识。加上部分果园后续管护资金不足，这些果园存在只种不管、肥水施用不平衡以及放任生长、果树修剪不当等粗放式管理。容易造成果树生长不平衡，种植多年却难以结果或者果品品质低下。而这一窘迫的状况又致使果园经济效益降低，果农收益减少，从而影响了果农种植和管理果树的积极性，形成一个恶性循环。这不仅降低了群众发展苹果产业的积极性，更无法通过发展苹果产业来实现助民增收，无法发挥苹果产业的致富带动作用。

（四）农业技术力量薄弱，合作社作用有限

虽然长顺县高度重视引进和学习先进农业技术，但现实的状况却不容乐观。截至目前，长顺县拥有百余名农业专业技术人员，但负责果树和蔬菜种植管理与技术指导的农技人员仅有 4 人，难以为全县的果树蔬菜产业发展提供全面、有效的技术支持，不能满足长顺苹果产业发展的需要。加上相关设备不健全、不完善，经费缺乏等困境，无法很好地为苹果产业的发展提供必需的技术服务。技术服务缺失与技术服务水平低

下等问题限制了长顺县苹果产业的健康发展。另外，出于各种原因，各乡（镇）的技术人员大部分已经转移从事乡（镇）中心工作，造成县与乡（镇）在技术服务、业务指导工作上发生脱节，必要的技术培训和业务指导、调研无法开展，对广大果农的技术指导和服务造成极大的影响，对苹果产业的发展发挥的作用微乎其微。随着长顺县对苹果产业发展要求的提高和苹果产业化发展步伐的加快，后期在技术服务和服务水平等方面的需求也会相应提高。解决技术人员缺乏、提高技术服务供给和水平是推动长顺苹果产业持续发展的重点之一。

到目前为止，长顺仅有 7 家与苹果有关的水果专业合作社。不仅数量少，缺乏科学合理的管理制度和机制，而且大部分合作社成员的文化水平不高，无法发挥合作社应有的作用。大多数果农仅是在合作社下挂名，合作社并未对这些果农提供应有的如种植管理、果园管理和销售等方面的指导，合作社没有发挥出其应有的作用。

（五）没有形成完整产业链，产品附加值低

首先，虽然长顺县经过多年招商引资，建立起了一批从事高钙苹果包装、初级加工的工厂，如长顺县高钙苹果纸袋厂、长顺县高钙苹果醋生产厂等，但由于长顺苹果种植的品种主要是以新鲜食用的品种为主，无法满足苹果加工企业的需要，从而限制了长顺县苹果加工企业的发展，阻碍了苹果产业链的延伸。长顺苹果因其特殊的地理环境优势，使得其富含多种营养物质元素。长顺苹果加工的技术和工艺相对落后，无法将拥有多种营养物质元素的苹果初级产品加工成像果沙、果胶以及膳食纤维等拥有高附加值的天然、健康、营养的产品，致使苹果产品附加值低，这也极大地限制了苹果产业的健康可持续发展。其次，目前长顺苹果知名品牌只有“盛源红”等少数几个品牌，而这些品牌的知名度局限于贵州省内甚至仅在当地，品牌较少而且知名度不高。从品牌管理角度来看，长顺县较为关注在销售链中对品牌进行管理，而对其他产业链中的品牌效应不够重视，因此长顺县苹果产业并未建立起涵盖种植链、供应链、储藏运输链、消费链等全产业链的区域品牌。每个苹果品牌在种植、质

量要求标准等方面存在不同，容易造成果品质量良莠不齐，不利于品牌的统一宣传。这也是影响长顺县苹果产业发展的重要因素之一。

四、长顺县苹果产业发展建议与对策

（一）优化种植结构，突出特色产品

在竞争激烈的苹果市场中，一个几乎无差别化的苹果产品很难吸引到顾客的目光，成为一个爆款产品的概率更是微乎其微。因而，优化种植结构，实行差异化战略，突出产品特色是摆脱困境的方法之一。一是要优化种植结构，加大对苹果新品种的研发投入，尽快研发出适合长顺县种植的早熟苹果。抓住中、晚熟苹果产品的市场时机，充分发挥高钙苹果的产品优势，提高“盛源红”等特色产品的知名度，争取在竞争激烈的市场中占据一席之地。二是依靠长顺县的地域文化优势，发展具有地域特色的苹果产品。2008 年北京奥运会的奥运印苹果为苹果产业的发展提供了一条新的发展思路，走高端定制路线成为越来越多果园的选择，成为一种新的发展趋势。 长顺县高钙苹果自诞生之日起就注定了它适合走一条高端定制的发展之路。在苹果生长过程中，套上带有花纹或文字的袋子，在阳光照射的作用下，可以长出不同的印花或印字苹果。这样的苹果在口感与营养元素方面虽然与原有高钙苹果无任何差异，但是由于自带印花，增强了其美观程度，提升了苹果自身的价值。随着印花苹果、异形苹果等市场的扩大，应积极发挥龙头企业和合作社的作用，发展订单农业，带领长顺苹果“走出去”，力争打入高端市场。最后，绿色有机的水果是未来果蔬产业的发展趋势，长顺县应紧紧抓住得天独厚的自然地理优势，扩大绿色有机苹果的种植面积。

（二）健全完善基础设施建设

果园的基础建设是果园健康持续发展的基础条件之一，良好的基础设施有利于提升果园的机械化操作水平，提高果园的种植效率和劳动生

产率，降低管理成本，能够大幅提高果园的经济效益。首先，要提高资金投入，健全完善园区的基础设施。通过政府专项资金、贴息和企业、果农自筹资金的方式，加大资金投入，完善健全基础设施的建设，努力建成标准化、规模化的现代化果园。其次，要建立健全防灾减灾体系，切实提高应对自然灾害的能力。要加强对长顺县灾害性天气发生的规律的分析总结，并将这种规律运用于苹果的生产实际中。要加强气象监测，发挥其预警、预报的作用；通过制订应急预案、完善预防补救措施等方式，提高果农应对自然灾害的能力，减少自然灾害带给果农的损失。

（三）完善果园后续管护，加强技术队伍建设

首先，任何种植业都需要“三分种，七分管”，苹果种植更是需要抓好后续管理，才能实现预期经济效益。目前，长顺县广大种植户普遍存在后续资金缺乏、果园后续管护不足的问题。针对这一问题，政府及相关部门应通过财政拨款和补贴等方式，帮助果农提高果园后续管护能力，扶持广大种植户搞好果园后续管护，促进长顺高钙苹果发展。对于那些种植积极性低、管理能力差的果农，加大宣传和督促力度，促其转变思想，提高种植积极性。其次，增强长顺县苹果产业的技术队伍的建设，提高苹果产业发展技术水平和技术服务质量。一方面，县政府可以聘请精品水果产业高级技术人才，为长顺苹果产业的发展提供智力支持和技术保障。另一方面，长顺县也可以通过人才引进的方式，吸引优秀的农业技术人员，增强技术队伍的建设。最后，加强对果农的技术培训，使其掌握系统的管理知识和技术，以确保追肥、整形、病虫害防治等后续管理工作正常开展。同时，强化乡镇苹果产业工作队伍的建设，造就一支懂技术、能指导的技术队伍。加强对专业合作社的管理、指导，变合作社成员为科技“二传手”，利用科技“二传手”带动发展，解决长顺县在苹果产业发展上技术人员少的问题，以适应长顺苹果产业发展速度快、种植面广的形势。

（四）推行“企业＋合作社＋果农”模式，为长顺苹果产业化提速增质

目前，长顺县与苹果相关的专业合作社数量较少，且缺乏科学合理的管理制度，使其无法发挥出合作社应有的作用。为此，县政府及相关部门要发挥统筹作用，出台相应的政策措施鼓励和支持加快成立农业合作社，增加合作社的数量。在增加农业合作社数量的同时，要强化对合作社合法性和规范性的监督管理工作，保证合作社规范高效地运行。可以推行“龙头企业＋合作社＋果农”的模式，发挥合作社的桥梁作用。依托合作社，将果农与企业连接在一起，为果农提供产前培育种植、产中看护管理和产后销售等全过程的技术服务和支持。鼓励建立长顺县高钙苹果行业协会和跨区域行业合作联社，扩大苹果行业协会成员队伍，积极吸纳企业法人、产业示范户和专门的技术人才等加入，增强队伍实力。培养不同方面的专业经纪人队伍，为果农解决在种植、销售等方面的问题，提高果农生产积极性，提升果农组织化程度和水平。

要重视转变果农的思想，改变其死守一亩三分地的思想。积极开展各类宣传工作，促进土地流转，果农可通过入股分红或者出租收租的方式，把果园交给专业的人士种植、进行土地规模经营管理，以实现双赢。重点抓好规模、连片种植。选择条件好、有基础的乡、村，集中连片发展，扩大种植规模；对已建设好的散户、小面积果园，采取土地流转的方式，转为种植大户进行管理，逐渐走向家庭农场规范化管理，提高管理水平，提升规模效应。

（五）建立苹果全产业链，实现“苹果＋旅游”的有机结合

以消费者为导向，从源头开始，加强对销售、物流、加工等各个环节的管理，实现苹果安全可追溯，形成安全、营养健康的苹果全产业链。目前，长顺县仅在销售这一方面对品牌进行管理，而全产业链品牌管理体系包括种植链、储藏运输链、加工链和消费链等环节。运用统一的先进管理技术，制定统一的质量标准，进行统一的管理，这样可以保证苹果的质量，又能确保苹果在原有的基础上获得更大的价值，打响长顺苹

果的知名度。运用多种方式及通过多种渠道进行宣传，提高区域品牌知名度。

积极发挥长顺县的区位优势，以“苹果 + 旅游”的有机结合，助力长顺苹果产业的良性循环。长顺县拥有佛教旅游胜地白云寺、杜鹃湖、白云山镇中院村布依风情寨、威远潮井等优质旅游资源，将这种良好的旅游资源与长顺苹果产业相结合，开通长顺旅游专线，吸引游客到长顺体验采摘苹果的乐趣，同时能带动长顺旅游业的发展。以旅游为依托，注入新的旅游元素，使得“苹果 + 旅游”的结合更加紧密。除家庭农场、农家客栈、长阳坡农耕文化体验园、长顺县凤凰坝休闲观光综合体之外，长顺县要积极推进“十里花谷”“长顺湿地公园”的建设步伐，进一步促进长顺高钙苹果产业与旅游产业的有机结合。

五、结 语

经过多年的努力和实践，尤其是中央高度重视和大力支持农业发展，长顺高钙苹果产业得到了快速发展，并取得了一定的成绩，成为长顺县助民增收、脱贫致富的支柱产业之一。而长顺县苹果产业目前面临的种种问题，虽然限制了长顺县苹果产业的发展，但也是长顺县苹果产业发展的新机遇，只有明确未来的变革措施和发展方向，长顺苹果产业才能真正走上健康可持续的发展道路。作为新兴的苹果品牌，长顺高钙苹果的未来是极具市场竞争力的。因此，对于长顺苹果产业，既要重视品牌的发展，抓住口碑所带来的经济效益，不断完善苹果的品质；又要尽可能给予政策上和技术上的支持，抓住发展机遇，大力推动长顺苹果产业的发展，让其能更好地为长顺县农业发展和农民创收贡献力量。

知识产权篇

B5

贵州苹果产业专利发展分析报告

谷庆红[1]

摘　要： 截至2019年，贵州省苹果产业相关专利申请有730件；苹果产业相关授权专利86件；食品、食料或非酒精饮料方向的相关专利技术有209件专利申请；苹果栽培技术有专利共计95件；以苹果作为原料，制备咖啡及咖啡代用品、茶及茶代用品产品方面有专利共计61件；与苹果有关的肥料方面有专利共60件；苹果果汁酒及酒精饮料方面有专利共计58件；苹果相关杀虫剂、消毒剂、植物生长调节剂方面有专利共计51件；苹果相关的药品、保健品、化妆品方面有50件专利；以苹果为原料制备动物饲料的相关专利共计47件；与苹果有关的种植、播种、施肥技术专利有30件。

关键词： 贵州省；苹果产业；专利分析

一、专利申请授权趋势分析

（一）申请趋势分析

截至2019年，共检索到贵州省苹果产业相关专利申请730件。按照申请年份进行统计，得到年度申请量趋势图，如图5-1所示。由于2020年申请的部分专利尚未全部公开，因而2020年的数据不参与趋势讨论。

1 谷庆红，贵州腾派知识产权研究中心主任，研究方向：专利与产业发展分析。

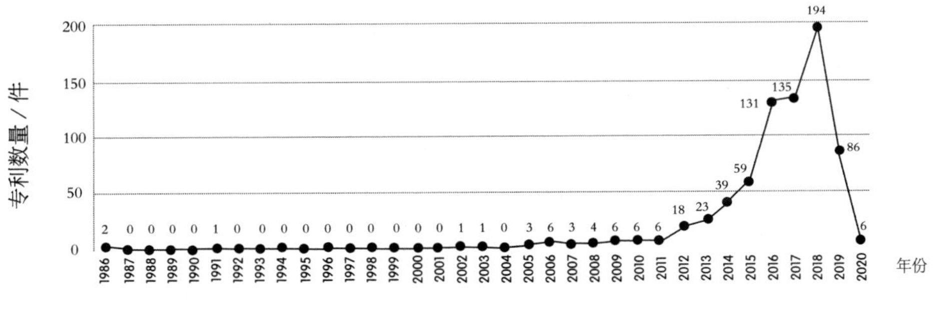

图 5-1　贵州省苹果产业相关专利申请趋势

数据来源：中国专利信息网，http://www.patent.com.cn/。

从上图可以看出，贵州省苹果相关专利申请趋势可以分为三个阶段：

第一阶段为 1986 年至 2011 年，该阶段专利年度申请量较低，并且有些年份没有专利申请。专利年申请量最高的年份是 2011 年，有 6 件相关专利申请。

第二阶段为 2012 年至 2018 年，该阶段专利年申请量整体呈现快速增长趋势，直至 2018 年专利年申请量高达 194 件。

第三阶段为 2019 年，2019 年的专利申请量有所回落，申请量为 86 件。

从总体上看，贵州省苹果产业相关专利申请快速发展主要是从 2014 年开始，在近几年快速发展。从趋势上看，未来几年整体申请趋势仍将保持一定的专利申请量。

（二）授权趋势分析

截至 2016 年，共检索到贵州省苹果产业相关授权专利 86 件。按照专利授权年份进行统计，得到年度授权量趋势图，具体如图 5-2 所示。

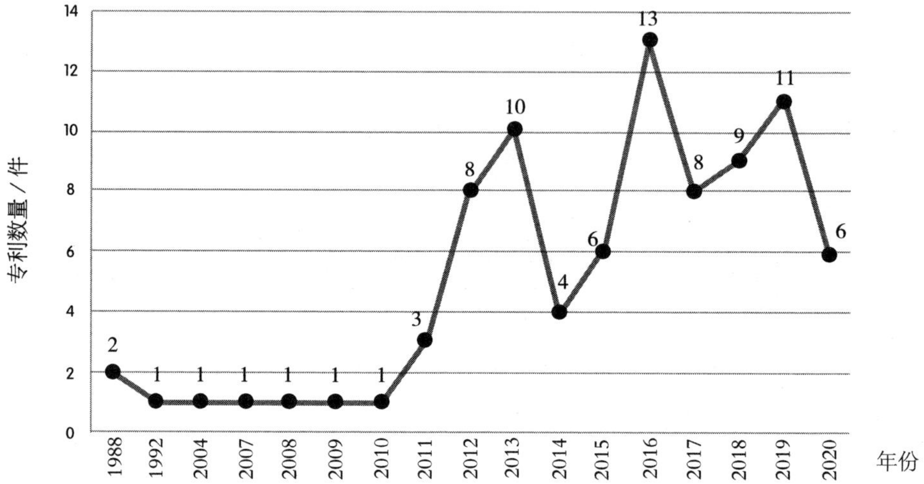

图 5-2 贵州省苹果产业相关专利授权趋势

数据来源：中国专利信息网，http://www.patent.com.cn/。

从上图可以看出，在 2011 年以前，专利年度授权量相对较少；2012 年之后随着申请量的增加，授权量也有所增加。其中，专利授权量较高的年份为 2016 年，共有 13 件专利获得授权。

二、授权专利维持年限分析

授权专利维持是指在授权专利法定保护期内，专利权人依法向专利行政部门缴纳规定数量维持费使得专利继续有效的过程。而授权专利维持年限（以下简称专利维持年限）则指专利从申请日或者授权之日至无效、终止、撤销或届满之日的实际时间。专利维持时间反映了创新主体的专利运用和管理能力，也反映了一个国家或者地区的技术创新能力。具体从苹果产业上看，则主要反映了苹果产业的相关企业的专利运用能力、管理能力和维持实力。

通过对苹果产业相关专利维持年限的整理分析，得到如图 5-3 所示的苹果产业相关授权专利维持年限占比图。

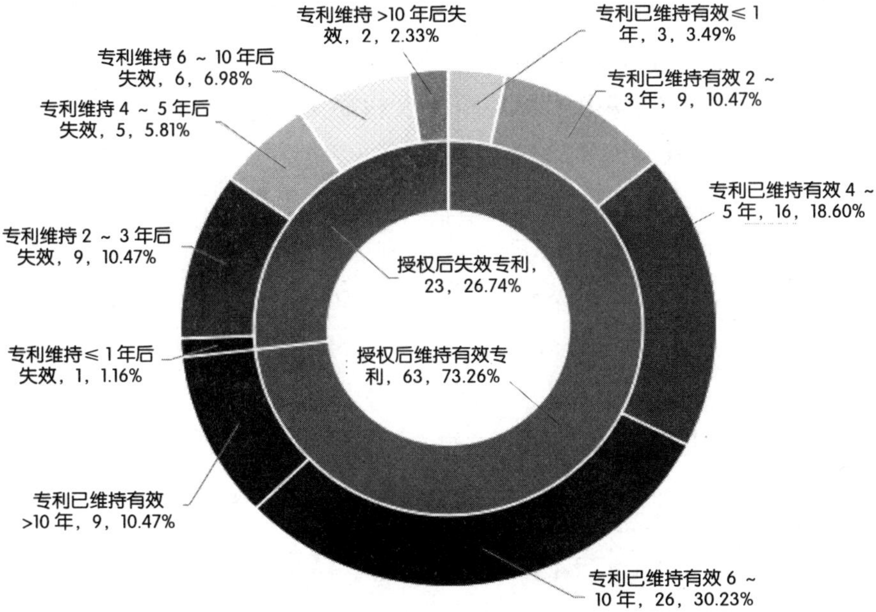

图 5-3 苹果产业相关的专利维持年限占比

数据来源：作者依据相关资料汇总所得。

从图 5-3 可以看出，目前已获得授权但是后期失效的专利共有 23 件，占授权专利量的 26.74%。其中有 1 件专利授权后当年即失效，并未继续维持权利有效，该专利是因为避免重复授权而放弃专利权。专利维持年限在 2 ~ 3 年失效的有 9 件，占授权专利量的 10.47%。专利维持年限在 4 ~ 5 年失效的有 5 件，占授权专利量的 5.81%。专利维持年限在 6 ~ 10 年失效的有 6 件，占授权专利量的 6.98%。专利维持年限大于 10 年失效的有 2 件，占授权专利量的 2.33%。

从图 5-3 可以看出，目前保持有效的专利共 63 件，占授权专利量的 73.26%。其中专利维持年限小于 1 年的有 3 件，占授权专利量的 3.49%。专利维持年限在 2 ~ 3 年的有 9 件，占授权专利量的 10.47%。专利维持年限在 4 ~ 5 年的有 16 件，占授权专利量的 18.60%。专利维持年限在 6 ~ 10 年的有 26 件，占授权专利量的 30.23%。专利维持年限大于 10 年的有 9 件，占授权专利量的 10.47%。

从整体看，专利维持年限在5年以下即失效的有专利15件，占授权专利量的17.44%。间接说明苹果产业的这部分专利的竞争性不强，故申请人未能持续保持专利有效。对于授权后失效的专利，专利维持年限在5年以上才失效的专利有8件，占授权专利量的9.30%。对于授权后保持有效的专利，专利维持年限在5年以下的专利有28件，占授权专利量的32.56%。专利维持年限在5年以上的专利有35件，占授权专利量的40.70%。说明苹果产业相关专利不会轻易放弃授权后的专利。授权专利维持年限大于10年的专利有9件，占总量的10.47%。由于此部分专利可能是发明专利，整体说明贵州省在苹果产业领域授权发明专利的维持年限都是相对较高的，发明专利基本都有较高的维持年限。

三、专利类型及法律状态分析

对贵州省苹果产业相关专利的法律状态进行统计，其中有效专利指授权并且正常维持的专利；审查中专利指已公开但尚未授权的专利申请；失效专利指因专利保护期届满、未缴费、专利无效等原因失去专利权、不再受专利法律保护的专利。具体情况如图5-4所示。

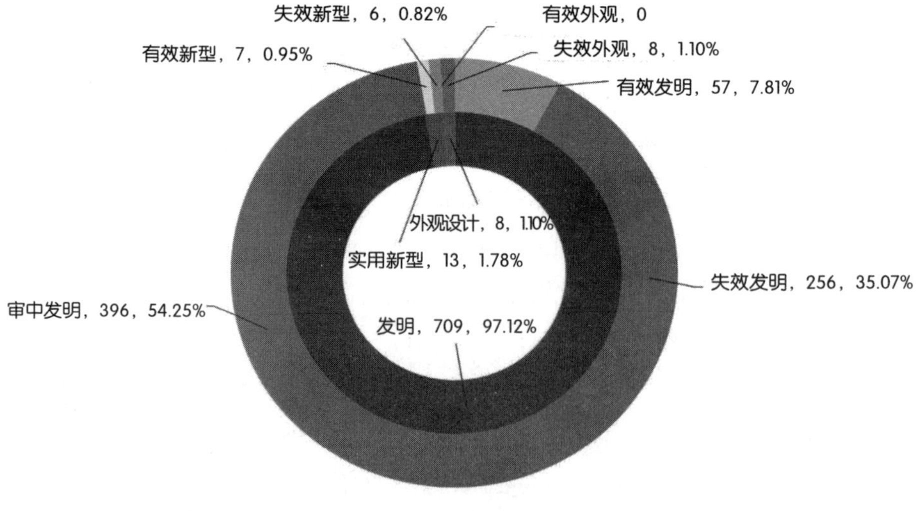

图5-4 贵州省苹果产业相关专利类型及法律状态

数据来源：作者依据相关资料汇总所得。

从图 5-4 可以看出，在发明专利中，审中发明专利 396 件（占总申请量的 54.25%），有效发明专利 57 件（占总申请量的 7.81%），失效发明专利 256 件（占总申请量的 35.07%），发明专利中处于审中状态的数量占比较大。实用新型专利中有效专利 6 件（占总申请量的 0.82%），有效专利与失效专利数量基本一致。外观设计专利 8 件（占总申请量的 1.10%），均已失效。

四、法律事件专利分析

专利的法律事件是指在专利的生命周期内所有涉及法律关系状态变化的客观事实。其主要包括以下相关内容：

解密专利：解密后的保密专利。

获奖专利：荣获国家专利金奖或优秀奖的专利。

海关备案：专利权人就该专利已在海关进行备案保护。

无效程序：专利复审委员会已受理宣告该专利权无效的请求。

复审程序：专利申请人向专利复审委员会提出复审请求的专利申请。

口头审理：通过口头审理的方式实施专利权无效请求。

权利转移：专利权或专利申请权发生过转让的专利或专利申请。

著录变更：著录信息发生过变更的专利或专利申请。

许可备案：专利权人将专利技术许可给他人实施的专利。

权利质押：专利权人将专利权出质的专利。

质押解除：专利权出质后登记注销专利权质押的专利。

权利保全：人民法院对专利权进行财产保全的专利。

保全解除：专利权的财产保全期届满的专利。

权利恢复：专利申请人或专利权人通过相关手续恢复其专利申请权或专利权。

权利续展：专利保护期得以延长的专利。

经过对本领域专利法律事件的分析，主要为权利转移以及复审程序两种类型，其中发生权利转移的专利为 24 件，发生复审程序的为 1 件。

发生权利转移的专利数量远多于发生复审的专利数量。权利转移即专利转让，专利转让是专利申请权人和专利权人把专利申请权和专利权让给他人的一种法律行为。《中华人民共和国专利法》（以下简称《专利法》）中明确规定，专利申请权和专利权可以转让，其中全民所有制单位转让专利申请权或者专利权，必须经上级主管机关批准，中国人（或单位）向外国人转让专利申请权或专利权，必须经国务院有关主管部门批准。转让专利申请或专利权的当事人必须订立书面合同，经专利局登记后生效。在本领域发生权利转移的法律事件的专利中，多为食品、饮料、茶相关专利。发生转移的原专利权人包括个人、企业及高校，受让人为相关产业的主营企业。可以看出，发生权利转移的主体对苹果相关产品的加工等有较好的创新能力，发生转移的客体与市场产品存在较大的关联，发生权利转移的客体同时也可视为本领域中市场竞争较为激烈的客体。

专利复审程序是指专利申请被驳回时，给予申请人的一条救济途径，只有专利申请人才有权启动专利复审程序，而且必须在接到驳回通知 3 个月内向国家知识产权局专利复审委员会提出。根据《专利法》第四十一条的规定，国务院专利行政部门复审后，作出决定。复审请求案件包括对初步审查和实质审查程序中驳回专利申请的决定不服而请求专利复审的案件。图 5-5 中本领域涉及专利复审的仅有 1 件，为董忠蓉申请的专利，目前该专利已获得授权并保持权利有效，且该专利已转让给贵州鹏程农业科技发展有限公司。可见该专利对于权利人而言属于重要技术专利，本领域一般技术人员也可将其列入重点专利进行关注。

五、主要申请领域分析

按国民经济行业分类。专用设备修理为贵州省苹果产业专利量最大的国民经济行业，其中，专用设备修理领域内申请专利 211 件（有效专利 18 件），食品、酒、饮料及茶生产专用设备制造领域内申请专利 201

件（有效专利7件），中成药生产领域内申请专利70件（有效专利6件），种子、种苗培育活动领域内申请专利70件（有效专利3件），茶饮料及其他饮料制造领域内申请专利65件（有效专利3件），精制茶加工领域内申请专利61件（有效专利2件），固体饮料制造领域内申请专利61件（有效专利2件），其他酒制造领域内申请专利57件（有效专利5件），黄酒制造领域内申请专利56件（有效专利5件），白酒制造领域内申请专利56件（有效专利5件）。

六、主要申请与授权的专利技术领域分析

（一）申请专利主要技术领域分布分析

对贵州省苹果产业相关专利主要涉及具体技术进行分类和分析，得到贵州省苹果产业相关专利主要技术分布情况，如图5-5所示。

图5-5 贵州省苹果产业相关专利主要技术分布情况

资料来源：作者依据相关资料汇总所得。

从图5-5可以看出，贵州省苹果产业相关专利中，专利申请量最大的涉及食品、食料或非酒精饮料方向的相关专利技术。现阶段该技术方向共计有209件专利申请，主要涉及技术以苹果或其所含物质苹果酸为

原材料或者配料制备食品、食料或非酒精饮料的相关技术，现阶段该技术方向是贵州省苹果产业相关专利技术发展热点。

苹果栽培技术也为现阶段贵州省苹果产业相关专利技术的主要发展方向，针对该技术，现有专利共计 95 件，主要涉及苹果的嫁接、育苗播种、田间管理等方面，以提升苹果产量、质量来获取更大的经济效益。其中，苹果嫁接方面主要对苹果与花红的嫁接方法、苹果嫁接处理剂的创新；育苗播种阶段主要通过对土壤基料选择、留种选择、种子处理等的改进，达到提高育出的商品苗成品率的目的；田间管理主要从施肥、修枝、杀虫处理等方面进行管理，以提高苹果的存活率和产量。

以苹果作为原料，制备咖啡及咖啡代用品、茶及茶代用品产品方面，贵州省现有专利共计 61 件，主要涉及技术为通过以苹果干配伍茶叶、柠檬、百香果、香蕉、葡萄干、菠萝、桂圆干等，结合配料与苹果间的风味互补，使苹果味与茶香味融为一体，加工具有果香味的茶。

与苹果有关的肥料方面的专利，贵州省现有专利共 60 件，主要涉及苹果所需肥料的制备及以苹果为原料制备肥料两个方面。苹果所需肥料方面，主要用氮磷钾复合肥、禽畜粪、红酒渣、草木灰、腐殖酸钠、蛭石粉、膨润土、尿素、氯化钾、重钙、硝酸铵、硫酸钾、磷酸氢二铵等为原料，根据需求选取不同的原料配伍制备肥料。以苹果为原料制备肥料方面，主要是以苹果与油菜秆灰、玉米秆、糖渣、柠檬酸渣、酵素菌、车前草、蓝莓渣、火龙果皮、枇杷叶、板栗花等物质配伍，根据所需肥料性质，选择不同的组分进行混合加工，制成肥料。

苹果果汁酒及酒精饮料方面，贵州省现有专利共计 58 件，主要以苹果为原料，根据所需口味，配以刺梨、梨、蓝莓、香蕉、草莓等水果，通过压榨、发酵等工艺酿制而成。

苹果相关杀虫剂、消毒剂、植物生长调节剂等方面的专利，贵州省现有专利共计 51 件。主要涉及苹果所需杀虫剂、消毒剂、植物生长调节剂的制备或使用，主要有含吡啶盐的 N-(肉桂酰基)-N'-(取代的)的丙基酰肼类化合物、3,6- 二取代咪唑 [1,2-b] 哒嗪类衍生物、3,6- 二取

代咪唑 [1,2−b] 哒嗪类衍生物等；另外也涉及以苹果为原料制备杀虫剂、消毒剂、植物生长调节剂。

苹果相关的药品、保健品、化妆品方面的专利，主要有 50 件专利，主要涉及以苹果为原料之一制备相关的产品，主要有蜂蜜苹果面膜、苹果蜂蜜酱、速疗原发性高血压的口服液、治疗胃病的复合中药等。

贵州省现有以苹果为原料制备动物饲料的相关专利共计 47 件，主要涉及产品为长毛兔饲料、猪饲料、牛饲料、鱼饲料等。

贵州省现有与苹果有关的种植、播种、施肥技术等专利有 30 件，主要涉及苹果的种植、套种、施肥及相应装置等方面；其中苹果种植及施肥主要从整地、植坑、定植、开花期对果树施肥，结果期追肥等方面进行控制，从而提高苹果产量；苹果套种主要研究苹果与紫甘蓝等植物的套种；相关装置主要是从免人工苹果树定期施肥、苹果灌溉的滴灌疏导系统、苹果幼苗种植的矫正定位等方面进行改进。

（二）授权专利主要技术领域分布分析

对贵州省苹果产业相关授权专利主要涉及具体技术进行分类，通过统计分析，得到贵州省苹果产业相关专利主要技术分布情况，如图 5−6 所示。

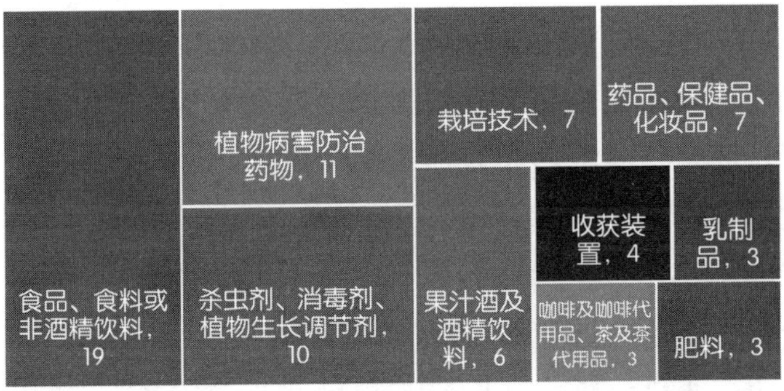

图 5−6 贵州省苹果产业授权专利主要技术分布情况

数据来源：作者依据相关资料汇总所得。

从图 5-6 可以看出，贵州省苹果产业相关专利中，专利授权量最大的是涉及食品、食料或非酒精饮料方向的相关专利技术。现阶段该技术方向共计有 19 件专利申请，主要涉及技术为以苹果或其所含苹果酸为原材料或者配料制备食品、食料或非酒精饮料的相关技术，主要用于制备天麻饮料、果蔬肉脯、降脂饮料、降脂糕点、刺梨胶原蛋白饮品、乳蜜果冻等产品。现阶段该技术方向为贵州省苹果产业相关专利技术发展热点。

植物病害防治药物也是现阶段贵州省苹果产业相关专利技术的主要发展方向。针对该技术，现有授权专利共计 11 件，主要涉及药物为防治苹果腐烂病原菌的相关药物。包括含吡啶盐的吡唑联噁（噻）二唑类化合物、含 1,3,4- 噁（噻）二唑基的吡啶盐类化合物、含 1,2,4 三氮唑硫醚的喹唑啉酮类化合物等，从化合物的合成工艺方面进行创新。

苹果相关杀虫剂、消毒剂、植物生长调节剂方面，贵州省现有授权专利共计 10 件。主要涉及苹果所需杀虫剂、消毒剂、植物生长调节剂的制备或使用，另外也涉及以苹果为原料制备杀虫剂、消毒剂、植物生长调节剂。

苹果栽培技术拥有授权专利共计 7 件，主要涉及技术为苹果的嫁接方面，包括对嫁接方法的改进、嫁接装置的改进创新等。

苹果相关的药品、保健品、化妆品方面，有 7 件授权专利，涉及以苹果为原料之一制备相关的产品，如用于具有减肥作用的苹果蜂蜜酱、减肥功能的泡腾片等产品的制备。

苹果果汁酒及酒精饮料方面，贵州省现有授权专利共计 6 件，主要使用苹果或其成分苹果酸为原料，根据所需口味，配以蓝莓、红莓等水果，通过发酵工艺酿制而成，改善酒的口味。

在苹果的收获装置方面，贵州省现有授权专利共计 4 件，主要是对采摘装置、花粉采集器的结构进行改进与创新。

以苹果作为原料，制备咖啡及咖啡代用品、茶及茶代用品产品方面，贵州省现有专利共计 3 件，包括以苹果为原料之一，与泽泻提取物、葡萄、绿茶提取物等物质配伍制备能降低胆固醇的茶、花果茶，具有减肥功能的泡腾片等。

与苹果有关的肥料方面，贵州省现有专利共计 3 件。在苹果使用肥料方面，主要是在茅尖花红与来安花红杂交育苗过程中同时结合营养土和中药的合理使用，促进杂种苗的生长发育；在苹果的嫁接过程中，接穗插入砧木上的切口后，喷涂营养液以助于存活；在配制苹果营养肥方面，通过研究苹果生长过程从土壤中吸收的各种营养元素的量，来分析苹果生长所需的各种营养元素的比例，采用磷酸与碳酰胺反应生成中间体，再向该中间体中通入氨水生产磷酸二氢铵，使一部分磷酸二氢铵结晶析出，以此来调节溶液中氮和磷的含量以符合苹果生长所需，配制苹果营养肥。

贵州省现有以苹果为原料制备乳制品的相关专利共计 3 件，主要涉及产品为早餐奶、雪莲果营养复合奶、乳蜜果冻。通过以苹果或苹果酸为原料，配伍其他物质，如蓝莓、葡萄、山楂、麦芽、桑葚、向日葵籽、雪莲、辅料等制备而成。

七、主要申请人分析

（一）申请人类型分析

图 5–7 为贵州苹果产业专利权人的类型分布情况，从图中可以看出，本领域专利申请的绝对主力为公司 / 企业（478 件），其次为院校 / 研究所（133 件），个人所申请的数量为 80 件，此外，还有 39 件属于其他类型的申请人（当地合作社等非营利机构）。

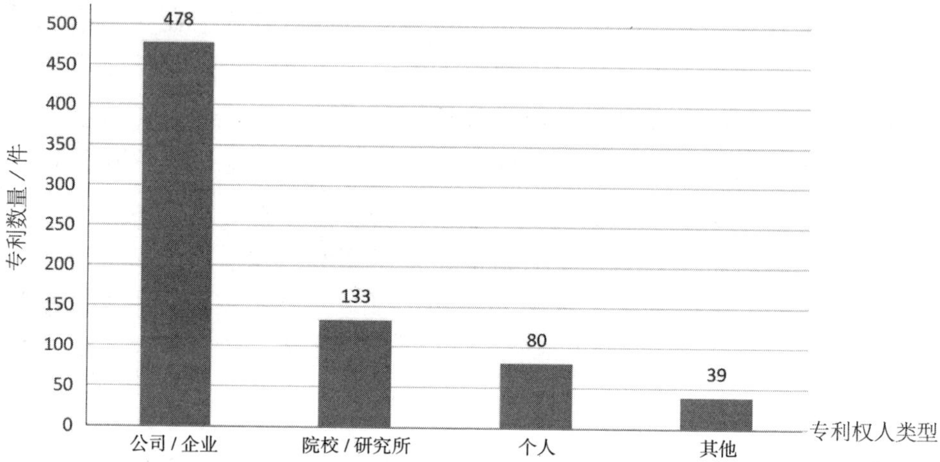

图 5-7 专利权人类型分布

资料来源：作者依据相关资料汇总所得。

公司的专利在本领域中占绝对多数，说明了该领域中对专利需求最大的还是直接面对市场的企业，其专利不但涉及苹果的生产种植、初加工以及深加工，还涉及在加工中的设备等生产资料，但对苹果品种研究较少。同时，作为个人和院校／研究所的申请量就大为减少，因其只是作为苹果相关产业的支撑，在很大程度上并未直接面向市场，未参与极为激烈的市场竞争，对专利能够产生的效益存在较大争议，故其申请动力大大低于直接进行市场竞争的公司，因此申请量远远低于公司的申请量。至于其他（仅有 39 件）部分，其主要的申请人为各个地方的合作社，同时，部分也是与企业进行合作申请的，其距离市场较远，本身不具备将相关技术申请为专利的动力，因此，仅有数项专利。

（二）主要申请人排名

如图 5-8 所示，苹果产业领域中专利申请量居前十位的分别为：贵州大学、敖云霞、贵阳学院、贵州神奇药物研究院、贵州宏财聚农投资有限责任公司、贵州百科薏仁生物科技有限公司、贵州鹏程农业科技发展有限公司、遵义医学院、黄平县润发药业农民专业合作社、贵州四季硕果农业开发有限责任公司。其中，贵州大学的申请量为 72 件，位居第一；其次为个人申请的敖云霞申请20件专利，申请量排名第二；其余申请人专利申请数量均未超过20；申请量排名3 ~ 4位的为贵阳学院（15件）和贵州神奇药物研究院（15件），随后的六家公司分别为贵州鹏程农业科技发展有限公司（10件）、贵州百科薏仁生物科技有限公司（10件）、贵州宏财聚农投资有限责任公司（10件）、黄平县润发药业农民专业合作社（9件）、遵义医学院（9件）、贵州四季硕果农业开发有限责任公司（8件）。上述申请人除贵州大学、贵阳学院和遵义医学院属于科研院所以及敖云霞为个人申请以外，均属于企业。就目前而言，都属于贵州省苹果产业的重点企业，应当予以重点关注。针对以上申请分析，对苹果产业研究较多的主要有贵州大学、敖云霞、贵阳学院、贵州神奇药物研究院以及贵州四季硕果农业开发有限责任公司。敖云霞主要研究方向为果酒，在此不做进一步分析，针对高校和企业进一步分析如下。

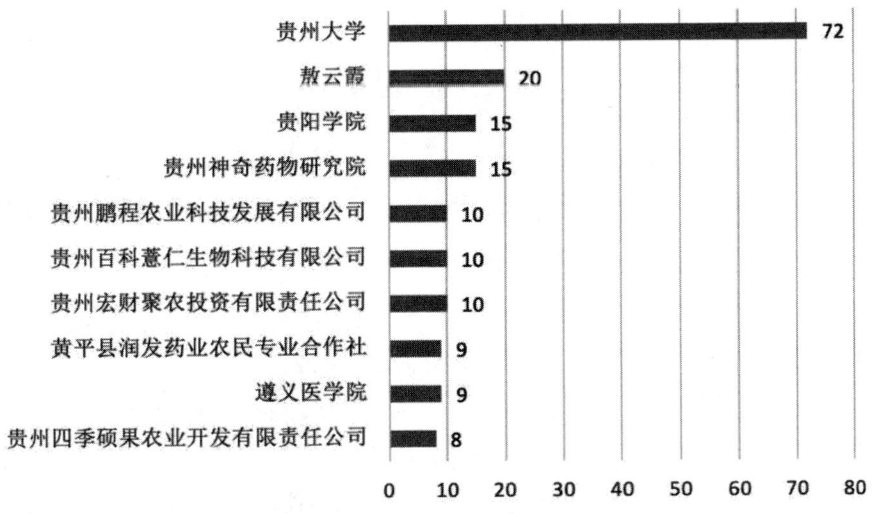

图5–8 专利申请人申请量分布（单位：件）

资料来源：作者依据相关资料汇总所得。

贵州大学申请的本领域相关专利主要方向为苹果产品的加工和制备方面，如食品、饮料等的加工。另外，贵州大学在苹果的初级生产中也有所涉猎，主要在苹果分选装置以及环境监测方面，技术领域涉及“产学研”各个方向，是本领域综合性较强的申请人。

贵阳学院目前针对苹果产业其主要的研发方向为水果储存技术及相关饮料制备技术。

贵州神奇药物研究院是属于贵州神奇药业有限公司下属的研究机构。

目前，研究院对保健食品有较大研究，对苹果保健品相关研究已有相关技术公开。

贵州四季硕果农业开发有限责任公司针对苹果产业技术研究，主要是苹果种植和苹果提取物分离技术研究。

（三）主要申请人专利技术分布分析

通过对苹果相关专利的国际分类号（IPC）小类以及大组，结合主要专利权权人情况进行统计分析，可以了解苹果产业主要专利权人涉及的主要技术领域和主要技术方向。

表 5-1 为苹果产业主要专利权人 IPC 小类表。从表中可以看出，贵州大学申请的专利主要涉及 A01P（40 件）、C07D（40 件）、A01N（34 件）、A23L（8 件）等技术领域；敖云霞申请的专利主要涉及 A23L（5 件）技术领域；贵州神奇药物研究院申请的专利主要涉及 A23L（11 件）、A61P（2 件）技术领域；贵阳学院申请的专利主要涉及 A23L（4 件）技术领域；贵州宏财聚农投资有限责任公司申请的专利主要涉及 A23L（5 件）技术领域；贵州百科薏仁生物科技有限公司申请的专利主要涉及 A23L（3 件）和 A61P（1 件）技术领域；贵州鹏程农业科技发展有限公司申请的专利主要涉及 A23L（8 件）技术领域；遵义医学院申请的专利主要涉及 A23L（2 件）和 A61P（4 件）技术领域；贵州四季硕果农业开发有限责任公司申请的专利主要涉及 A23L（4 件）、C05G（1 件）等技术领域。

表 5-1　苹果产业主要专利权人 IPC 小类表　　　单位：件

当前申请（专利权）人 /IPC 小类	贵州大学	敖云霞	贵州神奇药物研究院	贵阳学院	贵州宏财聚农投资有限责任公司	贵州百科薏仁生物科技有限公司	贵州鹏程农业科技发展有限公司	遵义医学院	黄平县润发药业农民专业合作社	贵州四季硕果农业开发有限责任公司
A01P	40	0	0	0	0	0	0	0	0	0
C07D	40	0	0	0	0	0	0	3	0	0
A01N	34	0	0	0	0	0	0	0	0	0
A23L	8	5	11	4	5	3	8	2	0	4
A61P	4	0	2	0	0	1	0	4	0	0
C05G	4	0	0	0	0	0	0	0	0	1
C10G	4	0	0	0	0	0	0	0	0	0
A01G	3	0	0	0	0	0	0	0	0	1
B07C	3	0	0	0	0	0	0	0	0	0
C07J	3	0	0	0	0	0	0	0	0	0

数据来源：中国专利信息网，http://www.patent.com.cn/。

表 5-1 涉及 IPC 具体含义如表 5-2。

表 5-2　IPC 小类具体含义

A01P	化学化合物或制剂的杀生、害虫驱避、害虫引诱或植物生长调节活性
C07D	杂环化合物
A01N	人体、动植物体或其局部的保存；杀生剂，例如，作为消毒剂，作为农药或作为除草剂
A23L	食品、食料或非酒精饮料；它们的制备或处理，例如，烹调、营养品质的改进、物理处理；食品或食料的一般保存
A61P	化合物或药物制剂的特定治疗活性
C05G	由一种或多种肥料与无特殊肥效的物质，例如，农药、土壤调理剂、润湿剂所组成的混合物；以形状为特征的肥料
C10G	烃油裂化；液态烃混合物的制备，例如，用破坏性加氢反应、低聚反应、聚合反应；从油页岩、油矿或油气中回收烃油；含烃类为主的混合物的精制；石脑油的重整；地蜡
A01G	园艺；蔬菜、花卉、稻、果树、葡萄、啤酒花或海菜的栽培；林业；浇水

续表

B07C	邮件分拣；单件物品的分选，或适于一件一件地分选的散装材料的分选
C07J	甾族化合物

数据来源：中国专利信息网，http://www.patent.com.cn/。

表 5-3 为苹果产业主要专利权人 IPC 大组表，从表中可以看出，贵州大学申请的专利主要针对 A01P3（40 件）、A01P1（33 件）、A01N43（31 件）、C07D413（16 件）等技术方向；贵州神奇药物研究院申请的专利主要针对 A23L1（11 件）技术方向；贵州鹏程农业科技发展有限公司申请的专利主要针对 A23L（7 件）技术方向。

表 5-3　苹果产业主要专利权人 IPC 大组　　单位：件

当前申请（专利权）人 /IPC 大组	贵州大学	敖云霞	贵州神奇药物研究院	贵阳学院	贵州宏财聚农投资有限责任公司	贵州百科薏仁生物科技有限公司	贵州鹏程农业科技发展有限公司	遵义医学院	黄平县润发药业农民专业合作社	贵州四季硕果农业开发有限责任公司
A01P3	40	0	0	0	0	0	0	0	0	0
A01P1	33	0	0	0	0	0	0	3	0	0
A01N43	31	0	0	0	0	0	0	0	0	0
C07D413	16	0	0	0	0	0	0	0	0	0
C07D271	15	0	2	0	0	1	0	4	0	0
C07D417	8	0	0	0	0	0	0	0	0	1
C07D403	6	0	0	0	0	0	0	0	0	0
C07D405	6	0	0	0	0	0	0	0	0	1
A23L1	5	0	11	0	0	0	7	0	0	0
C07D239	5	0	0	0	0	0	0	0	0	0

数据来源：中国专利信息网，http://www.patent.com.cn。

表 5-3 涉及 IPC 具体含义如表 5-4。

表 5-4 IPC 大组具体含义

A01P3	杀菌剂
A01P1	消毒剂；抗微生物化合物或其组合物
A01N43	含有杂环化合物的杀生剂、害虫驱避剂或引诱剂，或植物生长调节剂
C07D413	杂环化合物，含两个或更多个杂环，至少有 1 个环有氮原子和氧原子作为仅有的杂环原子
C07D271	杂环化合物，含五元环，有两个氮原子和 1 个氧原子作为仅有的杂环原子
C07D417	杂环化合物，含两个或更多个杂环，至少有 1 个环有氮原子和硫原子作为仅有的杂环原子
C07D403	杂环化合物，含有两个或更多的杂环，以氮原子作为仅有的杂环原子
C07D405	杂环化合物，含有 1 个或多个以氧原子作为仅有的杂环原子的环，且含有 1 个或多个以氮原子作为仅有的杂环原子的环
A23L1	食品或食料；它们的制备或处理
C07D239	杂环化合物，含 1,3- 二嗪环或氢化 1,3- 二嗪环

数据来源：中国专利信息网，http://www.patent.com.cn。

八、专利申请区域分布分析

（一）市（州）专利申请情况

从专利申请类型来看，发明专利共计 710 件，实用新型专利共计 12 件，外观设计 8 件。各市（州）专利申请类型数量如下：贵阳市 211 件专利申请，其中发明专利 206 件，实用新型专利 4 件，外观设计 1 件；安顺市 59 件专利申请，其中发明专利 58 件，实用新型专利 1 件；毕节市 35 件专利申请，其中发明专利 28 件，实用新型专利 1 件，外观设计 6 件；六盘水市 23 件专利申请，全为发明专利；黔东南州 65 件专利申请均为发明专利；黔南州 97 件专利申请，其中发明专利 95 件，实用新型专利 1 件，外观设计 1 件；黔西南州 68 件专利申请全为发明专利；铜仁市 59 件专利申请全为发明专利；遵义市 113 件专利申请，其中发明专利 108 件，实用新型专利 5 件，具体见表 5-5。

表 5-5 贵州省苹果产业相关专利申请情况

区域	贵阳市	安顺市	毕节市	六盘水市	黔东南州	黔南州	黔西南州	铜仁市	遵义市
发明	206	58	28	23	65	95	68	59	108
实用新型	4	1	1	0	0	1	0	0	5
外观设计	1	0	6	0	0	1	0	0	0

资料来源：作者依据相关资料汇总所得。

（二）县（市、区、特区）专利申请情况

更具体地，对贵州省各市（州）辖区内的县（市、区、特区）专利类型及专利申请量进行统计，具体情况见表 5-6 所示。

表 5-6 县（市、区、特区）专利类型及专利申请量统计

市（州）	县（市、区、特区）	专利申请情况（件）			
		发明	实用新型	外观设计	总计
贵州省		710	12	8	730
贵阳市（共 211 件，其中发明 206 件，实用新型 4 件，外观设计 1 件）	白云区	12	0	0	12
	观山湖区	4	0	0	4
	花溪区	77	1	0	78
	开阳县	14	0	0	14
	南明区	23	2	1	26
	清镇市	1	0	0	1
	乌当区	7	1	0	8
	息烽县	3	0	0	3
	修文县	4	0	0	4
	云岩区	61	0	0	61
六盘水市（共 23 件，均为发明）	六枝特区	2	0	0	2
	盘州市	13	0	0	13
	普安县	2	0	0	2
	水城县	5	0	0	5
	钟山区	1	0	0	1

续表

市（州）	县（市、区、特区）	专利申请情况（件）			
		发明	实用新型	外观设计	总计
遵义市（共113件，其中发明108件，实用新型5件）	播州区	7	0	0	7
	新蒲新区	0	1	0	1
	赤水市	14	0	0	14
	道真	8	0	0	8
	凤冈县	8	0	0	8
	绥阳县	2	0	0	2
	遵义县	8	0	0	8
	红花岗区	3	0	0	3
	汇川区	10	1	0	11
	正安县	13	0	0	13
	仁怀市	3	0	0	3
	桐梓县	12	3	0	15
	务川	10	0	0	10
	习水县	1	0	0	1
	余庆县	9	0	0	9
安顺市（共59件，其中发明58件，实用新型1件）	经济技术开发区	1	0	0	1
	关岭	0	0	0	
	平坝区	9	0	0	9
	普定县	19	1	0	20
	西秀区	15	0	0	15
	镇宁	4	0	0	4
	紫云	10	0	0	10
毕节市（共35件，其中发明28件，实用新型1件，外观设计6件）	毕节市	3	0	0	3
	大方县	3	0	0	3
	赫章县	2	0	0	2
	金沙县	2	0	0	2
	七星关区	5	1	0	6
	黔西县	1	0	0	1
	威宁	6	0	6	12
	织金县	6	0	0	6

续表

市（州）	县（市、区、特区）	专利申请情况（件）			
		发明	实用新型	外观设计	总计
铜仁市（共59件，均为发明）	碧江区	5	0	0	5
	江口县	2	0	0	2
	石阡县	9	0	0	9
	思南县	5	0	0	5
	松桃	7	0	0	7
	万山区	17	0	0	17
	沿河	2	0	0	2
	印江	8	0	0	8
	玉屏	4	0	0	4
黔西南州（共68件，均为发明）	安龙县	19	0	0	19
	册亨县	1	0	0	1
	普安县	10	0	0	10
	晴隆县	6	0	0	6
	兴仁市	8	0	0	8
	兴义市	12	0	0	12
	望谟县	1	0	0	1
	贞丰县	11	0	0	11
黔西南州（共65件，均为发明）	黎平县	11	0	0	11
	榕江县	2	0	0	2
	从江县	1	0	0	1
	丹寨县	9	0	0	9
	黄平县	12	0	0	12
	锦屏县	2	0	0	2
	凯里市	12	0	0	12
	麻江县	5	0	0	5
	雷山县	3	0	0	3
	施秉县	2	0	0	2
	台江县	1	0	0	1
	镇远县	5	0	0	5

续表

市（州）	县（市、区、特区）	专利申请情况（件）			
		发明	实用新型	外观设计	总计
黔南州（共 97 件，其中发明 95 件，实用新型 1 件，外观设计 1 件）	都匀市	13	0	0	13
	独山县	3	0	0	3
	福泉市	25	0	0	25
	贵定县	8	0	0	8
	龙里县	27	0	0	27
	三都县	1	0	0	1
	瓮安县	4	0	0	4
	长顺县	14	1	1	16

资料来源：中国专利信息网，http://www.patent.com.cn。

九、主要发明人及其技术领域分析

（一）主要发明人分析

通过对参与专利申请的主要发明人进行分析，可以有效明确苹果产业主要的技术核心人员是哪些，将大大有利于人才引进的精准性。

图 5-9 为苹果相关专利主要发明人情况，对苹果产业相关专利主要技术发明人及其参与专利量进行统计，并进行了相应排序。

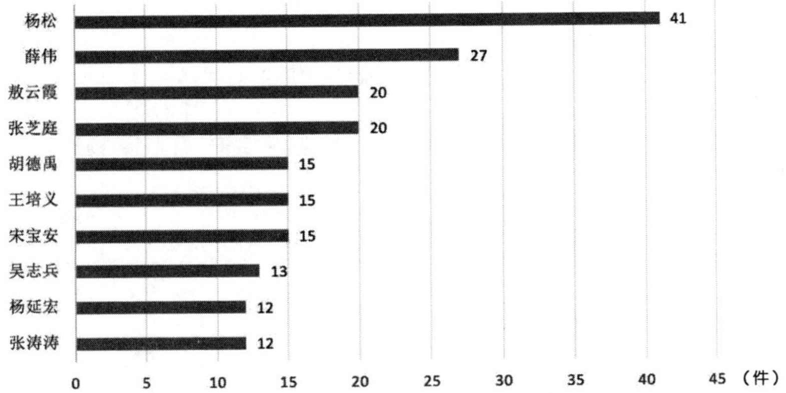

图 5—9 苹果相关专利主要发明人

资料来源：中国专利信息网，http://www.patent.com.cn。

排名第一的杨松参与了41件，排名第二的薛伟（27件）、胡德禹（15件）、王培义（15件）、宋宝安（15件）、吴志兵（13件），均是属于贵州大学研发团队的人员，张芝庭（20件）和张涛涛（12件）是属于贵州神奇药业有限公司的人员，敖云霞（20件）是独立研究人员，杨延宏（12件）是属于贵州百科薏仁生物科技有限公司和贵州薏仁科学技术研究所的人员。

（二）主要发明人技术领域分析

通过发明人的国际分类号（IPC）小类分析，了解发明人涉及的技术领域，可为人才引进指明方向。

表5-7为苹果产业主要发明人IPC小类表，从表中可以看出，杨松申请的专利主要涉及A01P（33件）、C07D（32件）、A01N（28件）等技术领域；薛伟申请的专利主要涉及A01P（23件）、C07D（25件）、A01N（18件）等技术领域；胡德禹申请的专利主要涉及A01P（12件）、C07D（12件）、A01N（7件）等技术领域；土培义申请的专利主要涉及A01P（15件）、C07D（13件）、A01N（11件）等技术领域；宋宝安申请的专利主要涉及A01P（10件）、C07D（10件）、A01N（9件）等技术领域；吴志兵申请的专利主要涉及A01P（11件）、C07D（13件）、A01N（7件）等技术领域；张芝庭和杨延宏在A61P技术领域有少量布局。

表5-7 苹果产业主要发明人IPC小类

发明人/IPC	杨松	薛伟	敖云霞	张芝庭	胡德禹	王培义	宋宝安	吴志兵	杨延宏	张涛涛
A01P	33	23	0	0	12	15	10	11	0	0
C07D	32	25	0	0	12	13	10	13	0	0
A01N	28	18	0	0	7	11	9	7	0	0
C10G	4	0	0	0	2	0	4	0	0	0
C07J	3	0	0	0	0	2	0	0	0	0
A61P	2	2	0	2	0	0	0	2	1	0

发明人 /IPC	杨松	薛伟	敖云霞	张芝庭	胡德禹	王培义	宋宝安	吴志兵	杨延宏	张涛涛
B01J	1	1	0	0	0	0	0	0	0	0
C07F	1	1	0	0	1	0	1	0	0	0
C10L	1	1	0	0	0	0	0	0	0	0
C11C	1	1	0	0	0	0	0	0	0	0

资料来源：中国专利信息网，http://www.patent.com.cn。

表 5-7 涉及 IPC 具体含义如表 5-8。

表 5-8 IPC 具体含义

A01P	化学化合物或制剂的杀生、害虫驱避、害虫引诱或植物生长调节活性
C07D	杂环化合物
A01N	人体、动植物体或其局部的保存；杀生剂，例如作为消毒剂，作为农药或作为除草剂
C10G	油裂化；液态烃混合物的制备，例如用破坏性加氢反应、低聚反应、聚合反应；从油页岩、油矿或油气中回收烃油；含烃类为主的混合物的精制；石脑油的重整；地蜡
C07J	甾族化合物
A61P	化合物或药物制剂的特定治疗活性
B01J	化学或物理方法，例如，催化作用或胶体化学；其有关设备
C07F	含除碳、氢、卤素、氧、氮、硫、硒或碲以外的其他元素的无环，碳环或杂环化合物
C10L	不包含在其他类目中的燃料；天然气；不包含在 C10G 或 C10K 小类中的方法得到的合成天然气；液化石油气；在燃料或火中使用添加剂；引火物
C11C	从脂肪、油或蜡中获得的脂肪酸；蜡烛；脂肪、油或脂肪酸经化学改性而获得的脂、油或脂肪酸

资料来源：中国专利信息网，http://www.patent.com.cn。

十、结 论

从申请趋势来看，贵州省苹果产业专利申请从1986年开始有专利申请，但1987年至2004年几乎无专利申请。2005年至2011年每年均有几件专利公开，但最多的年份也只公开了6件，说明从1986年到2011年的专利发展缓慢。最近2012年至2018年发展比较迅速，近两年发展开始有些缓慢，主要原因是这两年专利资助政策改变和国家推行高价值专利，企业在申请专利时更加谨慎。

在苹果产业内专利申请的类型主要是发明专利，说明该领域大多数发明创造都会涉及方法和工艺。同时从授权专利趋势及法律状态上可以看出，目前专利授权率比较低，只有11.78%，主要是在2017年和2018年专利申请才达到高峰期，前几年申请数量较少，同时审中专利占比较大达到54.32%，说明该领域近年来的技术发展明显较为迅速。根据法律状态事件分析，苹果产业内的权力转移情况较少，只有24件，发生复审的专利有1件，说明申请人对权利保护比较重视。

从苹果产业技术主题分布来看，在涉及食品、食料或非酒精饮料、栽培、制备咖啡及咖啡代用品、茶及茶代用品产品、肥料等技术上研究比较多。可以看出，贵州省的企业在苹果的种植及加工方面有较多研究。

在主要申请人方面，贵州省苹果产业有比较多的企业申请了相关专利，但是专利申请量比较多的申请人涵盖企业、高校、个人，其中，贵州大学、敖云霞、贵州神奇药物研究院、贵阳学院申请专利量排行前四，但排名前十的申请人大多数是企业，整体来说贵州省专利技术主要掌握在企业手中。主要申请人在苹果产业内的专利，主要集中在杀虫剂、消毒剂、植物生长调节剂，植物病害防治药物，农药、除草剂，食品、食料或非酒精饮料等技术领域。

在专利地域分布方面，贵阳市的苹果产业专利申请量最多，申请专利量211件；其次为遵义市（113件）、黔南州（97件），说明技术主要集中在这几个市；其余城市的专利申请量较低，说明其苹果产业技术创新相对较差。

在创新团队方面，在贵州省苹果产业相关研究中，杨松、薛伟、胡德禹、王培义、宋宝安、吴志兵等的技术团队主要研究苹果相关的杀虫剂、消毒剂、植物生长调节剂技术、植物病害防治药物、农药、除草剂等技术，在这些技术领域内都有所建树。

B6

贵州苹果商标发展分析报告

谢　源[1]　汤　津[2]

摘　要： 根据检索查询，已经注册且现行有效的贵州苹果相关商标主要分布在 2011—2020 年。2011 年有相关商标注册 3 个；2012 年有相关商标注册 1 个；2013 年有相关商标注册 5 个；2014 年有相关商标注册 6 个；2015 年有相关商标注册 5 个；2016 年有相关商标注册 5 个；2017 年有相关商标注册 8 个；2018 年有相关商标注册 13 个；2019 年有相关商标注册 12 个；2020 年有相关商标注册 8 个。

关键词： 贵州苹果；商标发展；商标分析

商标是商品及商品生产单位质量和信誉的象征，是表示某种商品与他人商品不同的特定专用标记符号。商标可以区别同类商品的不同生产者或不同经营者以及同类商品的不同质量，可以方便消费者选购商品，有助于企业建立良好信誉及提高企业市场占有率。作为企业、产品与消费者之间的桥梁，商标已经成为企业参与市场竞争的重要手段之一，商标的发展已成为企业发展乃至产业发展的重要标志。

本报告将从当前贵州苹果商标注册的现状出发，从商标注册时间、国际分类、申请人、商标注册地区分布等方面对贵州苹果商标注册的相关数据进行分析。

贵州苹果商标注册情况如下。

---

1 谢源，女，贵州省地理标志研究中心助理研究员。研究方向：地理标志。

2 汤津，女，国浩律师（贵阳）事务所。研究方向：民商法（知识产权方向）。

一、以苹果相关名称为主查询的贵州苹果商标注册情况

以苹果相关名称为主查询的贵州苹果商标注册情况，见表 6–1。

表 6–1　贵州苹果商标注册情况统计（按苹果相关名称不完全统计）

序号	商标名称	申请 / 注册号	国际分类	商品 / 服务	申请人	申请人地址	专用权期限
1	威宁苹果	27373155	31	新鲜苹果	威宁彝族回族苗族自治县农业区划中心	贵州省威宁县经济开发区阳光大道中国薯城右副楼三楼 312	2019 年 6 月 7 日至 2029 年 6 月 6 日
2	飞星金苹果	20894198	31	苹果、新鲜水果	贵州飞星金苹果农林科技有限公司	贵州省贵阳市白云区沙文镇青山路大山脚（贵州兴华农业产业园联众投资公司内 A–5 号）	2017 年 11 月 28 日至 2027 年 11 月 27 日
3	香炉山苹果	33636075	31	新鲜苹果	威宁县炉山镇隆丰种养殖专业合作社	贵州省毕节市威宁彝族回族苗族自治县炉山镇光明村	2019 年 8 月 7 日至 2029 年 8 月 6 日

资料来源：中国商标网，https://www.wcjs.sbj.cnipa.gov.cn。

二、以贵州苹果生产企业为主查询的贵州苹果商标注册情况

以贵州苹果生产企业为主查询的贵州苹果商标注册情况，见表 6–2。

表 6–2　贵州苹果商标注册情况统计（按企业名称不完全统计）

序号	商标名称	申请 / 注册号	国际分类	商品 / 服务	申请人	申请人地址	专用权期限
1		39084359	42	室内装饰设计、土地测量、生物学研究、技术研究、技术项目研究、科学研究、替他人研究和开发新产品、地质研究、化学研究、工业品外观设计	贵州独山苹果山庄农业发展有限公司	贵州省黔南布依族苗族自治州独山县百泉镇河亭村巴银组	2020 年 3 月 14 日至 2030 年 3 月 13 日

续表

序号	商标名称	申请/注册号	国际分类	商品/服务	申请人	申请人地址	专用权期限
2		39078827	35	货物展出、广告宣传、为零售目的在通信媒体上展示商品、商业管理和组织咨询、特许经营的商业管理、市场营销、商业中介服务、进出口代理、替他人推销、替他人采购（替其他企业购买商品或服务）	贵州独山苹果山庄农业发展有限公司	贵州省黔南布依族苗族自治州独山县百泉镇河亭村巴银组	2020年3月14日至2030年3月13日
3	农峰	15241267	43	餐馆、茶馆、寄宿处、养老院、流动饮食供应、餐厅、饭店、提供野营场地设施、旅游房屋出租、假日野营住宿服务	贵州独山苹果山庄农业发展有限公司	贵州省黔南布依族苗族自治州独山县百泉镇河亭村巴银组	2015年10月14日至2025年10月13日
4	凯峰	14779057	31	酿酒麦芽、动物栖息用干草、谷种、树木	贵州独山苹果山庄农业发展有限公司	贵州省黔南布依族苗族自治州独山县百泉镇河亭村巴银组	2015年9月7日至2025年9月6日
5	红冰雹	17333134	31	树木、小麦、新鲜的园艺草本植物、活家禽、新鲜水果、新鲜蔬菜、植物种子、宠物食品、动物栖息用干草、苹果	长顺县红杜鹃种养殖农民专业合作社	贵州省黔南布依族苗族自治州长顺县广顺镇新寨社区龙滩云组	2016年9月7日至2026年9月6日
6	普河吟	40042437	35	商品进出口代理、替他人推销商品和服务、人力资源管理、为推销优化搜索引擎、寻找赞助、药品零售或批发服务、广告、为零售目的在通信媒体上展示商品、特许经营的商业管理、为商品和服务的买卖双方提供在线市场	普安县河洋移民安置点种养殖专业合作社	贵州省黔西南布依族苗族自治州普安县龙吟镇城阳村河洋组	2020年4月28日至2030年4月27日
7	普河吟	37191718	31	未加工的谷物、鲜花、活动物、新鲜水果、新鲜蕨菜、新鲜柚子、水果种子、蔬菜种子、饲料、酿酒麦芽	普安县河洋移民安置点种养殖专业合作社	贵州省黔西南布依族苗族自治州普安县龙吟镇城阳村河洋组	2019年11月21日至2029年11月20日

续表

序号	商标名称	申请/注册号	国际分类	商品/服务	申请人	申请人地址	专用权期限
8	山地脆红	28163018	31	植物、小麦	贵州益生福农业开发有限责任公司	贵州省黔西南布依族苗族自治州兴义市白碗窑镇白陶厂	2020年1月28日至2030年1月27日
9	宝峰	24958642	31	植物	贵州宝峰冰心苹果开发有限公司	贵州省毕节市威宁彝族回族苗族自治县黑石头镇河坝村	2018年9月21日至2028年9月20日
10	宝峰冰心	18556792	31	培育植物用胚芽（种子）、新鲜水果、植物、坚果（水果）、新鲜柑橘、新鲜桔、新鲜浆果、桃、梨、苹果	贵州宝峰冰心苹果开发有限公司	贵州省毕节市威宁彝族回族苗族自治县黑石头镇河坝村	2017年1月21日至2027年1月20日
11	穷岭	23251439	31	坚果（水果）、植物、新鲜水果、新鲜蔬菜、谷（谷类）、未加工谷种、动物食品、活动物、活家禽、活鱼	遵义心梦园农业开发有限公司	贵州省遵义市播州区三合镇冷水村前丰组	2018年3月21日至2028年3月20日
12	雪欣	16617682	31	新鲜水果、新鲜浆果、新鲜蔬菜、活动物、活家禽、坚果（水果）、未加工谷种、鲜食用菌、谷（谷类）、新鲜的园艺草本植物	贵州省威宁县乌蒙精品苹果产销专业合作社	贵州省毕节地区威宁彝族回族苗族自治县雪山镇锅底村小河组	2016年5月21日至2026年5月20日
13	阿卡拉	19677796	31	植物种子、新鲜柑橘、坚果（水果）、新鲜浆果、新鲜水果、新鲜葡萄、苹果、新鲜蔬菜、植物、籽苗	威宁县红苹果种植专业合作社	贵州省毕节市威宁彝族回族苗族自治县中水镇小寨村	2017年6月7日至2027年6月6日
14	野猫梁子	21472794	31	新鲜水果、苹果、辣椒（植物）、坚果（水果）、新鲜蔬菜、活动物、活家禽、新鲜栗子、新鲜土豆、新鲜韭菜	威宁县黑石头镇开厂村野猫梁子苹果专业合作社	贵州省毕节市威宁彝族回族苗族自治县黑石头镇开厂村新华组	2017年11月21日至2027年11月20日
15	适众宝	35452095	35	会计、商业企业迁移、销售展示架出租	威宁县黑石头镇官房唐氏精品苹果种植专业合作社	贵州省毕节市威宁彝族回族苗族自治县黑石头镇开厂村官房组	2019年10月14日至2029年10月13日

续表

序号	商标名称	申请 / 注册号	国际分类	商品 / 服务	申请人	申请人地址	专用权期限
16	适众宝	27091586	31	新鲜水果、籽苗、新鲜浆果、坚果（水果）、活家畜、鲜食用菌、新鲜苹果、新鲜蔬菜、活动物、植物种子	威宁县黑石头镇官房唐氏精品苹果种植专业合作社	贵州省毕节市威宁彝族回族苗族自治县黑石头镇开厂村官房组	2018 年 10 月 7 日至 2028 年 10 月 6 日

资料来源：中国商标网，https://www.wcjs.sbj.cnipa.gov.cn。

三、以苹果为商品查询的贵州苹果商标注册情况

以苹果为商品查询的贵州苹果商标注册情况，见 6–3。

表 6–3　贵州苹果商标注册情况统计（以苹果为产品 不完全统计）

序号	商标名称	申请 / 注册号	国际分类	商品 / 服务	申请人	申请人地址	专用权期限
1	得胜坡	29676153	31	新鲜土豆、新鲜梨、鲜豆（带荚）、活动物、新鲜苹果、谷（谷类）、坚果（水果）、新鲜水果、新鲜蒜、新鲜蔬菜	威宁县启辰网络技术有限公司	贵州省毕节市威宁彝族回族苗族自治县开发区五里岗产业园工业五路	2019 年 1 月 28 日至 2029 年 1 月 27 日
2	黔威新	27691778	31	谷（谷类）、新鲜蔬菜、树木、活动物、新鲜苹果、新鲜梨、植物、新鲜水果、植物种子、饲料	威宁县雪山精果种养殖专业合作社	贵州省毕节市威宁彝族回族苗族自治县雪山镇锅底村	2018 年 10 月 28 日至 2028 年 10 月 27 日
3	黔芯蜜	26451490	31	新鲜桃、新鲜樱桃、新鲜葡萄、新鲜苹果、新鲜水果、新鲜杨梅、新鲜水果制果篮、新鲜桔、新鲜西瓜、新鲜梨	威宁县七里半旺达种养殖专业合作社	贵州省毕节市威宁彝族回族苗族自治县观风海镇七里半村	2018 年 9 月 7 日至 2028 年 9 月 6 日
4	黔华庄园	20907683	31	坚果（水果）、新鲜蔬菜、桃、新鲜葡萄、新鲜水果、新鲜土豆、梨、苹果、樱桃、新鲜蒜	威宁县中基实业有限责任公司	贵州省毕节市威宁彝族回族苗族自治县草海镇建设西路 51 号	2017 年 9 月 28 日至 2027 年 9 月 27 日
5	炭山红	7842257	31	豆（未加工的）、活动物、坚果（水果）、梨、桃、未加工木材、鲜水果、杨梅、植物、籽苗	威宁县乌蒙绿色产业有限责任公司	贵州省威宁彝族回族苗族自治县黑石头镇开厂村	2011 年 3 月 7 日至 2021 年 3 月 6 日

续表

序号	商标名称	申请/注册号	国际分类	商品/服务	申请人	申请人地址	专用权期限
6	辅处	12768981	31	辣椒（植物）、活动物、坚果（水果）、新鲜栗子、新鲜水果、新鲜葡萄、西瓜、苹果、新鲜黄瓜、新鲜蔬菜、青蒜、活鱼	威宁县羊街镇聚心果蔬种植场	贵州省威宁彝族回族苗族自治县羊街镇双河村	2014年11月28日至2024年11月27日
7	格朵	11534015	31	谷（谷类）、坚果（水果）、梨、苹果、树木、桃、藤本植物、新鲜蔬菜、玉米、植物	威宁县格朵种养殖专业合作社	贵州省威宁彝族回族苗族自治县龙场镇格朵村	2014年2月28日至2024年2月27日
8	黔山红	11216683	31	柑橘、坚果（水果）、新鲜浆果、新鲜水果、松树球果、新鲜葡萄、新鲜花生、鲜枣、西瓜、苹果	威宁县乌蒙绿色产业有限责任公司	贵州省威宁彝族回族苗族自治县黑石头镇开厂村	2013年12月7日至2023年12月6日
9	撮泰吉	10995007	31	未加工的稻、植物、活动物、新鲜水果、西瓜、香蕉、苹果、新鲜蔬菜、植物种子、饲料	威宁彝族回族苗族自治县图书馆	贵州省毕节地区威宁县草海镇解放路50号	2013年10月14日至2023年10月13日
10	雨朵	7908474	31	花生（果品）、活动物、坚果（水果）、苹果、鲜水果、鲜土豆、新鲜蔬菜、燕麦、植物种子、种家禽	威宁核桃种植专业合作社	贵州省威宁彝族回族苗族自治县牛棚镇鱼塘村	2021年3月14日至2031年3月13日
11	南方薯宝	7150402	31	豆（未加工的）、黑麦、坚果（水果）、梨、苹果、食用植物根、鲜土豆、新鲜蔬菜、燕麦、玉米	威宁县南方马铃薯专业合作社	贵州省毕节市威宁彝族回族苗族自治县六桥街道新光村（果树站）	2021年3月7日至2031年3月6日
12	威奢	10318656	31	活动物、活鱼、坚果（水果）、辣椒（植物）、苹果、鲜食用菌、鲜土豆、新鲜的园艺草本植物、新鲜蔬菜、植物	赫章县惠民种养专业合作社	贵州省赫章县威奢乡大寨村	2013年2月21日至2023年2月20日
13	古胜酥	22467051	31	新鲜柑橘、梨、玉米、活动物、新鲜水果、新鲜蔬菜、猕猴桃、植物种子、树木、苹果	黔西县素朴镇素朴小学	贵州省毕节市黔西县素朴镇学堂村	2018年2月7日至2028年2月6日
14	山井果	20763247	31	新鲜水果、新鲜桔、新鲜葡萄、新鲜水果制果篮、西瓜、香蕉、苹果、芒果、桃、梨	长顺县白云水果专业合作社	贵州省黔南布依族苗族自治州长顺县白云山镇烂山村	2017年9月21日至2027年9月20日
15	谭桔长	20769930	31	新鲜蔬菜、新鲜柑橘、新鲜水果、活动物、树木、籽苗、新鲜桔、新鲜浆果、未加工的谷物、苹果	惠水县谭家牛肉红金桔基地	贵州省黔南布依族苗族自治州惠水县濛江街道烂坝林场	2017年9月21日至2027年9月20日

续表

序号	商标名称	申请/注册号	国际分类	商品/服务	申请人	申请人地址	专用权期限
16	倾荷	12030327	31	孵化蛋（已受精）、活动物、活家禽、坚果（水果）、桔、辣椒（植物）、苹果、饲料、新鲜蔬菜、植物种子	惠水县小寨种植养殖基地	贵州省黔南布依苗族自治州惠水县甲戎乡枇杷村	2014年6月28日至2024年6月27日
17		8890267	31	柑橘、桔、梨、苹果、桃、西瓜、鲜葡萄、鲜水果、猕猴桃	惠水县茂发水果农民专业合作社	贵州省惠水县好花红乡辉岩村	2021年12月28日至2031年12月27日
18	革上	41236221	31	谷（谷类）、玉米、新鲜水果、新鲜柑橘、甘蔗、新鲜桔、鲜枣、新鲜西瓜、新鲜苹果、新鲜石榴、新鲜枇杷、新鲜桃、新鲜松子、新鲜坚果、新鲜蔬菜、鲜食用菌、新鲜西葫芦、新鲜梨、新鲜胡萝卜、新鲜韭菜、新鲜卷心菜、新鲜茄子、新鲜山药、新鲜豆芽、新鲜甘薯、新鲜西红柿、新鲜小白菜、新鲜土豆、新鲜黄瓜、新鲜南瓜、新鲜辣椒	兴义市革上农业发展有限公司	贵州省黔西南州兴义市七舍镇革上村村委会	2020年7月7日至2030年7月6日
19		41231660	31	谷（谷类）、玉米、新鲜水果、新鲜柑橘、甘蔗、新鲜桔、鲜枣、新鲜西瓜、新鲜苹果、新鲜石榴、新鲜枇杷、新鲜桃、新鲜梨、新鲜松子、新鲜坚果、新鲜蔬菜、鲜食用菌、新鲜土豆、新鲜黄瓜、新鲜南瓜、新鲜西葫芦、新鲜胡萝卜、新鲜韭菜、新鲜卷心菜、新鲜茄子、新鲜山药、新鲜豆芽、新鲜甘薯、新鲜西红柿、新鲜小白菜、新鲜竹笋	兴义市革上农业发展有限公司	贵州省黔西南州兴义市七舍镇革上村村委会	2020年7月14日至2030年7月13日
20	山芝珍	34804227	31	玉米、未加工的甜玉米棒（剥皮的或未剥皮的）、活动物、活鱼、活家禽、新鲜柑橘、坚果（水果）、甘蔗、新鲜水果、新鲜蔬菜、鲜食用菌、新鲜栗子、新鲜桔、新鲜葡萄、新鲜苹果、新鲜枇杷、新鲜柚子、新鲜梨、新鲜桃、新鲜蘑菇、新鲜黄瓜、新鲜南瓜	兴义市上达力种养殖农民专业合作社	贵州省黔西南布依族苗族自治州兴义市泥凼镇堵德村上达力组	2019年7月21日至2029年7月20日

续表

序号	商标名称	申请/注册号	国际分类	商品/服务	申请人	申请人地址	专用权期限
21	浪海红叶	13096228	31	坚果（水果）、新鲜浆果、新鲜水果、枇杷、樱桃、桃、新鲜蔬菜、谷种、石榴、苹果	兴义市红叶果蔬林种植农民专业合作社	贵州省兴义市桔山办事处桔园村小龙井组	2015年1月14日至2025年1月13日
22	鑫桂源	8323949	31	梨、苹果、桃、鲜葡萄、鲜水果、新鲜的园艺草本植物、新鲜蔬菜、植物、枇杷、柚子	兴义市鑫桂源果业有限责任公司	贵州省兴义市马岭镇龙井村肖家营	2011年8月21日至2021年8月20日
23	哆睐猕	29187418	31	新鲜水果、新鲜蔬菜、新鲜梨、新鲜苹果、自然花、玉米、活动物、新鲜荔枝、树木、菌种	兴仁县鸿源生态农业开发有限责任公司	贵州省黔西南布依族苗族自治州兴仁县东湖街道办事处美食街东侧01幢二层	2019年1月7日至2029年1月6日
24	惠有好	40906197	31	新鲜柑橘、坚果（水果）、新鲜水果、新鲜桔、鲜枣、新鲜西瓜、新鲜苹果、新鲜杏、新鲜李子、新鲜蔬菜	贞丰县梁大学李子种植基地	贵州省黔西南布依族苗族自治州贞丰县白层镇闇定村五组	2020年7月7日至2030年7月6日
25	贵会	21072953	31	新鲜柑橘、新鲜水果、活动物、小麦、西瓜、香蕉、苹果、菠萝、鲜食用菌、新鲜蔬菜	贞丰县强久肉牛养殖农民专业合作社	贵州省黔西南布依族苗族自治州贞丰县白层镇坝桥村岩方组	2017年10月21日至2027年10月20日
26	黔鑫农	12298499	31	新鲜的园艺草本植物、植物、新鲜水果、新鲜葡萄、杏仁（水果）、西瓜、苹果、樱桃、猕猴桃、梨	黄平县鑫农种养殖专业合作社	贵州省黔东南苗族侗族自治州黄平县野洞河乡龙井村山野塘组	2014年8月28日至2024年8月27日
27	十万杉	12147285	31	坚果（水果）、荔枝、苹果、桃、新鲜浆果、新鲜葡萄、新鲜蔬菜、新鲜水果、杨梅、枇杷	天柱县蓝莓种植专业合作社	贵州省天柱县凤城镇福寨村	2014年7月28日至2024年7月27日
28	潮砥	22013898	31	植物、活动物、坚果（水果）、新鲜桔、苹果、柚子、猕猴桃、新鲜蔬菜、鲜食用菌、新鲜水果	德江县京旺果蔬种植专业合作社	贵州省铜仁市德江县潮砥镇石板村张家组	2018年1月7日至2028年1月6日
29	贵麻	16004424	31	活动物、活鱼、新鲜水果、角豆、未加工谷种、苹果、新鲜土豆、饲料、新鲜蔬菜、鲜豆	贵州黔驰农产品开发有限公司	贵州省铜仁市德江县高山镇乌溪村	2016年3月14日至2026年3月13日
30	景利园	38322803	31	新鲜柑橘、新鲜葡萄、鲜枣、新鲜西瓜、新鲜甜瓜、新鲜香蕉、新鲜苹果、新鲜石榴、新鲜枇杷、新鲜火龙果	安顺市西秀区景利园水果销售中心	贵州省安顺市西秀区东关办事处新安大道安顺农贸城B22	2020年1月14日至2030年1月13日

续表

序号	商标名称	申请/注册号	国际分类	商品/服务	申请人	申请人地址	专用权期限
31	JLS	13131470	31	新鲜水果、桔、苹果、枇杷、樱桃、杨梅、猕猴桃、桃、梨、杏	安顺市西秀区宁谷锦璇生态园（微型企业）	贵州省安顺市西秀区宁谷镇长冲村石板荡	2015年2月14日至2025年2月13日
32	黔果悠鲜	35854702	31	新鲜水果、新鲜蔬菜、谷（谷类）、植物种子、活动物、新鲜蘑菇、植物、新鲜苹果、动物垫窝用干稻草、坚果（水果）	独山县黔山农业发展有限公司	贵州省黔南布依族苗族自治州独山县百泉镇五里村哈荣组5号	2019年8月28日至2029年8月27日
33	添维至贯	12549341	31	坚果（水果）、新鲜浆果、新鲜水果、新鲜葡萄、苹果、枇杷、荔枝、杨梅、桃、新鲜蔬菜	独山县归春园刺梨种植基地（微型企业）	贵州省独山县麻尾镇甲腾村	2014年10月7日至2024年10月6日
34	黔树宝	11253717	31	猕猴桃、苹果、新鲜蔬菜、辣椒（植物）、樱桃、新鲜水果、新鲜葡萄、谷种、活动物、植物种子	独山县黔树宝葡萄产销农民专业合作社	贵州省独山县兔场镇黄桥村苗渊塘埂	2013年12月21日至2023年12月20日
35	瑞岸山	33749811	31	新鲜柑橘、新鲜浆果、坚果（水果）、新鲜香瓜、新鲜西瓜、鲜枣、新鲜苹果、新鲜枇杷、新鲜荔枝、新鲜水果	德江县龙泉嘉华果蔬种植专业合作社	贵州省铜仁市德江县龙泉乡岸山村	2019年6月28日至2029年6月27日
36	楠木王	25500305	31	新鲜柑橘、新鲜草莓、新鲜猕猴桃、新鲜水果、新鲜葡萄、新鲜苹果、新鲜荔枝、新鲜杨梅、新鲜桃、新鲜梨	思南县新科农业综合开发有限公司	贵州省铜仁市思南县青杠坡镇楠木王村楠木王组	2018年8月14日至2028年8月13日
37	黔思绿宝	23095546	31	饲料、鲜花、活动物、新鲜水果、新鲜蔬菜、苹果树种子、新鲜苹果、新鲜葡萄、新鲜梨、谷（谷类）	思南县兄妹农业专业合作社	贵州省铜仁市思南县双塘街道办事处黄家湾村尖刀湾组	2018年3月7日至2028年3月6日
38	MONKEY SAY	28373004	31	新鲜杨梅、新鲜杏、新鲜草莓番石榴、新鲜水果、新鲜猕猴桃、新鲜苹果、新鲜枇杷、新鲜樱桃、新鲜芒果、坚果（水果）	贵安新区睿安商贸有限公司	贵州省贵安新区大学城贵州财经大学修德楼三楼302室	2018年12月21日至2028年12月20日
39	古胜兴容	9831240	31	谷（谷类）、谷种、活动物、活家禽、苹果、树木、藤本植物、鲜水果、新鲜蔬菜、樱桃	黔西县素朴镇古胜村养殖专业合作社	贵州省毕节地区黔西县素朴镇古胜村村委会	2012年10月14日至2022年10月13日
40	奇真	31180653	31	植物种子、新鲜水果、新鲜槟榔、新鲜蔬菜、活动物、玉米、新鲜苹果、新鲜猕猴桃、花卉球茎	桐梓县黔跃科技发展有限公司	贵州省遵义市桐梓县容光镇元木村三组34组	2019年5月21日至2029年5月20日

续表

序号	商标名称	申请/注册号	国际分类	商品/服务	申请人	申请人地址	专用权期限
41	官仓营坪山	13475199	31	枇杷、樱桃、新鲜水果、西瓜、苹果、桃、梨、李、植物种子、新鲜蔬菜	桐梓县官仓镇营坪果园	贵州省遵义市桐梓县官仓镇红旗村营坪组	2015年2月7日至2025年2月6日
42	黔宏	33877317	31	新鲜水果、新鲜樱桃、新鲜猕猴桃、新鲜桃、新鲜梨、新鲜杏、新鲜苹果、新鲜枇杷、新鲜杨梅、新鲜芒果	水城县鸿源农业开发有限责任公司	贵州省六盘水市水城县鸡场乡坪地村	2019年7月7日至2029年7月6日
43	水城猴场	31765239	31	新鲜猕猴桃、新鲜桃、新鲜樱桃、新鲜蔬菜、植物种子、饲料、酿酒麦芽、新鲜水果、新鲜苹果、新鲜浆果	水城县猴场红心猕猴桃销售有限公司	贵州省六盘水市水城县猴场乡猴场村二组	2019年4月7日至2029年4月6日
44	归集	18721069	31	枇杷、玫瑰树、甘蔗、新鲜橄榄、杨梅、桃、石榴、苹果、蘑菇繁殖菌、香蕉	水城县同仁建筑工程有限公司	贵州省六盘水市水城县鸡场镇坪地村大寨组	2017年2月7日至2027年2月6日
45	采蓝之莓	17258820	31	新鲜水果、新鲜柑橘、新鲜葡萄、猕猴桃、谷（谷类）、枇杷、苹果、新鲜蔬菜、鲜食用菌、动物食品	水城县兴合种植农民专业合作社	贵州省六盘水市水城县纸厂乡前进村前进组	2016年8月28日至2026年8月27日
46	黔婵之乡	24013266	31	新鲜蔬菜、新鲜莴苣、新鲜苹果、新鲜南瓜、新鲜樱桃、新鲜黄瓜、新鲜土豆、新鲜水果、新鲜葡萄、新鲜猕猴桃	榕江县栽麻乡八匡村特种葛根生态种植农民专业合作社	贵州省黔东南苗族侗族自治州榕江县栽麻乡八匡村三组	2018年5月28日至2028年5月27日
47	锦科甜甜	10238086	31	谷(谷类)、活动物、菌种、苹果、树木、未加工谷种、鲜食用菌、鲜水果、新鲜蔬菜、樱桃	榕江县地方农副产品总汇	贵州省黔东南苗族侗族自治州榕江县金城商贸中心内	2013年1月28日至2023年1月27日
48	黔鑫源	17651370	31	新鲜水果、新鲜葡萄、鲜枣、苹果、杨梅、树木、玉米、干草、植物、新鲜浆果	贞丰县鲁容乡鑫源火龙果种植基地	贵州省黔西南布依苗族自治州贞丰县	2016年9月28日至2026年9月27日
49	归兰	16120370	31	杨梅、桃、樱桃、活动物、活家禽、坚果（水果）、新鲜水果、西瓜、苹果、石榴	都匀市乙庆莲种养殖有限公司	贵州省黔南布依族苗族自治州都匀市杨柳街文德村一组（原铁路高桥）	2016年3月14日至2026年3月13日

资料来源：中国商标网，https://www.wcjs.sbj.cnipa.gov.cn。

四、贵州苹果商标注册状况统计分析

（一）贵州苹果商标注册时间分布情况

本报告仅统计现行有效的贵州苹果相关商标，统计数据中贵州苹果商标注册时间主要分布在2011—2020年。2011年，相关商标注册3个；2012年，相关商标注册1个；2013年，相关商标注册5个；2014年，相关商标注册6个；2015年，相关商标注册5个；2016年，相关商标注册5个；2017年，相关商标注册8个；2018年，相关商标注册13个；2019年，相关商标注册12个；2020年，相关商标注册8个。图6-1为2011—2020年贵州苹果相关商标注册数变化曲线。由曲线可知，贵州苹果相关商标注册数量呈波浪式增长，这背后的原因有三：一是贵州苹果企业、合作社、种植基地等数量增加，故而商标的数量随之增加；二是贵州苹果企业、合作社及种植基地等随着自身的发展情况不同，为满足发展要求进行商标注册；三是随着社会大众对于知识产权的认识不断提高，促进商标注册数量的增加。

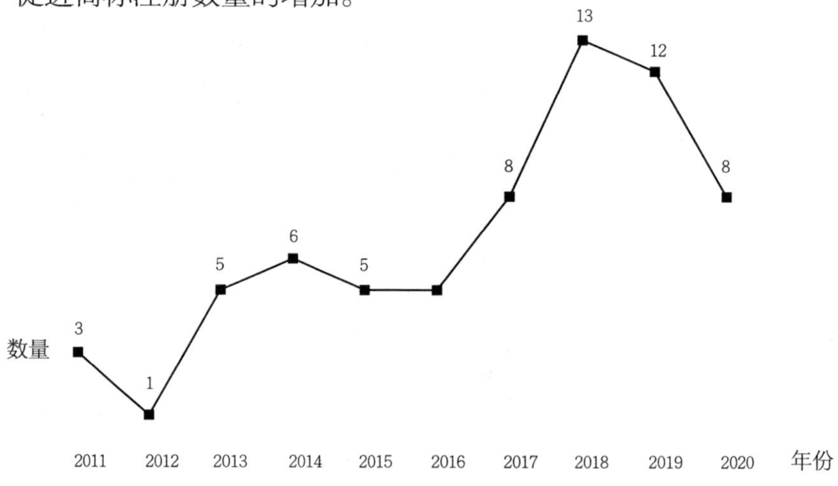

图6-1　贵州苹果相关商标注册年份与数量关系

资料来源：中国商标网，https://www.wcjs.sbj.cnipa.gov.cn。

（二）贵州苹果国际分类情况

根据统计可知，在现行有效的贵州苹果商标中，国际分类一共有4种，其中31类为主有63个，数量最多；其次为35类有3个；42类及43类数量最少，均为1个。根据国际分类：31类为未加工的农业、水产养殖业、园艺、林业产品；未加工的谷物和种子；新鲜水果和蔬菜，新鲜芳香草本植物；草木和花卉；种植用球茎、幼苗和种子；活动物；动物的饮食；麦芽。由此可知，贵州苹果商标注册的产品主要为未加工的新鲜苹果。

（三）贵州苹果商标申请人情况

根据统计数据，将贵州苹果相关商标申请人分为有限责任公司、合作社、个人独资企业（指种植基地、种植园等）及其他（除前三者以外的申请人）。其中以合作社注册的相关商标为29个，数量最多，起着主导作用。其次为以有限责任公司为申请人注册的相关商标数量为25个。以个人独资企业为申请人注册的商标数量为8个。其他申请人注册商标数量为6个，见图6-2。

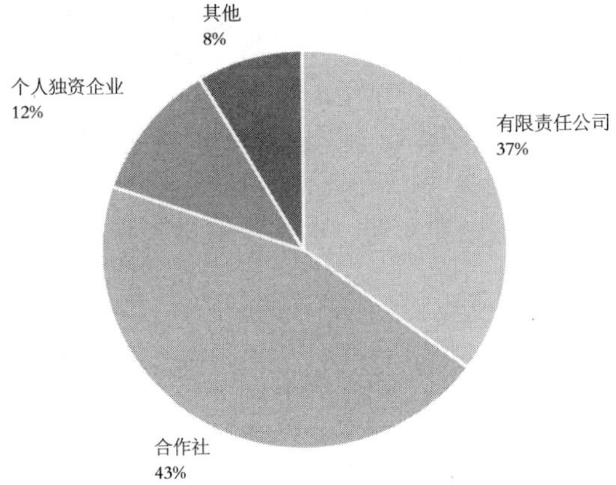

图6-2 贵州苹果相关商标申请人情况

资料来源：中国商标网，https://www.wcjs.sbj.cnipa.gov.cn。

（四） 贵州苹果商标申请的地区分布情况

由图 6-3 可知，贵州苹果商标注册数量在各个地区情况不一。但通过添加各地有限责任公司及合作社申请商标数量的趋势线，可知苹果相关商标注册数量与有限责任公司及合作社数量相关。由统计可知，毕节市苹果相关有限责任公司及合作社数量最多，商标注册数量也最多。安顺市与苹果相关有限责任公司及合作社数量最少，商标注册数量也最少。

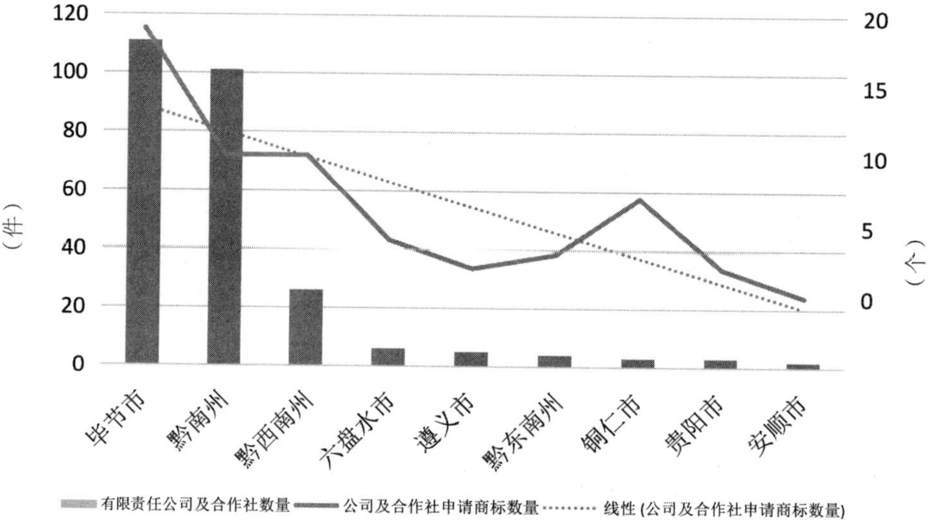

图 6-3 贵州苹果相关商标注册数量与各地区有限责任公司及合作社数量情况

资料来源：中国商标网，https://www.wcjs.sbj.cnipa.gov.cn。

参考文献：

[1] 陈象川 . 谈谈商标在商品经济中的作用 [J]. 财贸经济，1983，（8）：57.

[2] 李玉萍 . 浅谈商标的作用与市场经济 [J]. 商业经济，2007，（12）：105-106.

[3] 吕书炜 . 商标的功能与作用 [J]. 职业时空，2006，（15）：32.

[4] 党文珊 . 商标对企业市场价值的影响 [D]. 重庆：重庆大学，2015.

B7

贵州苹果标准发展报告

姚　鹏[1]　邵　宇

摘　要： 根据对“全国标准信息公共服务平台”以及“食品标准伙伴网”中的苹果相关国家标准检索数据统计，目前我国现行有效的苹果相关国家标准总计有33项。已发布并现行有效的与苹果相关行业标准总计达到了58项。地方标准总计达到了212项。贵州省发布并现行有效的苹果相关地方标准有一项。在全国范围内的苹果相关企业标准数量达到近1000项之多，但贵州省的苹果相关企业标准却只有3项，其中一项企业标准已被自行废止，现行有效的企业标准只有2项，均为苹果衍生产品标准。

关键词： 贵州；苹果；标准

我国是世界上苹果产出的第一大国，根据国家统计局的数据，2018年我国的苹果园面积达到了193.9万公顷，产量3923.3万吨，面积和产量都居全球之首。苹果作为我国传统的优势农产品，已成为陕西、河南、山东等多个省份的农业支柱产业，年产量都在500万吨以上。贵州在2018年的苹果栽种面积及产量虽只有27万亩、9.1万吨，但与2010年的栽种面积及产量9.75万亩、1.5万吨相比，已呈现了爆发式增长的趋势，苹果产业正逐步成为贵州农业产业的又一个主导型产业。① 当然，以目前贵州的苹果产业状况与全国其他苹果生产大省相比，其规模及产量都难以匹敌，在苹果的单产量、质量品质以及销售贸易等方面均不具备优势，

---

1 姚鹏，贵州省社会科学院助理研究员。研究方向：地理标志产品认证、生态学。

① 国家统计局网站统计数据，http://www.stats.gov.cn/。

特别是对于苹果的规范化种植、提高优质果率以及内在品质的提升等问题急需解决。但结合贵州自身的省情以及全国乃至全球对苹果及衍生产品的需求量日益增长的趋势来看，贵州的苹果产业有着广阔的发展空间。随着我国加入 WTO 后对苹果的出口量与日俱增，与苹果相关的标准在国际贸易中发挥的重要作用已日益凸显，这些标准已成为各国解决贸易争端的主要依据之一。因此，将当前我国现有的苹果相关标准进行梳理，为后面在标准中发现相关问题及对策建议的提出提供主要依据，对加快推进贵州乃至全国的苹果产业标准化进程、建立及完善标准体系、保障质量安全、促进产业的健康发展有着十分重要的意义。

标准是经济活动以及社会发展的技术支撑，是国家治理体系和治理能力现代化的基础性制度。同时，标准也是全球治理的重要规制手段和国际经贸往来与合作的通行证，被称为“世界通用语言”。《中华人民共和国标准化法》将标准分为国家标准、行业标准、地方标准、团体标准以及企业标准五个大类，其中国家、行业以及地方标准以政府为主导进行制定并发布，团体及企业标准以市场为主导进行制定，通过相关团体、企业等组织发布。在国家标准中又分为强制性标准和推荐性标准，强制性标准是对保障人身健康和生命财产安全、国家安全、生态环境安全以及满足经济社会管理基本需求的技术要求，推荐性标准是对满足基础通用、与强制性国家标准配套、对各有关行业起到引领作用等需要的技术要求。行业标准是对当前没有推荐性国家标准，但需要在全国的某一个行业范围内统一制定的技术要求，其实质是对推荐性国家标准的补充。目前我国有六十七个行业标准代号，分别由四十二个行政主管部门管理，包括农业（NY）、林业（LY）、检验检疫（SN）等。地方标准是为了满足地方自然条件、风俗习惯等制定的特殊技术要求，地方标准的内容在制定中虽具有一定的特殊性，但必须遵循不得与发布实施的国家标准、行业标准相互交叉重复矛盾的规定。团体标准是学会、协会、商会、联合会以及产业技术联盟等社会团体协调相关市场主体共同制定满足市场及创新需要而制定的技术要求，其通过团体成员内部自行约定采用或是以团体的规章规定供社会自愿采用。企业标准是根据企业自身的生产经营需要自行制定或是与其他企业联合制定的技术要求。团体标准和企业标准虽制定过程较为灵活，但其适用范围只局限于团体及企业内部，其普及性也较弱。以当前我国已发布各类相关苹果标准的统计数据来看，苹果标准已是我国水果产品中制定最为全面、最为完善的标准体系。下面就国家标准、行业标准、地方标准、团体标准以及企业标准等五大标准分类（图 7–1）对全国以及贵州的苹果标准进行逐一介绍及简要分析。

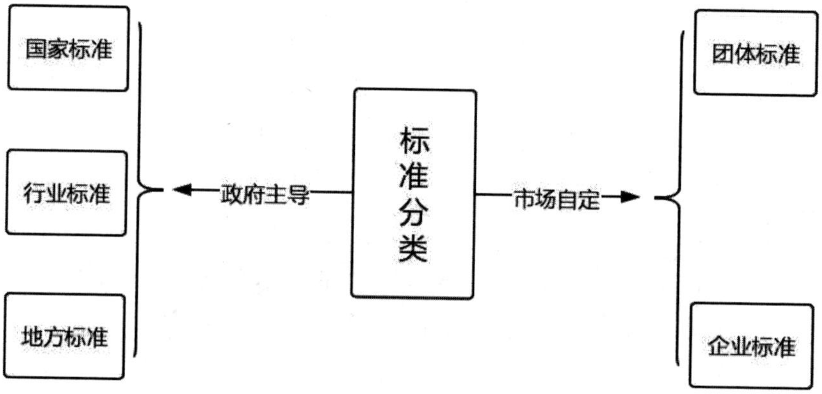

图 7–1　我国标准分类

一、苹果相关国家标准现状

根据对“全国标准信息公共服务平台”（http://std.samr.gov.cn/）以及“食品标准伙伴网”（http://www.foodmate.net/）中的苹果相关国家标准检索数据统计，目前我国现行有效的苹果相关国家标准总计有 33 项，根据标准的应用范围可分为七类标准，分别为苹果苗木质量标准（1 项）、栽培管理标准（11 项）、检测方法标准（10 项）、加工工艺标准（3 项）、产品质量标准（3 项）、地理标志产品标准（3 项）、储运包装标准（2 项），详见表 7–1、图 7–2。

表 7-1 苹果国家标准统计

序号	标准类型	标准号	标准名称		发布年份	规定范围
1	苗木质量	GB9847-2003	苹果苗木		2003	苹果苗木的质量要求、检验、包装、标签、保管及运输
2	栽培管理	GB/T 17980.7-2000	农药田间药效试验准则（一）	杀螨剂防治苹果叶螨	2000	杀螨剂防治苹果叶蜻田间药效小区试验的方法和基本要求
3		GB/T 17980.8-2000		杀虫剂防治苹果小卷叶蛾	2000	杀虫剂防治苹果小卷叶蛾田间药效小区试验的方法和基本要求
4		GB/T 17980.64 -2004	农药田间药效试验准则（二）	杀虫剂防治苹果金纹细蛾	2004	杀虫剂防治苹果金纹细蛾田间药效小区的方法和基本要求
5		GB/T 17980.65 -2004		杀虫剂防治苹果桃小食心虫	2004	杀虫剂防治苹果桃小食心虫田间药效小区的方法和基本要求
6		GB/T 17980.116 -2004		杀菌剂防治苹果和梨树腐烂病疤（斑）复发	2004	杀菌剂防治苹果树和梨树腐烂病疤（斑）复发田间药效小区试验的方法和要求
7		GB/T 17980.117 -2004		杀菌剂防治苹果和梨树腐烂病	2004	杀菌剂防治苹果树和梨树腐烂病田间药效小区试验的方法和要求
8		GB/T 17980.118 -2004		杀菌剂防治苹果轮纹病	2004	杀菌剂防治苹果轮纹病田间药效小区试验的方法和要求
9		GB/T 17980.124 -2004		杀菌剂防治苹果斑点落叶病	2004	杀菌剂防治苹果斑点落叶病田间药效小区试验的方法和要求
10		GB/T 17980.144 -2004		植物生长调节剂促进苹果着色试验	2004	植物生长调节剂促进苹果着色田间药效小区的方法和基本要求
11		GB/T 17980.146 -2004		植物生长调节剂提高苹果果形指数试验	2004	植物生长调节剂提高苹果果形指数田间药效小区试验的方法和基本要求
12		GB/T 33038 -2016	苹果蠹蛾防控技术规程		2016	农业植物检疫中苹果蠹蛾的防控要求、防治时期、防治措施、防治效果评估、防治档案的记录及保存等
13	加工工艺	GB/T 23585 -2009	预防和降低苹果汁及其他饮料的苹果汁配料中展青霉素污染的操作规范		2009	预防和降低苹果汁和其他饮料的苹果汁配料中展青霉素污染的操作规范
14		GB/T 23616 -2009	加工用苹果分级		2009	加工用苹果的术语和定义、分级规定及检验方法
15		GB/T 18527.1-2001	苹果辐照保鲜工艺		2001	苹果辐照保鲜的工艺和要求

续表

序号	标准类型	标准号	标准名称	发布年份	规定范围
16	产品质量	GB/T 18963 −2012	浓缩苹果汁	2012	浓缩苹果汁的术语和定义、产品分类、要求、试验方法、检验规则、标志、包装、运输和贮存
17	产品质量	GB/T 30884 −2014	苹果醋饮料	2014	苹果醋饮料的术语和定义、技术要求、试验方法、检验规则和标签、包装、运输、贮存
18	产品质量	GB/T 10651 −2008	鲜苹果	2008	鲜苹果各等级的质量要求、容许度、包装和外观及标识等内容
19	地理标志产品	GB/T 18965 −2008	地理标志产品 烟台苹果	2008	烟台苹果的术语和定义、地理标志产品保护范围、要求、试验方法、检验规则及标签、标志、包装、运输、贮存
20	地理标志产品	GB/T 22444 −2008	地理标志产品 昌平苹果	2008	昌平苹果的术语和定义、地理标志产品保护范围、要求、试验方法、检验规则、标志、包装、运输和贮存等技术要求
21	地理标志产品	GB/T 22740 −2008	地理标志产品 灵宝苹果	2008	灵宝苹果的术语和定义、地理标志产品保护范围、要求、试验方法、检验规则及标志、包装、运输和贮藏
22	检测方法	GB/T 23352 −2009	苹果干 技术规格和试验方法	2009	片状或环状苹果干产品的术语和定义、要求、分级、取样、试验方法、包装和标志
23	检测方法	GB 8370 −2009	苹果苗木产地检疫规程	2009	苹果苗木产地检疫的程序和方法
24	检测方法	GB/T 12943 −2007	苹果无病毒母本树和苗木检疫规程	2007	苹果无病毒母本树和苗木的检疫规程
25	检测方法	GB/T 29586 −2013	苹果棉蚜检疫鉴定方法	2013	苹果棉蚜的检疫鉴定，以有翅孤雌蚜和无翅孤雌蚜的形态学特征作为依据，明确了样品采集、标本制作、检疫鉴定、标本保存的方法
26	检测方法	GB/T 12943 −2007	苹果无病毒母本树和苗木检疫规程	2007	苹果无病毒母本树和苗木的检疫规程
27	检测方法	GB/T 28097 −2011	苹果黑星病菌检疫鉴定方法	2011	苹果黑星病菌的检疫鉴定方法
28	检测方法	GB/T 28074 −2011	苹果蠹蛾检疫鉴定方法	2011	苹果蠹蛾的取样、饲养、成虫生殖器解剖和鉴定等方法
29	检测方法	GB/T 35336 −2017	苹果皱果类病毒检疫鉴定方法	2017	苹果皱果类病毒的检疫鉴定方法
30	检测方法	GB/T 33020 −2016	苹果瘿蚊检疫鉴定方法	2016	苹果瘿蚊的检测、饲养、标本制作和室内鉴定等方法
31	检测方法	GB/T 31804 −2015	苹果锈果类病毒检疫鉴定方法	2015	基于寄主植物症状及基因组特征的苹果锈果类病毒检疫鉴定方法

续表

序号	标准类型	标准号	标准名称	发布年份	规定范围
32	贮运包装	GB/T 13607—1992	苹果、柑橘包装	1992	苹果、柑橘包装的技术要求，包装件的贮存与运输、试验方法及检测规则等
33		GB/T 8559—2008	苹果冷藏技术	2008	鲜食苹果冷藏用果的入贮果质量要求和贮前准备、预冷、入库要求、贮期管理等内容

资料来源：根据“全国标准信息公共服务平台”（http://std.samr.gov.cn/）及“食品标准伙伴网”（http://www.foodmate.net/）中数据，由作者统计整理得到。

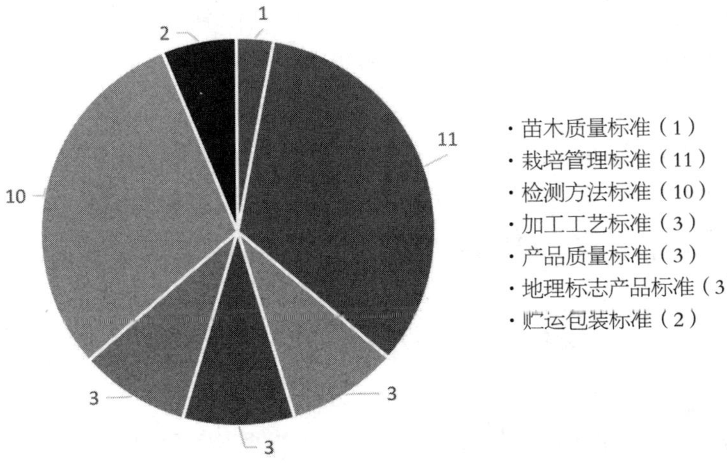

图 7-2　苹果国家标准统计

由表 7-1 中的数据分析可知，目前我国执行的苹果相关国家标准中关于苹果的栽培管理及检测方法标准占到 2/3，特别是苹果种植过程中对病虫害的防治以及与病虫害相关的检验检疫方法标准居多。在这 33 项国家标准中有两项为强制性标准，即 GB 9847—2003《苹果苗木》及 GB 8370—2009《苹果苗木产地检疫规程》，均为对苹果苗木的相关规定要求，其余的 31 项为推荐性国家标准。从发布时间来看，2000 年以前发布并现行有效的有 1 项，即 GB/T 13607—1992《苹果、柑橘包装》，1992 年发布实施，2000 年至 2005 年发布的有 12 项，2006 年至 2010 年发布的有 9 项，2011 年至 2015 年发布的有 6 项，2016 年至今发布的有 3 项。

2000年至今，苹果相关国家标准的发布呈逐步递减的趋势，这也侧面反映了对于苹果相关国家标准体系的建设已逐步趋于完善，国家标准对于苹果产业发挥的技术支撑作用亦日趋成熟。

二、苹果相关行业标准现状

以“全国标准信息公共服务平台”（http://std.samr.gov.cn/）以及“食品标准伙伴网”（http://www.foodmate.net/）中的苹果相关行业标准检索数据统计，截至目前，我国已发布并现行有效的与苹果相关行业标准总计达到了58项（表7-2），涉及了七个行业领域，分别为农业（NY）、出入境检验检疫（SN）、商业（SB）、轻工（QB）、供销合作（GH）、林业（LY）、气象（QX）等行业，其中农业标准最多，达到了29项，出入境检验检疫标准有15项，商业标准有4项，轻工标准有6项，林业标准2项，供销合作及气象标准各1项。从苹果相关行业标准涉及的各个行业分布分析，苹果作为我国的一个优势的农产品资源，发布的农业行业标准最多也是无可厚非，而且我国也是一个苹果产品的出口大国，需要大量的出入境检验检疫相关标准来规范及加强苹果的进出口贸易市场。同时，对于苹果及其精加工产品的工艺、市场流通以及产业链条的延伸也会关联到制定相关商业及轻工标准。苹果产业制定的各类行业标准也从侧面反映了当前我国的苹果产业链条已初步建立，具备了产业化的基础。

表 7-2 苹果行业标准统计

序号	行业领域	标准号	标准名称	发布年份
1	农业标准	NY 5011	无公害食品 苹果	2001
2		NY 5013	无公害食品 苹果产地环境条件	2001
3		NY/T 5012	无公害食品 苹果生产技术规程	2002
4		NY/T 441	苹果生产技术规程	2001
5		NY/T 439	苹果外观等级标准	2001
6		NY/T 403	脱毒苹果母本树及苗木病毒检测技术规程	2000
7		NY/T 268	绿色食品 苹果	1995
8		NY/T 1075	红富士苹果	2006
9		NY/T 1841	苹果中可溶性固形物、可滴定酸无损伤快速测定 近红外光谱法	2010
10		NY/T 2779	苹果脆片	2015
11		NY/T 1793	苹果等级规格	2009
12		NY/T 2316	苹果品质指标评价规范	2013
13		NY/T 1072	加工用苹果	2013
14		NY/T 1084	红富士苹果生产技术规程	2006
15		NY/T 1086	苹果采摘技术规范	2006
16		NY/T 856	苹果产地环境技术条件	2004
17		NY/T 2411	有机苹果生产质量控制技术规范	2013
18		NY/T 2795	苹果中主要酚类物质的测定 高效液相色谱法	2015
19		NY/T 3104	仁果类水果（苹果和梨）采后预冷技术规范	2017
20		NY/T 1082	黄土高原苹果生产技术规程	2006
21		NY/T 1505	水果套袋技术规程 苹果	2007
22		NY/T 1555	苹果育果纸袋	2007
23		NY/T 1083	渤海湾地区苹果生产技术规程	2006
24		NY/T 983	苹果采收与贮运技术规范	2015
25		NY/T 2136	标准果园建设规范 苹果	2012
26		NY 329	苹果无病毒母本树和苗木	2006
27		NY/T 2384	苹果主要病虫害防治技术规程	2013
28		NY/T 2478	苹果品种鉴定技术规程 SSR 分子标记法	2013
29		NY/T 2281	苹果病毒检测技术规范	2012

续表

序号	行业领域	标准号	标准名称	发布年份
30	出入境检验检疫标准	SN/T 5129	苹果属上冬生疫霉菌、丁香疫霉菌和栗黑水疫霉菌的多重 PCR 筛查方法	2019
31		SN/T 4872	苹果花象检疫鉴定方法	2017
32		SN/T 4409	苹果蠹蛾辐照处理技术指南	2015
33		SN/T 4333	苹果溴甲烷检疫熏蒸处理操作规程及技术要求	2015
34		SN/T 0888	进出口脱水苹果检验规程	2000
35		SN/T 0883	进出口鲜苹果检验规程	2000
36		SN/T3729.6	出口食品及饮料中常见水果品种的鉴定方法 第 6 部分：苹果成分检测 实时荧光 PCR 法	2013
37		SN/T 2758	美国圆柏苹果锈病菌检疫鉴定方法	2011
38		SN/T 2398	苹果丛生殖原体检疫鉴定方法	2010
39		SN/T 3750	苹果壳色单隔孢溃疡病菌检疫鉴定方法	2013
40		SN/T 3846	出口苹果和浓缩苹果汁中碳同位素比值的测定	2014
41		SN/T 3279	富士苹果磷化氢低温检疫熏蒸处理方法	2012
42		SN/T 3289	苹果果腐病菌检疫鉴定方法	2012
43		SN/T 3752	苹果星裂壳孢果腐病菌检疫鉴定方法	2013
44		SN/T 3751	苹果树炭疽病菌检疫鉴定方法	2013
45	商业标准	SB/T 10061	苹果、柑橘包装	1992
46		SB/T 10892	预包装鲜苹果流通规范	2012
47		SB/T 10064	苹果销售质量	1992
48		SB/T 10088	苹果酱	1992
49	轻工标准	QB/T 1392	苹果罐头	2014
50		QB 2657	浓缩苹果浊汁	2004
51		QB 1392	干装苹果罐头	1991
52		QB 1388	苹果酱罐头	1991
53		QB 1390	什锦果酱罐头 苹果山楂型	1991
54		QB 1687	浓缩苹果清汁	1993
55	供销合作标准	GH/T 1155	苹果脯	2017
56	林业标准	LY/T 2424	苹果蠹蛾检疫技术规程	2015
57		LY/T 2112	苹果蠹蛾防治技术规程	2013
58	气象标准	QX/T 392	富士系苹果花期冻害等级	2017

资料来源：根据“全国标准信息公共服务平台”（http://std.samr.gov.cn/）及“食品标准伙伴网”（http://www.foodmate.net/）中数据，由作者统计整理得到。

表 7–2 中的苹果行业标准，按各项标准的应用范围可分为六类，即苗木质量标准（1 项）、产地条件标准（2 项）、储运包装标准（5 项）栽培管理标准（14 项）、产品质量标准（16 项）、检测方法标准（20 项）（图 7–3）。与已发布实施的各项国家标准应用范围对比可看到，行业标准中未涉及苹果及相关产品的加工工艺标准及地理标志产品标准，但增加了对苹果种植的产地环境条件标准。地理标志产品标准作为在一定区域内具有自有产品品质特征的产品技术要求，在标准的应用范围上的确不适宜制定行业标准。对于加工工艺标准虽在现有的行业标准中并未单独列出，但在各项产品质量标准的内容中也基本对相关产品的加工工艺作出相应的技术要求。同时，苹果行业标准中的产品质量标准（16 项）相对于国家标准（3 项）中的数量有了大幅度的增长，这说明苹果的加工产品更为丰富，各种产品的加工工艺也各具不同。在行业标准中对于苹果种植产地环境条件标准的增加，不但有利于对现有土地资源的合理利用，保障苹果种植的产地安全，促进各类农业投入品的安全使用，也将产品的质量控制延伸至产地源头，有力地保障了苹果品质的稳定性。由此可见，苹果的行业标准对于国家标准在数量上的增长及应用范围的拓宽都有力地发挥了其对相应国家标准的补充作用。

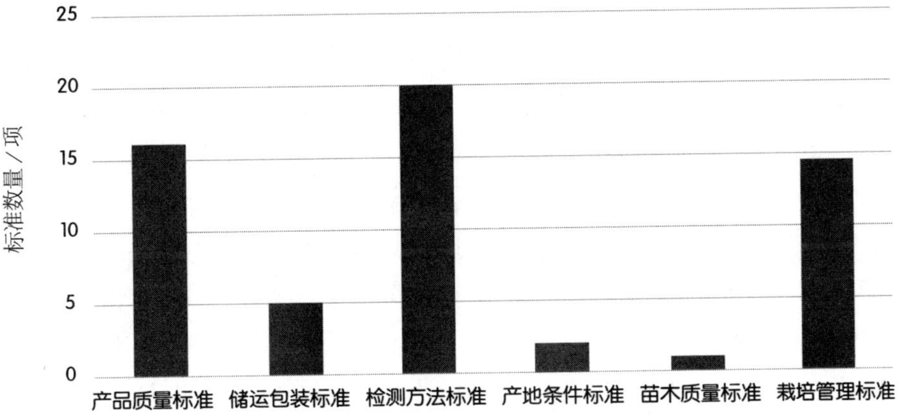

图 7–3 苹果行业标准应用范围分布

三、苹果相关地方标准现状

通过“全国地方标准信息服务平台”（http://dbba.sacinfo.org.cn/）对全国范围内各省、自治区、直辖市发布的与苹果相关地方标准的检索发现，截至目前，与苹果相关的地方标准总计达到了212项，涉及的省份、自治区及直辖市有18个，其中有8个省份、自治区及直辖市发布的苹果相关地方标准超过了10项，4个省份超过了20项，1个省份超过了30项，即山东省的苹果相关地方标准达到了34项，为全国之最，第二为山西省，达到了29项，第三是陕西省有28项，上述三个省份发布的苹果相关地方标准占到了全国总量的42%。山东、山西、陕西三省一直是我国苹果的重点产区，根据全国统计局在2018年的统计数据，山东、山西、陕西的苹果栽种面积合计占到了全国总面积的52%，山东、山西、陕西的苹果产量分别为952.2万吨、376.5万吨、1008.7万吨，三省苹果产量合计占到了全国苹果总产量的60%①，苹果的栽种面积及产量都占到了全国的一半以上，这也侧面证明了标准化发展的水平代表着产业发展的程度。

截至2020年，贵州省发布并现行有效的苹果相关地方标准有一项，为DB5205/T 2—2020《地理标志产品 威宁苹果》，该标准发布于2020年1月20日，实施于2020年3月1日，批准发布部门为贵州省毕节市市场监督管理局，技术归口在威宁自治县果业发展中心。作为地理标志产品的专用标准，该标准规定了地理标志产品威宁苹果的术语和定义、保护范围、要求、检验方法、检验规则及标识、包装、贮存和运输，适用于国家质量监督检验检疫总局公告（2017年第117号）批准保护的地理标志产品威宁苹果。在贵州省市场监督管理局网站“贵州省地方标准查询服务平台”（http://cloud.gzqts.gov.cn/dfbz/index.action）的检索结果发现，贵州早在1994年就发布了苹果相关的三项标准，分别为DB52/T

① 国家统计局网站统计数据：http://www.stats.gov.cn/.

390.3《苹果栽培 苹果常见病虫害防治技术规范》、DB52/T 390.2《苹果栽培 苹果优质丰产栽培技术规范》及 DB52/T 390.1《苹果栽培 苹果建园技术规范》（表 7–3），但根据贵州省质量技术监督局（现市场监督管理局）2001 年 12 月 21 日发布的《贵州省现行地方标准清理结果通告》（黔质技监标〔2001〕327 号），上述三项标准已废止。由此可见，贵州省对苹果产业的标准化工作起步还是较早的，但随着贵州省内对苹果产业的不断调整以及受缺乏相关的专业技术人员等因素的影响，苹果产业的标准化工作一度处于停滞状态，这也反映了贵州目前的苹果产业还处于起步阶段，尚未建立一条较为完备的产业链条，大多数的苹果种植都是果农的自发组织行为，造成抵御市场风险能力较低。目前全省对于苹果的苗木、种植、病虫害防治、采摘以及产品等都是采用相关国家标准及行业标准，这虽满足了苹果产业发展的基本要求，但缺乏具有贵州省自身特点的地方标准的支撑，让省内苹果产业难以实现差异化发展，不能有效发挥贵州苹果的自身优势，减缓了贵州苹果的产业化进程，所以制定并发布具有贵州苹果自身特有属性的相关地方标准已是势在必行。

表 7–3 贵州省苹果地方标准统计

序号	标准名称	标准状态	编制单位	发布单位	发布日期	备注
1	DB5205/T 2–2020 地理标志产品 威宁苹果	现行实施	威宁自治县果业发展中心	毕节市市场监督管理局	2020 年	地理标志产品标准
2	DB52/T 390.3–1994 苹果栽培 苹果常见病虫害防治技术规范	废止	–	–	1994 年	根据贵州省质监局 2001 年 12 月 21 日发布的《贵州省现行地方标准清理结果通告》（黔质技监标〔2001〕327 号），该标准已废止
3	DB52/T 390.2–1994 苹果栽培 苹果优质丰产栽培技术规范		–	–		
4	DB52/T 390.1–1994 苹果栽培 苹果建园技术规范		–	–		

资料来源：根据“全国地方标准信息公共服务平台”（http://dbba.sacinfo.org.cn/）及“贵州省地方标准查询服务平台”（http://cloud.gzqts.gov.cn/dfbz/index.action）中数据，由作者统计整理得到。

四、苹果相关团体标准现状

团体标准是指各团体组织根据自身内部规定的标准制定程序制定发布，为团体内部各成员或是社会自愿采用的标准。《国务院关于印发深化标准化工作改革方案的通知》（国发〔2015〕13号）文件明确规定，在标准的管理上，团体标准不需要行政许可，而是由社会团体或产业技术联盟自主制定并发布实施，最终在市场中进行竞争选择，标准化行政主管部门只对团体标准进行必要的规范、引导及监督。由此可见，团体标准的制定实质是为满足市场和创新的需求，协调相关市场主体之间的争议及冲突，团体标准不但能有效科学及合理利用资源，推广科学技术成果，同时也能有力地增强产品的安全性、通用性及可替换性，从而提高经济效益、社会效益及生态效益，最大限度地实现团体标准在技术上的先进性、经济上的合理性。这一系列团体标准的内在属性都在与以政府为主导制定的国家标准、行业标准及地方标准对比中体现了其“快、新、活、高”的特征。在“快”的特征上，由于团体标准不需要行政许可及审批，其制定发布的周期将大大缩减，保证了团体标准在应用中的时效性；“新”的特征主要体现在团体标准在制定中能快速地将通过论证可行的新科学技术成果转化到实际生产过程中，同时根据市场需求，快速制定新研发产品的技术要求，有效助推了产业链条的延伸及拓展；“活”的特性是指根据团体标准的适用范围只局限于相关团体组织内部成员，其工作机制十分灵活，且标准制定中的相关内容也能在不违背国家强制性标准的基础上根据团体成员的具体需求进行灵活调整，有效增强了团体标准的适用性；“高”的特征体现为团体标准中的相关技术要求的设置门槛高于相应的国家标准、行业标准及地方标准，普遍处于相关行业的国际领先水平。

根据“全国团体标准信息平台”（http://www.ttbz.org.cn/）对苹果相关团体标准的检索数据，目前发布实施的与苹果相关团体标准共有15

项，分别为 10 家团体发布（表 7–4），贵州省内社会团体组织暂未发布苹果相关的团体标准。从发布实施的苹果相关团体标准总量上看，其相对于国家标准、行业标准及地方标准的数量是最低的，主要原因是团体标准工作在我国开展还处于起步阶段，国务院以国发〔2015〕13 号文件确立团体标准为我国标准化工作内容算起，距今才五年时间，各个社会团体组织对团体标准的制定发布工作还处于探索研究阶段，其建立的各项工作机制还存在着诸多不完善的地方，但团体标准自诞生之时就具有各种得天独厚的内在属性，注定其必将具有广阔的发展空间。当前贵州还未有相关苹果的团体标准发布实施，但随着近年来贵州苹果产业规模的逐步扩大，为打响贵州苹果这一品牌，必然会在苹果的质量上做足文章，为品牌发展提供最大的保障，而质量的保证与提升必然离不开标准化工作的大力开展。目前虽然已发布实施的苹果相关国家标准及行业标准众多，在一定程度上满足了产品生产、加工、质量有标可循的需求，但在个性化、多样化、精品化消费的今天，只靠相关国家标准及行业标准作为产业发展的唯一技术支撑显然已是力不从心。我国的苹果产业正面临着从粗放型发展向集约型发展的过度，以“低价竞争”向“品质竞争”转变，通过提升苹果的内在品质质量来实现品牌化，为整个产业发展带来新的效益增长点。贵州苹果的产业化进程相对于国内其他的苹果生产大省起步较晚，但也完全可以利用这一不利因素，以高技术生产、高要求质量、高水平管理来主导苹果产业的发展方向，从而实现弯道取直、后发赶超，这一系列的因素都为贵州苹果产业大力开展团体标准工作带来绝佳的契机。贵州苹果团体标准工作的持续推进，可有效规避国家标准、行业标准以及地方标准在制定过程中面临的制定发布周期长、修订速率慢及标准内容中技术含量不足等短处，在让贵州苹果产业提质增效的同时，也将其带到更高的发展平台，为贵州苹果产业最终实现后发赶超提供强有力的技术支撑及引领作用。

表 7-4 苹果团体标准统计

序号	团体名称	标准编号	标准名称	公布日期
1	北京华夏草业产业技术创新战略联盟	T/HXCY 018	矮砧密植苹果园生草栽培技术规程	2019-12-25
2	全国卫生产业企业管理协会	T/NAHIEM 19	庄浪苹果卫生安全种植示范区评价标准	2019-12-20
3	中国医药保健品进出口商会	T/CCCMHPIE 1.36	植物提取物　苹果提取物	2019-12-20
4	山东标准化协会	T/SDAS 106	矮砧苹果采收技术规程	2019-12-13
5		T/SDAS 105	矮砧苹果整形修剪技术规程	2019-12-13
6		T/SDAS 104	矮砧苹果疏花疏果技术规程	2019-12-13
7		T/SDAS 103	矮砧苹果建园技术规程	2019-12-13
8		T/SDAS 102	矮砧苹果园水肥一体化技术规程	2019-12-13
9	山东电子学会	T/SDIE 5	果树物联网环境参数适宜度评价标准　苹果	2019-7-18
10	中卫市矮砧密植有机苹果种植技术协会	T/ZWAZJSXH 003	苹果冷库储藏标准	2019-4-23
11		T/ZWAZJSXH 001	苹果矮砧栽植技术规程	2019-4-23
12	沈阳市农业品牌发展促进会	T/SNPC 006	沈阳品牌农产品　寒富苹果	2019-1-24
13	蒙阴县果业协会	T/MYXGY 001	苹果、桃育果纸袋	2019-1-17
14	杨凌有机农业大联盟	T/YOFU 12	有机苹果生产质量控制技术规范	2018-6-26
15	锦州市果业协会	T/JZGY 001	锦州苹果生产技术规程	2016-10-17

资料来源：根据“全国团体标准信息平台”（http://www.ttbz.org.cn/）中数据，由作者统计整理得到。

五、苹果相关企业标准现状

企业标准按制定的主体分类与团体标准相同，均是由市场主体自主制定的标准，而不需要经过其他相关机构的认定或是批准，而且企业标准在制定过程中其主体既可以是单一的企业，也可以是由多个企业协议组成的联盟。而多个企业联合制定的联盟标准在其使用用途及适用范围上与团体标准十分相似，但它们之间有着本质上的区别，从法律上讲，

续表

多个企业组成的联盟并不是依法登记的社会团体，所以按《中华人民共和国标准法》规定，企业联盟标准并不是团体标准，其制定发布的工作流程仍然是按企业标准的制定发布工作流程进行。不过虽然法律将团体标准与企业标准进行了区分，但在标准制定的特征上企业标准同样有着和团体标准相同的“快、新、活、高”四大特点，只是在法律效力及约束力上低于团体标准。企业作为经济发展的最主要的载体，也是技术创新及产业化的最主要主体，企业标准的快速制定实施能及时满足市场的需求，同时企业为谋求生存及发展，必须在市场竞争中占据优势，企业标准的制定就不能局限于单单满足国家标准、行业标准或地方标准的基本要求，而是需要制定高于这些基本要求的企业标准，从而提升自身及行业的市场竞争力。

我国作为全球最大的苹果产出国，在全国范围内生产、加工及销售苹果及其衍生产品的种植基地、林场、合作社、公司等经济组织众多，以全国企业信息查询服务平台“启信宝”（https://www.qixin.com/）进行数据检索，目前我国涉及苹果经营范围（育苗、种植、收购、销售、包装、贮运、产品加工等）的企业有5000余家，而贵州省内涉及苹果经营范围的企业有475家，占到了全国总量的近10%，其经营范围主要为种植及销售。可见贵州的苹果产业虽处于起步阶段，但在其经济组织上已具备了产业化发展的基础条件。同时根据在“全国企业标准信息公共服务平台”（http://www.qybz.org.cn/）中对苹果相关企业标准的检索数据，在全国范围内的苹果相关企业标准数量达到近1000项之多，但贵州省的苹果相关企业标准却只有3项，其中一项企业标准已被自行废止，现行有效的企业标准只有2项（表7–5），均为苹果衍生产品标准。贵州苹果的企业标准与全国相比出现这一较大的反差现象是由多种因素造成的，主要原因可归纳为三个方面：一是贵州苹果产业化发展还处于起步阶段，相关配套产业发展的政策、技术、服务及宣传工作还不完善，企业标准在这大环境下发展也较为缓慢；二是各经济组织对标准化工作及企业标准的功能认识不足，目前贵州省涉及苹果经营范围的经济组织主要为专业合作社，其对市场的敏感度较为不足，市场意识也较淡薄，这对标准化工作的快速推进造成了一定的障碍，各经济组织对企业标准的制定还处于被动推动阶段，主动制定的积极性很低；三是各经济组织中的专业技术人才严重不足，产业发展的技术含量较低，缺乏编制企业标准的专业技术人员。企业标准化是我国标准化工作中十分重要的基础性工作，企业标准作为我国标准体系中最底层的标准，其工作的有序开展能最大限度地保障及推动标准体系的建立及完善。基于当前贵州苹果产业发展的现状，企业标准化工作的健康快速推动就更为重要，企业作为产业化发展的源泉，其标准化程度代表着行业产业化的成熟与否。企业标准的制定是通过企业内部的生产、管理人员以总结实际经验，对操作、技术、质量及管理等各方面制定相应的规范要求，以保证企业的生产经营活动按企业标准的相关规定执行，在提高生产效率的同时保障产品质量的稳定性，它也是企业管理的基础性工作。企业在生产经营的各项具体工作中都有着标准化的参与，其目的都是在提高产品质量及生产效率的同时，降低生产成本及消耗，最终都体现为实现企业经济效益的最大化。所以，要让贵州苹果产业做大、做强，必然需要各个企业的壮大发展，以在激烈的市场竞争中处于不败之地，而企业的壮大发展亦必须高度重视并切实做好企业标准化工作。

表 7-5 贵州苹果企业标准统计

序号	企业名称	标准编号	标准名称	公布日期	状态	备注
1	贵州奢香野生源食品饮料有限公司	Q/YSY 0002S	醋香（味）型苹果汁饮料	2019.8	现行有效	自定
2		Q/YSY0002S	醋香（味）型苹果汁饮料	2017.5	企业自行废止	自定
3	长顺县天然食品有限责任公司	GB/T30884	苹果醋饮料	2016.10	现行有效	引用

资料来源：根据“全国企业标准信息公共服务平台”（http://www.qybz.org.cn/）中数据，由作者统计整理得到。

B8

贵州苹果产业种源分析报告

潘学军[1] 陶玉鑫[2] 牟东岭[3]

摘　要：原产中国的苹果野生种有16种，占世界苹果属野生种的59%，其中云贵川三省密集分布着15种苹果野生种。经前人调查统计，贵州拥有苹果属植物15种，其中野生种12种，栽培种3种。本报告通过分析贵州苹果属种质资源相关数据，为优化贵州苹果种源提出针对性建议。

关键词：贵州苹果；种源分析；优化建议

一、中国苹果种质资源情况

苹果作为世界四大水果之一，地域分布十分广泛，而我国的苹果栽培历史悠久、种质资源丰富，不仅拥有至少2200多年的栽培历史，更是世界苹果属植物的大基因中心，遍及全国的苹果种质资源极为丰富。早在汉武帝时期的《上林赋》中就已有关于“柰”（中国苹果的古称，起源于新疆西部）的记载；汉代的历史笔记小说集《西京杂记》中亦有云：“柰三：白柰、紫柰、绿柰。”而现在，中国栽培的苹果被命名为苹果Malus x pumila Mill，主要分为两大类：中国苹果和西洋苹果。

原产中国的苹果野生种就有16种，占世界苹果属野生种的59%。我

1 潘学军，男，博士，教授。研究方向：果树种质资源与生物技术育种。
2 陶玉鑫，贵州省地理标志研究中心助理研究员。研究方向：地理标志。
3 牟东岭，男，毕节市农业农村局经济作物工作站站长，高级农艺师。研究方向：果蔬栽培与农技推广。

国的云贵川三省密集分布有 15 种苹果野生种，包括台湾林檎、尖嘴林檎及滇池海棠等古老的野生种，形成了苹果属植物遗传多样性中心。国内另一个多样性中心则是新疆天山山脉，此处形成了新疆野苹果大的自然群落。成明昊等人（2004）认为是经过地质历史的变迁，才导致了现今苹果属植物间断分布和替代分布格局。《中国果树志·苹果卷》一书中描述了苹果野生及砧木资源 66 份，中国原产品种 176 份，国内选育品种 162 份，国外引进品种 322 份。现在，位于辽宁、吉林、云南及新疆的国家果树种质圃保存苹果资源 1750 余份 (含部分重复)，包括野生类型、农家品种、选育品种、遗传材料及国外引进品种。而西洋苹果则是指目前各国所栽培的苹果，品种大多出自欧美，1871 年开始传入中国。事实上，无论是中国苹果还是西洋苹果都存在一个漫长的演变过程，都是长时间的自然选择和人工选择的结果。

二、贵州苹果属种质资源

2008 年，农业部规划的四大苹果优势主产区分别为渤海湾产区、黄土高原产区、黄河故道和秦岭北麓产区、西南冷凉高地产区。贵州省属于西南冷凉高地产区，拥有适宜苹果树生长发育的理想土壤、气候条件。贵州地形气候复杂，生物多样性丰富，也是我国苹果属种质资源最丰富的省份之一，前人调查研究表明贵州拥有苹果属植物 15 种，其中野生种 12 种，栽培种 3 种。野生种的分布数量仅次于四川，居全国第二位（樊卫国等，1990）。苹果属 (Malus Mill) 种质资源主要有山荆子 (M. baccata Borkh)、毛山荆子 (M. mandshurica Komorv)、滇池海棠 (M. yunanensis Schneid)、丽江山定子 (M. rockii Rehd)、变叶海棠 (M. toringoidis Hughes)、垂丝海棠 (M. halliana Koehne)、锡金海棠 (M. sikk imensis Koehne)、川滇海棠 (M. prattii Shcneid)、三叶海棠 (M. sieboldii Rehd)、湖北海棠 (M. hupehensis Rehd)、尖嘴林檎 (M. mellana Rehd)、沧江海棠 (M. ombrophila Hand-Mazz)、西府海棠 (M. micromalus Makino)、花红 (M. asiatica Nakai) 和苹果 (M. domestica Borkh)。贵州省内分布最广、野生数量最多的是三

叶海棠 (M. sieboldii Rehd)，东至天柱、铜仁、松桃 ，西至威宁、盘县，南达册享、望漠，北抵桐梓、道真等 40 个县、市均有野生分布，以贵州苗岭山区、大娄山区、武陵山区分布最多，雷公山与梵净山均有分布；贵州省内野生分布较多的是湖北海棠 (M. hupehensis Rehd)，分布海拔 800~2400 m , 在西部和西北部地区，海拔 2000 m 左右地带分布最多。野生分布较多的是威宁、赫章、水城。织金、纳雍、毕节、大方、普定、盘县等县 , 在印江、德江、务川、道真、正安等县也有少量野生分布。

贵州省境内随着海拔的升高，野生苹果属植物种类分布有增多的规律。在分布上有较为明显的垂直分布地带性和水平分布地域性的特点。其中，贵州西北部野生苹果属植物资源最丰富，共 10 种 , 是一个多种类集中分布区，用作苹果砧木的就有 5 种（三叶海棠、湖北海棠、丽江山定子、滇池海棠、花红），是我国少有的野生多种类密集分布区，也是栽培种中花红、苹果的集中分布区，又是栽培种的最适宜区。

三、贵州苹果产业主栽品种

贵州西北部海拔 1800 ～ 2400m 的地区 , 栽培苹果极为丰产优质，是贵州重要的优质苹果核心产区，该区域栽培数量较多，主要集中在威宁、赫章两县和六盘水市西部一带。由于地处低纬度，该区域相同苹果品种比北方苹果主产区提早 20 天左右成熟上市。

贵州现在栽植的苹果品种呈现多样化，且立体气候明显，可以满足不同上市时间的需求，主栽的早、中熟品种有黔选 2 号、嘎啦、华硕、富士 2001 等，晚熟品种主要有黔选 3 号、长富 2 号、长富 8 号、烟富 3 号、烟富 6 号、福布瑞斯、科库等，晚熟品种种植面积超过贵州苹果总种植面积的 70%。其中苹果新品种“黔选 2 号”和“黔选 3 号”是贵州本土选育的主推品种。

“黔选 2 号”（黔果审 2011002）由贵州省果树蔬菜工作站、贵州省果树科学研究所共同选育，系红富士早熟变异。在贵州威宁，3 月上旬开始萌芽，3 月中下旬盛花，7 月中下旬果实开始着色，8 月中旬可全面着色，8 月下旬果实成熟，果实生育期 145 天左右，较母本及长富 2 号早 25 ～ 30 天。果实近圆形，果面鲜红艳丽，果形指数 0.85，单果重 170 ～ 200 g，果肉硬度 10.82 kg/cm^2，可溶性固形物 14.42%，可滴定酸 0.25%，维生素 C 21.9 mg/kg；果肉黄白色；肉质细而松脆，汁液多，风味酸甜，香味浓，品质上等。树势强健，早果性好、着果率高，较丰产，抗性综合表现较好。适宜在贵州省西部海拔 1800~2300 m 日照充足的冷凉高地栽培。

“黔选 2 号”的树势较健壮，树姿较开张，冠体中大，枝条较密。一年生枝红褐色，皮孔稀疏，圆形，中等大小，微凸。多年生枝粗壮，灰褐色。叶斜生，椭圆形，较薄，绿色或暗绿色，叶面光滑、较平展，基部较圆，先端渐尖，叶缘复锯齿，叶背面茸毛较多，黄褐色，叶脉凸起。“黔选 2 号”的形态特征与母本红富士基本相同（韩秀梅等，2016）。

“黔选 2 号”抗逆性和适应性强，耐瘠薄，易管理。果实采摘早，树体恢复快，树势较母本和长富 2 号强健，抗早期落叶病和炭疽病，秋季叶片质量明显好于母本和长富 2 号。黔选 2 号果实萼凹部较大较深，与母本及长富 2 号相比，果实较易感染霉心病。虫害方面与母本和长富 2 号没有明显差异。

“黔选 3 号”（黔果审 2011003）由贵州省果树蔬菜工作站、贵州省果树科学研究所共同选育，系长富 2 号的优良变异单株，在贵州威宁 9 月下旬至 10 月上旬果实成熟。该品种的苹果以顶花芽结果为主，所结果实优点之一为果形正：其果实圆形或近圆形，果形指数 0.87，单果重 180 ～ 220 g，去皮硬度 9.43 kg/cm^2，偏果率低。底色黄绿，着色早，成熟后密布鲜红色条纹，果实鲜红，果面光滑，蜡质多，果梗较长。果皮较薄，果肉黄白色，肉质松脆，汁液多。可溶性固形物含量 14.93%。果着色好、品质优；优点之二为产量高：平均每亩产量比威宁当地普通的“红富士”苹果提高 2.09% ～ 4.07%。总体而言，“黔选 3 号”适宜在贵州省西部海拔 1800 ～ 2300m 日照充足的冷凉高地栽培。

除“黔选 2 号”和“黔选 3 号”这两种本土选育的主推品种外，贵州省范围内所种植的苹果品种还有烟富 3 号、烟富 6 号、嘎啦、华硕、长富 2 号、红将军、岩富 10 等。

其中“烟富 3 号”是烟台市果树站于 1991 年从长富 2 号中选出的富士着色系品种，1997 年通过了山东省农作物良种评审委员会的审定。果实圆形或长圆形，果形端正，果形指数 0.86 ~ 0.89；果个为大型，平均单果重 245 g。易着色，树冠上下、内外着色均好，色泽浓红艳丽，全红果比例为 78% ~ 80%，着色指数 95.6%；果实肉质爽脆，汁液多、风味香甜，可溶性固形物含量 14.8% ~ 15.4%，果肉硬度 8.7 ~ 9.7 kg/cm^2。品质上等，果实综合性状优于长富 2 号，外观性状优于长富 1 号。果实生育期 180 天，贮藏期限长。

“烟富 6 号”是烟台市果树工作站从惠民短枝富士中选出的着色良好的短枝型富士品种。1998 年通过山东省农作物品种审定。果实扁圆至近圆形，果形指数 0.86~0.90；平均单果重 253 ~ 271 g；果面光洁，易着色，色浓红；果肉淡黄色，致密硬脆，汁多，味甜，可溶性固形物含量 15.2%，果肉硬度 9.8 kg/cm^2。成熟期 10 月中旬。果实极耐贮藏。

“嘎啦”是新西兰以 Kidd's Orange Red x 金冠杂交培育成的中熟品种，1939 年选出，1960 年发表，1979 年从日本青森县引入我国。其果实呈短圆锥形，平均单果重 144.9 g，底色淡黄，阳面着鲜红色条纹，果面光洁，果个为中大、褐色；果肉淡黄色，肉质松脆，汁液多，风味甜，有香气；可溶性固形物含量 13.4%，果肉硬度 7.7 kg/cm^2。果实发育期 135 d，采后较耐贮藏。幼树树势强，进入结果期树势中庸，易成花，坐果率高，丰产性强。接种鉴定表现中抗苹果枝干轮纹病，中感苹果果实轮纹病，感苹果腐烂病和斑点落叶病。

“华硕”是中国农业科学院郑州果树研究所用美八 x 华冠杂交培育而成，2009 年通过河南省林木品种审定委员会审定，2014 年通过国家林木品种审定委员会审定。果实长圆形，平均单果重 242 g；果实底色绿黄，果面着鲜红色：果面平滑，蜡质多，有光泽；果个较小；果肉黄白色；肉质中细，硬脆，汁液多；可溶性固形物含量 13.4%，可滴定酸含量 0.31%，果肉硬度 10.1 kg/cm^2；酸甜适口，风味浓郁，有芳香；品质上等。果实发育期 110 天左右，比嘎啦早成熟 1 周，耐贮性好。田间表现较抗苹果轮纹病，对白粉病中度敏感。

“长富 2 号”是在长野县佐原氏果园中发现的富士苹果的芽变品种，1980 年农业部从日本引入接穗，分配给辽宁省果树科学研究所、山东省烟台果树工作站等单位试栽。果实近圆形，平均单果重 250 g。果面底色黄绿色，成熟时全面浓红鲜艳；盖色红色、着色有条纹；果面光滑，果个为中大；果肉黄白色，风味酸甜适度，稍有芳香。可溶性固形物含量 15.5%，可滴定酸含量为 0.48%，果肉硬度 11.47 kg/cm^2。肉质松脆致密，贮后仍脆而不变，汁液多，品质上等，为鲜食品种。果实发育期 170 天左右。丰产性好，采前落果轻。树体抗寒性差，易患枝干粗皮轮纹病。

“红将军”曾称红王将，是日本选育的中熟品种，为日本山形县东根市矢荻良藏氏在自己果园早生富士中发现的着色系芽变品种。1995 年引入我国，现全国各地均有栽培。山东省农作物品种审定委员会于 2000 年对该品种进行了审定。果实近圆形，果形指数 0.86；平均单果重 307 g，果实色泽鲜艳，全面浓红；果肉黄白色，肉质细脆、多汁，风味酸甜浓郁，可溶性固形物含量 15.9%，果肉硬度 9.6 kg/cm^2，品质优。耐贮性强，不易发绵，自然贮藏可到春节。9 月中旬成熟，比普通富士早熟 30 天以上，故可比普通富士早 1 个月供应市场。

“岩富 10”在贵州省威宁地区有栽种，是日本从富士芽变中选育的晚熟品种，于 1979 年引入我国。果实呈圆形或近圆形，平均单果重 220 g；底色黄绿，果色鲜红；果面光滑，果个为中大；果肉黄白，风味酸甜适度；可溶性固形物含量 13.7%，可滴定酸含量 0.26%，果肉硬度 6.9 kg/cm^2；肉质细密，汁液多，有香味，适于鲜食。果实发育期 165 天左右。丰产性强。生长势强，适应性不强，抗寒、抗病力弱。

此外，在 2015 年贵州省品种审定委员会还审定通过了“黔选 1 号”，“黔选 1 号”是“烟富 3 号”的早熟株变。其主要的优良变异体现在成熟期上，在贵州长顺 8 月中下旬成熟。果实近圆形，果形指数 0.87，平均单果重 210 ~ 250 g。果面平滑，稀有果粉，果皮底色淡黄，条红，着色面积 85% 以上。果肉淡黄，质地硬脆，肉质细，汁液多，风味酸甜，香气浓，品质上等。可溶性固形物 14.7% ~ 15.9%。

四、贵州苹果种源分析与建议

贵州苹果属种质资源丰富，为选育适应寡日照、多湿气候条件的苹果新品种和抗旱、耐瘠苹果砧木开发奠定了坚实的物质基础，也是苹果产业健康发展的保证。但在苹果种质资源收集、保存、研究与利用方面比较薄弱，建议从以下几个方面加强。

（1）在黔西北地区建立乌蒙山区特色苹果种质资源圃，调查和保存本地特色特殊苹果种质资源，充分挖掘三叶海棠、湖北海棠 、丽江山定子等野生资源作为苹果或花红砧木的耐湿 、抗病、耐瘠性能以提高栽培品种的抗性，加快对贵州地方品种资源调查、收集与保存的步伐。

（2）依托国家苹果产业技术体系，加大苹果新品种引种力度；立足资源优势，加大苹果新品种培育力度，选育适宜贵州区域气候生态特点，市场前景好的苹果新品种。

（3）重视黔西北优势区域规模化发展，优化品种结构布局。提高嘎啦优系、黔选 2 号、华硕等早中熟品种（系）发展比例，不断优化品种结构，逐步实现早、中熟和晚熟合理搭配，比例达到 4 ∶ 6。

（4）合理安排城镇化进程，对农村的旧房改造和农村道路扩建的规划要具有科学性、前瞻性和可操作性，强化规划意识、提高对种质资源保护的重视，以保护贵州地方苹果品种。坚持科学规划，因地制宜，根据西南冷凉高地产区的环境特色保留一定的地方品种生长区，倡导林业管理部门对部分存有被砍伐威胁的树种进行围栏保护，大范围分布资源进行移植保存或者嫁接异地安全保存，在确保贵州地方苹果品种资源不被过度砍伐的前提条件下推进城镇化的进程。

（5）建设黔地苹果品种保护专业人才队伍，加强农林基础设施建设。在资源维护和种质资源原生境保护区基础设施建设上加大投入力度，增设、增密围栏建设，尽量避免牲畜、游客等进入保护区。安排专业队伍对贵州苹果种质资源进行定时的考察调研、评价与分类，建立自然灾害及苹果病害预警机制，对病虫害的发生有相应的专人进行预测预报。并为人才队伍增加专项经费，按规定使用，不得移作他用，确保款项使用过程中遵循专款专用原则。

（6）结合电子信息技术，建立现有黔地苹果种质资源的分子信息数据库，依托云端数据对野外调查收集的资源进行比对，快速淘汰老旧重复的资源，及时更新贵州苹果种质资源情况，让每一个黔地苹果品种都有自身的“电子身份证”，以更好地保护黔地苹果种质资源。

参考文献：

[1] 成明昊，石胜友，周志钦，等 . 横断山区苹果属植物区系地理学研究 [J]. 中国农业科学，2004（11）：1666–1671.

[2] 樊卫国，康杏媛，范恩普，班小重 . 贵州苹果属植物资源调查报告 [J]. 贵州农学院学报，1990（1）：93–98.

[3] 韩秀梅，蔡永强，吴亚维，等 . 苹果新品种“黔选 2 号”的特性及栽培技术 [J]. 中国南方果树，2016，45（1）：141–142，146.

专题研究篇

B9

贵州苹果公共政策建设研究报告

李春艳[1] 杜小书[2]

摘　要： 本报告收集到符合研究所需的贵州苹果公共政策文件共30件，以文件发布日期为依据，研究样本的起止时间为2011年1月至2020年9月。对这30份政策文件的基本情况、政策发文主体、政策发布时间等内容进行量化分析，并对贵州苹果公共政策的演进规律变化、总体特征、每一时段的特征等内容进行横向、纵向的归纳分析。

关键词： 贵州苹果；公共政策；政策文本

一、问题的提出

对于地方而言，农业产业是助力地方脱贫致富的一块“金字招牌”，保护地方农业产业对促进地方经济快速发展有着不可替代的重要作用。在我国农业产品类别当中，苹果是典型的具有较强国际竞争力的农业产品，苹果的生产与贸易是促进我国农产品出口创汇与农业经济发展的重要力量。据2014年统计，我国苹果种植面积达到世界种植面积的46.34%，苹果产量占世界总产量约46.26%①。苹果在加速农户脱贫致富、

---

1 李春艳，女，贵州大学公共管理学院硕士毕业生，贵州省地理标志研究中心助理研究员。研究方向：地理标志，公共政策。

2 杜小书，男，贵州省社会科学院文化研究所原所长、研究员。研究方向：文化产业。

① 适宜贵州种植的苹果品种及高效栽培关键技术[EB/OL].（2019-04-22）https://www.sohu.com/a/ 309662447_120044303。

促进农业产业结构调整、加快地方经济发展方面发挥愈加重要的作用。贵州省拥有优良的自然环境条件与独特的人文历史财富，该地区的苹果产业在带动贵州各地区脱贫致富方面做出了突出贡献。贵州省政府通过强化贵州苹果的保护与发展工作，切实将区域农业优势资源转化为农民的物质财富，在促进农业结构调整与农民增收方面取得了显著效益。

政策文本是政府及相关公共组织为了实现某一目标，在一定时间内制定的行动准则，它是将一系列理念、命令、措施、方法、法律等上升为法定文本的统称。政策文本的内容主要包括四个“理性”，即政策话语传递层面的政治理性、政策设计层面的战略理性、政策工具选择层面的权术理性、政策目标完成层面的价值理性。通过分析贵州省各级政府机关、部门颁布的贵州苹果相关政策、办法、条例、纲要、计划等文本内容，可以帮助我们熟悉、把握贵州苹果公共政策的演化规律和演进特征。梳理贵州苹果公共政策的发展过程可以帮助我们反思政策不足，并在此基础上为优化贵州苹果公共政策未来的相关建设提供极具意义的参考价值。

要真正实现贵州苹果产业发展的目标，离不开一套系统且具体的公共政策指导。贵州苹果产业公共政策的制定与实施，会直接关系到贵州苹果产业目标的实现程度。基于此，本报告主要分析贵州省制定并实施了哪些公共政策来加强对贵州苹果产业的发展以及为促进贵州苹果产业发展制定的相关政策主要体现出哪些特征等相关问题。

二、研究报告设计：概念界定、样本选取与研究方法

（一）概念界定

目的型描述与形式型描述是学者描述政策的两种类型，对公共政策的目的型描述侧重于从国家行政机关的政治意图和目标出发研究相关的政策规范与行动准则。形式型描述主要强调政策具有法律、规章、办法、条例等主要表现形式。以学者对政策概念的解释为基础，本报告所指的

贵州苹果公共政策是由贵州省人民政府、贵州各地级市、县政府等相关政策制定主体以标准形式公开出台的，且与促进区域苹果产业发展有直接、间接关联的规范性文件。

随着经济水平和科技水平的发展，我国关于政策科学理论的研究愈加成熟，政府政务信息公开透明的相关制度也愈加完善。政策文本是政府政治意图的文字记录，是各级政府部门、机构通过依法管理政治职能以实现其政治目标的产物，其体现出规范性、客观性与可溯源性等特征，所以政策文本是一种可以较好观测政府行为的分析对象。此外，政策文本体现出较强的可编码性，由权威部门颁布的政策文件文本内容体现出较高程度的规范性和相当程度的程式性。该特殊性质代表着政策文件是一种结构化程度较高的文字样本。通过阅读《党政机关公文处理工作条例》的规定内容可知："公文一般由份号、密级和保密期限、紧急程度、发文机关标志、发文字号、签发人、标题、主送机关、正文、附件说明、发文机关署名、成文日期、印章、附注、附件、抄送机关、印发机关和印发日期、页码组成。"所以公共政策文本内容的结构具有相对稳定性和规范特征，这有利于研究者对政策文本信息进行归纳与提取。通过量化统计贵州苹果公共政策的文本信息内容，进而对政策样本进行整体筛选并设计编码体系，然后对政策文本的文字内容以统计数据的形式进行相关内容的综合性分析。

（二）样本选取

本报告将分析样本的具体收集过程划分为三个步骤。

第一个步骤是确定采纳政策文本的时间段。由于贵州省政府对于苹果的保护上升到政策层面的时间较晚，搜索贵州省政府各相关官网发现，最早出台的贵州苹果保护政策是在 2011 年。由此，本报告将采集政策的时间段设置为 2011 年 1 月至 2020 年 9 月，总共 10 年多的时间。

第二个步骤是利用爬虫软件收集政策文本。首先通过阅读前期文献资料明确研究方向与关键词，然后通过后裔采集器[①]爬取贵州省人民政府官网及相关门户网站的网址，以“贵州苹果”“地理标志产品保护”等为关键词，以“信息公开”“政策法规”为后裔采集器的预执行操作，以“政策标题”“政策公布时间”“政策发布单位”“政策内容”等为采集字段，并以每项政策的具体内容为深入采集对象进行数据爬取，最终最大限度地获得较为完备的政策文本资料。

第三个步骤是筛选已收集的政策文本资料。为了保障政策样本的代表性、权威性及典型性，本报告依据以下原则进行筛选：一是与促进贵州苹果发展直接相关的政策文本内容，政策文本中必须直接且明确提及促进贵州苹果保护、发展或与贵州苹果果树种植相关的内容。二是政策文本必须有具体的发文编号，政府的内部意见及相关办法不予考虑。三是政策文本类型必须规范，具体收集通知、规划、条例、意见等政策，其他如技术标志、行业规定、复函、批复等不在研究范围之内。[②]

（三）研究方法

（1）内容分析法。本报告通过对 10 年来贵州省政府出台的有关贵州苹果发展的政策进行内容分析，将政策文本中与贵州苹果直接相关的具体条款内容作为分析单元进行编码，在评估信度及效度基础上，从政策文本类别、政策发布时间、政策发布主体、政策发布地区等维度分析、归纳贵州省政府出台的与贵州苹果发展相关的公共政策内容。

（2）统计分析法。本报告采用 Excel 制作统计表及编码表并对政策文本分析单元进行频数统计和量化分析，通过统计各类贵州苹果公共政策频数及比例，了解贵州省政府制定的贵州苹果公共政策内容，解释统计结果并提出优化、完善相关政策的具体建议。

---

① 后裔采集器是由原 Google 技术团队开发的网页数据采集器，打造专业的人工智能网页数据采集服务，提供可视化的界面，可以自定义配置采集数据的内容，支持一键采集网页数据，支持 Win/Mac/Linux 系统使用。

② 黄萃，苏竣，程啸天. 政策工具视角的中国风能政策文本量化研究 [J]. 科学学研究，2011，29（6）：876-882，889.

三、贵州苹果公共政策文本内容的总体情况分析

（一）贵州苹果政策文本类型与实施效果分析

1. 政策文本类型简述

《贵州省国民经济和社会发展“十一五”规划》（以下简称“十一五”规划）明确主张增强经济发展的效益与质量后，贵州省政府综合考虑经济发展的新趋势与新形势，制定了促进产业结构转型升级的发展目标，尤其突出加强对农业相关产业的保护，实现经济效益与社会效益的双赢发展，并随后出台了促进农产品发展的一系列政策。其中关于贵州苹果发展的政策大体可以划分为四类：第一类是通知意见类，主要是贵州省政府及相关部门为保障贵州苹果相关工作的稳定运行做出的规划与保障；第二类是方案决定类，主要是针对贵州苹果制定的保护与发展方案、指导意见；第三类是办法条例类，主要是对贵州苹果产业发展重点的规定与实施规则的阐述；第四类是其他相关政策，具体包括人才培养、税收等政策中涉及的贵州苹果发展所需的支持政策。

贵州省各级政府机关、部门在促进贵州苹果发展方面的措施具体包含如下四个方面：第一，人才支持，包括加大贵州苹果种植人才培训力度、培养实用型种植技术人才、定期举办苹果种植工作培训会等；第二，基础设施完善，包括建设完善贵州苹果产品知名品牌示范基地，大面积建设苹果种植基地等；第三，税收优惠，比如具体落实通过政策文本规定的税收优惠、各部门依据方向与渠道不变为准则，采用事中事后贴息、积极实施税收优惠、为了增强企业活力，对领军型创新企业依照国家规定实施税收优惠等；第四，资金投入，具体包括加大省级知识产权专项扶持资金，增加促进贵州苹果产业发展的资金补助等。

2. 政策实施效果

“十一五”规划之后，贵州省政府明显加大了对于贵州苹果产业的政策扶持力度，自 2011 年以来频繁出台相关政策，在促进贵州苹果产业

发展的相关工作中获得了积极的效果。但也存在一些问题不容忽视，具体内容表现在如下方面。

第一，宣传力度不足，保护工作相对滞后。贵州省政府及相关部门开展贵州苹果发展工作的起步较晚，在宣传动员方面的力度不够，很多贵州苹果的基地建设专业化、标准化程度不高，不利于实现贵州省经济的规模化效益。

第二，大部分经营者与生产者并未从发展战略层面思考贵州苹果产业保护、发展的重要性。很多贵州省地理标志产品的生产经营规模较小，缺乏龙头企业对保护工作进行统一组织与规划。即使有很多极具特色又兼具品质的产品，也会由于生产条件与规模匮乏而无法得到保护。并且很多经营者与生产者忽视自我品牌的重要性，并未真正从地理标志对自身有益的角度主动实施产品保护。

第三，政府保护地理标志产品的工作水平不高。我国保护地理标志产品的历史不长，贵州省政府实施地理标志产品保护工作的历史更短。从总体上看，贵州省政府及相关部门由于缺乏较为统一的思想指导和数据资料的整合分析，在保护地理标志方面缺乏相关经验，其工作水平也有待提高。

这些问题表明，贵州省政府及相关部门出台的贵州苹果政策体系依然存在不足。既没有规范约束地理标志产品保护工作长远进行，也没有激发出企业创新发展活力。所以，本报告接下来将从政策文本的分析出发研究目前贵州苹果公共政策的具体内容，以期为未来完善相关政策内容作出贡献。

（二）贵州苹果公共政策文本的总体量化分析

在收集贵州苹果公共政策时，本报告收集到的符合研究所需的贵州苹果公共政策文件共 30 件，以文件发布日期为依据，研究样本的起止时间为 2011 年 1 月至 2020 年 9 月。本报告正是以这 30 份政策文件为研究对象，对这些政策文件的基本情况、政策发文主体、政策发布时间等内容进行量化分析，并对贵州苹果公共政策的演进规律变化、总体特征、每一时段的特征等内容进行横向、纵向的归纳分析。关于贵州省各级政府出台的贵州苹果公共政策的统计结果见表 9–1。

表 9–1 贵州省各级政府出台的贵州苹果公共政策统计

序号	政策名称	发文单位	发文年份
1	省人民政府关于切实做好造林绿化工作力争 2020 年全省森林覆盖率达到 60% 的意见（黔府发〔2015〕35 号）	贵州省人民政府	2015
2	省人民政府办公厅关于打赢种植业结构战略性调整攻坚战的通知（黔府办函〔2018〕19 号）	贵州省人民政府办公室	2018
3	省人民政府办公厅关于印发贵州省生态扶贫实施方案 (2017—2020 年) 的通知（黔府办发〔2018〕1 号）	贵州省人民政府办公室	2017
4	省人民政府关于支持黔南自治州加快推进绿色发展建设生态之州的意见（黔府发〔2019〕3 号）	贵州省人民政府	2019
5	省人民政府办公厅关于印发生态优先绿色发展森林扩面提质增效三年行动计划（2018—2020 年）的通知（黔府办发〔2018〕39 号）	贵州省人民政府办公室	2018
6	省人民政府关于加快发展新经济培育新动能的意见（黔府发〔2017〕11 号）	贵州省人民政府	2017
7	省人民政府关于加快推进农业机械化和农机装备产业发展的实施意见 (黔府发〔2019〕19 号)	贵州省人民政府	2019
8	贵州省人民政府关于修改《贵州省征占用林地补偿费用管理办法》的决定（省政府令 124 号）	贵州省人民政府	2011
9	贵州省人民政府关于修改《贵州省征收征用林地补偿费用管理办法》的决定（省政府令 171 号）	贵州省人民政府	2016
10	贵州省人民政府关于修改《贵州省征占用林地补偿费用管理办法》的决定（省政府令 124 号）	贵州省人民政府	2011
11	《生态优先绿色发展森林扩面提质增效三年行动计划（2018—2020 年）》政策解读	贵州省人民政府	2018
12	省人民政府办公厅关于印发《绿色贵州建设三年行动计划（2015—2017 年）》的通知 (黔府办发〔2015〕9 号)	贵州省人民政府办公室	2015
13	毕节市人民政府办公室关于推进全市地理标志证明商标产业发展工作的实施意见（毕府办发〔2017〕63 号）	毕节市政府办公室	2017
14	毕节市人民政府办公室关于推进全市地理标志证明商标产业发展工作的实施意见（毕府办发〔2017〕63 号）	毕节市政府办公室	2017
15	毕节市人民政府关于推进全市地理标志证明商标产业发展工作的实施意见（毕府办发〔2017〕63 号）	毕节市政府	2017
16	毕节市人民政府关于印发《毕节市 2018 年农业产业“招大引强”实施方案》的通知（毕府函〔2018〕20 号）	毕节市政府	2018

续表

序号	政策名称	发文单位	发文年份
17	毕节市人民政府办公室关于印发毕节市绿色农产品风行天下行动方案的通知（毕府办发〔2017〕35号）	毕节市政府办公室	2017
18	毕节市人民政府办公室关于印发《毕节市2018年农产品“泉涌”行动市外市场促销工作方案》的通知（毕府办函〔2018〕51号）	毕节市政府办公室	2018
19	毕节市发挥品牌引领作用推动供需结构升级实施方案（毕府办发〔2017〕28号）	毕节市政府办公室	2017
20	毕节市发挥品牌引领作用推动供需结构升级实施方案（征求意见稿）（无文号）	毕节市政府	2017
21	毕节市发挥品牌引领作用推动供需结构升级实施方案	毕节市政府	2017
22	毕节市人民政府办公室关于印发毕节市践行“八要素”之农民培训助推农村产业革命三年行动方案（2019—2021年）的通知（毕府办发〔2019〕5号）	毕节市政府办公室	2019
23	黔南州人民政府关于印发“黔南知名品牌”评选工作方案的通知（黔南府办发〔2016〕27号）	黔南州政府	2016
24	黔南州人民政府办公室关于印发黔南州促进旅游商品开发与利用的实施方案的通知（黔南府办函〔2018〕34号）	黔南州政府办公室	2018
25	黔南州农业委员会关于印发《黔南州农业产业振兴的实施意见》等意见的通知（无文号）	黔南州政府	2018
26	黔南州人民政府办公室关于印发黔南州深入实施旅游扶贫助推脱贫攻坚八项措施的通知（黔南府办〔2019〕26号）	黔南州政府办公室	2019
27	黔南州人民政府办公室关于印发《黔南州加快推动特色小镇和小城镇高质量发展工作方案》的通知（黔南府办〔2019〕26号）	黔南州政府办公室	2020
28	黔南州人民政府办公室关于印发黔南州现代服务业发展行动方案的通知（黔府办函〔2019〕3号）	黔南州政府办公室	2019
29	黔西南州人民政府办公室印发关于推进全州林业产业发展的实施方案的通知（无文号）	黔西南州政府办公室	2016
30	遵义市人民政府办公室关于印发《遵义市发展区域特色产业推动产业脱贫攻坚指导意见（2017—2019年）》的通知（遵府办发〔2017〕67号）	遵义市政府办公室	2017

资料来源：贵州省人民政府官网，www.guizhou.gov.cn/。

通过对本报告所选取的30份政策文本进行频数统计，发现“通知类”文本居多，有16份；“意见类”文本数量次之，有7份。“方案”与“决定”均有3份；“计划”有1份。贵州省苹果产业的政策文本类型比例分布统计，具体见表9-2。

表 9–2 贵州苹果政策文本类型分布统计

项目	意见	通知	决定	计划	方案
数量	7	16	3	1	3
占比	23.3%	53.4%	10%	3.3%	10%

资料来源：贵州省人民政府官网，www.guizhou.gov.cn/。

通过统计数据发现，在贵州苹果的政策文本类型当中，通知类政策文本占比最高，为 53.4%；意见类政策文本的占比次之，为 23.3%；方案类政策文本占比为 10%；决定类政策文本占比为 10%；计划类政策文本占比最少，仅有 3.3%。在贵州苹果公共政策当中，贵州省各级政府以通知类公共政策为主要类型，擅长通过通知对促进贵州苹果种植、发展做出具体规划。此外，贵州省各级政府机关、部门也习惯以意见下达的方式做好各级之间关于贵州苹果的相关工作。但是对于贵州苹果的发展计划与相关决定相的政策类型较少，缺少从规划层面对贵州苹果的发展调控与指导。

就贵州苹果公共政策的发文主体而言，具体包含贵州省政府以及所属贵州省的市政府、县政府的相关机构、部门。不同层级的机构、部门发文数量各不相同，其中贵州省政府的发文数量最多，占发文总数的 40%。毕节市政府发文数量次之，占全省贵州苹果公共政策的 33.4%。此外，黔南州政府发布的贵州苹果公共政策数量占全省发文数量的 20%。黔西南州政府与遵义市政府的发文数量相同，分别占全省发文数量的 3.3%。贵州省各地区政府具体的苹果公共政策发文数量所占比例见表 9–3。

表 9–3 贵州省各地区政策发文单位分布统计

地区	贵州省人民政府	毕节市政府	黔南州政府	黔西南州政府	遵义市政府
数量	12	10	6	1	1
占比	40%	33.4%	20%	3.3%	3.3%

资料来源：贵州省人民政府官网，www.guizhou.gov.cn/。

通过比较贵州苹果相关政策的发文单位发现，遵义市、黔西南州政府的发文数量相同，2011—2020 年，它们的发文数量均为 1；黔南州政府的发文数量为 6；毕节市政府的发文数量为 10，该市在贵州苹果产业的发展方面取得的成果较多，苹果种植面积、苹果知名度均高于其他几个地区。贵州省人民政府的发文数量最多，2011—2020 年共发文 12 篇。但是贵州省政府发布的公共政策主要以全省的发展规划为主，是对贵州省各地区苹果发展做出的总规划，并不是针对某一具体地区苹果产业发展给出的意见。

贵州省各级政府在不同时间段关于贵州苹果公共政策的发文数量、频率各不相同。2011 年关于贵州苹果的发文数量占比仅为发文总数的 6.7%，此时贵州省政府还停留在退耕还林对农户实施补偿的阶段，政府力图通过经济补偿争取获得更多种植果树林的机会。这是贵州苹果产业做大做强的第一步。此后的三年中，贵州省各级政府并未出台任何有关苹果种植、生产、销售的政策文件。这种情况在 2015 年与 2016 年发生了转变，贵州省各级政府在 2015 年、2016 年出台的苹果政策分别占全省政策总量的 6.7% 和 10%。在此基础上，贵州省各级政府 2017 年关于苹果政策发文数量占比达到最高，2017 年贵州苹果政策数量占比高达 33.3%。2018 年的贵州苹果公共政策数量占比为 23.3%，2019 年的贵州苹果公共政策数量占比为 16.7%，2020 年的贵州苹果数量占比为 3.3%，见表 9-4。

表 9-4　贵州省各地区不同年份苹果政策的发文数量统计

年份	2011	2012	2013	2014	2015	2016	2017	2018	2019	2020
数量	2	0	0	0	2	3	10	7	5	1
占比	6.7%	0	0	0	6.7%	10%	33.3%	23.3%	16.7%	3.3%

资料来源：贵州省人民政府官网，www.guizhou.gov.cn/。

2011 年至 2020 年，贵州省各级政府发文数量最多的年份是 2017 年，该年的政策发文总数为 10。2018 年的政策发文数量次之，全年发布的与贵州苹果相关的公共政策有 7 份，此外，2011 年、2015 年的政策发文数量相同，它们的公共政策发文数量均为 2。2020 年贵州省各级政府出台的与贵州苹果有关联的公共政策有 1 份。

四、贵州省各地区公共政策发文概况分析

贵州苹果的公共政策数量在贵州各地区各不相同，本报告依旧从政策发文单位、政策发文时间、政策名称、政策数量及所占比例等这几个方面对贵州省各地区的苹果公共政策数量进行统计分析。

首先，毕节市政府 2011 年至 2020 年共发布苹果公共政策 10 份，本报告仍然从政策名称、发文单位、发文时间等方面对政策文本内容进行统计分析。关于毕节市政府出台的与苹果产业发展有关联的政策文件内容具体见表 9–5。

表 9–5 毕节市苹果公共政策文件统计

序号	政策名称	发文单位	发文年份
1	毕节市人民政府办公室关于推进全市地理标志证明商标产业发展工作的实施意见（毕府办发〔2017〕63 号）	毕节市政府办公室	2017
2	毕节市人民政府办公室关于推进全市地理标志证明商标产业发展工作的实施意见（毕府办发〔2017〕63 号）	毕节市政府办公室	2017
3	毕节市人民政府办公室关于推进全市地理标志证明商标产业发展工作的实施意见（征求意见稿）	毕节市政府	2017
4	毕节市人民政府关于印发《毕节市 2018 年农业产业“招大引强”实施方案》的通知（毕府函〔2018〕20 号）	毕节市政府	2018
5	毕节市人民政府办公室关于印发《毕节市绿色农产品风行天下行动方案的通知》（毕府办发〔2017〕35 号）	毕节市政府办公室	2017
6	毕节市人民政府办公室关于印发《毕节市 2018 年农产品“泉涌”行动市外市场促销工作方案》的通知（毕府办函〔2018〕51 号）	毕节市政府办公室	2018
7	毕节市发挥品牌引领作用推动供需结构升级实施方案（毕府办发〔2017〕28 号）	毕节市政府办公室	2017
8	毕节市发挥品牌引领作用推动供需结构升级实施方案（征求意见稿）	毕节市政府	2017
9	毕节市发挥品牌引领作用推动供需结构升级实施方案	毕节市政府	2017
10	毕节市人民政府办公室关于印发毕节市践行“八要素”之农民培训助推农村产业革命三年行动方案（2019—2021 年）的通知（毕府办发〔2019〕5 号）	毕节市政府办公室	2019

资料来源：贵州省人民政府官网，www.guizhou.gov.cn/。

在毕节市政府出台的促进苹果产业发展的公共政策当中，总共包含三种政策类型，即“通知”“意见”“方案”。在毕节市出台的 10 份公共政策当中，“通知”类型的公共政策数量最多，有 4 份；“意见”类的公共政策数量有 3 份；“方案”类的公共政策数量有 3 份。关于毕节市不同类型的公共政策数量统计情况具体见表 9-6 所示。

表 9-6　毕节市苹果公共政策类型数量统计

项目	通知	意见	方案
数量	4	3	3
占比	40%	30%	30%

资料来源：贵州省人民政府官网，www.guizhou.gov.cn/。

不同类型的公共政策占比各不相同。其中“通知”类型的公共政策数量最多，占毕节市苹果政策总数的 40%。“意见”类与“方案”类的公共政策数量相同，占比均为 30%。在毕节市出台的苹果公共政策文本类型当中，每种类型的政策数量大致相同，政策类型的占比相差不大。

毕节市政府在不同时间段的发文数量各不相同，在已出台的 10 份苹果公共政策文件当中，2017 年的公共政策占比高达 70%，2018 年的公共政策数量占比为 20%，2019 年的公共政策发文数量占比仅为 10%。2017 年的发文数量占比与 2018 年、2019 年的发文数量占比差距较大，不同年份间的发文数量不均衡现象严重，这与中央宏观发展战略目标的转变有直接关系。关于不同年份的毕节市苹果公共政策数量占比统计情况具体见表 9-7。

表 9-7　不同年份的毕节市苹果公共政策数量统计

年份	2017	2018	2019
数量	7	2	1
占比	70%	20%	10%

资料来源：贵州省人民政府官网，www.guizhou.gov.cn/。

毕节市政府在 2017 年出台的苹果公共政策数量最多，总共有 7 份；

2018 年出台的苹果公共政策数量仅为 2 份，2019 年出台的苹果公共政策数量为 1 份。

其次，黔南州政府在 2011 年至 2020 年共发布贵州苹果公共政策 6 份，本报告仍然从政策名称、发文单位、发文时间等方面对政策文本内容进行统计分析。关于黔南州政府出台的与苹果产业发展有关联的政策文件内容具体见表 9-8。

表 9-8 黔南州政府出台的苹果公共政策文件统计

序号	政策名称	发文单位	发文年份
1	黔南州人民政府关于印发“黔南知名品牌”评选工作方案的通知（黔南府办发〔2016〕27 号）	黔南州政府	2016
2	黔南州人民政府办公室关于印发黔南州促进旅游商品开发与利用的实施方案的通知（黔南府办函〔2018〕34 号）	黔南州政府办公室	2018
3	黔南州农业委员会关于印发《黔南州农业产业振兴的实施意见》等意见的通知（无文号）	黔南州政府	2018
4	黔南州人民政府办公室关于印发黔南州深入实施旅游扶贫助推脱贫攻坚八项措施的通知（黔南府办〔2019〕26 号）	黔南州政府办公室	2019
5	黔南州人民政府办公室关于印发《黔南州加快推动特色小镇和小城镇高质量发展工作方案》的通知（黔南府办〔2019〕26 号）	黔南州政府办公室	2020
6	黔南州人民政府办公室关于印发黔南州现代服务业发展行动方案的通知（黔府办函〔2019〕3 号）	黔南州政府办公室	2019

资料来源：贵州省人民政府官网，www.guizhou.gov.cn/。

在黔南州政府出台的促进苹果产业发展的 6 份政策文件当中，6 份苹果政策文件均是“通知”型政策。这说明黔南州政府在促进苹果产业发展的过程中习惯于利用上传下达的方式将省级意见传递给本地的政策需求者，政策类型存在明显失衡现象。

黔南州政府在不同时间段的发文数量各不相同，在黔南州政府已出台的 6 份苹果公共政策文件当中，2016 年和 2020 年的公共政策数量占比相同，均为 16.7%。关于不同年份的黔南州苹果公共政策数量占比统计情况具体见表 9-9。

表 9-9 不同年份的黔南州苹果公共政策数量统计

年份	2016	2018	2019	2020
数量	1	2	2	1
占比	16.7%	33.3%	33.3%	16.7%

资料来源：黔南州政府官网，http://www.qiannan.gov.cn/。

黔南州政府在 2016 年和 2020 年出台的苹果政策数量相同，黔南州政府在这两个年份分别出台 1 份苹果政策。2018 年与 2019 年出台的苹果公共政策数量相同，仅为 2 份。

此外，贵州省政府 2011 年至 2020 年共发布贵州苹果公共政策 12 份，本报告仍然从政策名称、发文单位、发文时间等方面对政策文本内容进行统计分析。关于贵州省政府出台的与苹果产业发展有关联的政策文件内容具体见表 9-10。

表 9-10 贵州省政府出台的苹果公共政策文件统计

序号	政策名称	发文单位	发文年份
1	省人民政府关于切实做好造林绿化工作力争 2020 年全省森林覆盖率达到 60% 的意见（黔府发〔2015〕35 号）	贵州省人民政府	2015
2	省人民政府办公厅关于打赢种植业结构战略性调整攻坚战的通知（黔府办函〔2018〕19 号）	贵州省人民政府办公室	2018
3	省人民政府办公厅关于印发贵州省生态扶贫实施方案(2017—2020 年) 的通知（黔府办发〔2018〕1 号）	贵州省人民政府办公室	2017
4	省人民政府关于支持黔南自治州加快推进绿色发展建设生态之州的意见（黔府发〔2019〕3 号）	贵州省人民政府	2019
5	省人民政府办公厅关于印发生态优先绿色发展森林扩面提质增效三年行动计划（2018—2020 年）的通知（黔府办发〔2018〕39 号）	贵州省人民政府办公室	2018
6	省人民政府关于加快发展新经济培育新动能的意见（黔府发〔2017〕11 号）	贵州省人民政府	2017
7	省人民政府关于加快推进农业机械化和农机装备产业发展的实施意见 (黔府发〔2019〕19 号)	贵州省人民政府	2019
8	贵州省人民政府关于修改《贵州省征占用林地补偿费用管理办法》的决定（省政府令 124 号）	贵州省人民政府	2011
9	贵州省人民政府关于修改《贵州省征收征用林地补偿费用管理办法》的决定（省政府令 171 号）	贵州省人民政府	2016

续表

序号	政策名称	发文单位	发文年份
10	贵州省人民政府关于修改《贵州省征占用林地补偿费用管理办法》的决定（省政府令 124 号）	贵州省人民政府	2011
11	《生态优先绿色发展森林扩面提质增效三年行动计划（2018—2020 年）》政策解读	贵州省人民政府	2018
12	省人民政府办公厅关于印发《绿色贵州建设三年行动计划（2015—2017 年）》的通知（黔府办发〔2015〕9 号）	贵州省人民政府办公室	2015

资料来源：贵州省人民政府官网，http://www.guizhou.gov.cn/。

在贵州省政府出台的促进苹果发展的公共政策当中，总共包含四种政策类型，即“通知”“意见”“决定”“计划”。贵州省政府出台的不同类型的苹果公共政策数量占比各不相同，在贵州省出台的 12 份公共政策当中，“通知”类型与“意见”类型的公共政策数量最多，分别占贵州省政府出台政策总数的 33.3%。“决定”类型的公共政策数量占比为 25%，“计划”类型的公共政策数量占比为 8.7%。关于贵州省不同类型的公共政策数量统计情况具体见 9-11。

表 9-11 贵州省政府不同类型的苹果公共政策数量占比统计

项目	通知	意见	决定	计划
数量	4	4	3	1
占比	33.3%	33.3%	25%	8.4%

资料来源：贵州省人民政府官网，http://www.guizhou.gov.cn/。

不同类型的公共政策数量各不相同。其中“通知”类型与“意见”类型的公共政策数量最多，均为 4 份。“决定”类 3 份，“计划”类 1 份。在贵州省政府出台的苹果公共政策文本类型当中，每种类型的政策数量大致相同，政策类型的占比相差不大。

贵州省政府在不同时间段的发文数量各不相同，在贵州省政府已出台的 12 份苹果公共政策文件当中，2011 年、2015 年、2017 年与 2019 年出台的公共政策占比相同，均为 16.7%。2016 年的公共政策数量占比 8.3%，2018 年的公共政策数量占比最高，为 25%。2012 年、2013 年、2014 年、2020 年的公共政策占比为 0。关于贵州省政府在不同年份出台的苹果公共政策数量占比统计情况具体见表 9-12。

表 9-12 不同年份的黔南州苹果公共政策数量统计

年份	2011	2012	2013	2014	2015	2016	2017	2018	2019	2020
数量	2	0	0	0	2	1	2	3	2	0
占比	16.7%	0%	0%	0%	16.7%	8.2%	16.7%	25%	16.7%	0%

资料来源：贵州省人民政府官网，http://www.guizhou.gov.cn/。

除上述贵州省各级政府部门之外，黔西南州政府与遵义市政府 2011 年至 2020 年各出台一份公共政策用以推动贵州苹果产业发展与保护。通过对贵州省各级政府有关苹果公共政策的分析发现，毕节市、黔南州政府的政策引领作用发挥比较明显，遵义市、黔西南州政府的苹果公共政策有待进一步完善。

B10

贵州苹果产业公共技术发展报告

钟　蕾[1]　邓云江[2]　邓昭祥[3]

摘　要： 公共技术是统筹于各生产企业组织形式、生产方式、品牌建设、市场投放、产品使用等阶段的社会公有技术，具有共享性、无排他性、非营利性和创新性等特性。贵州苹果产业虽已有100余年的历史，但其种植公共技术、检测公共技术、创新公共技术发展起步较晚。本报告从贵州苹果产业及其公共技术、产业公共技术体系构成等方面对贵州苹果产业公共技术发展现状进行整理发现，贵州苹果种植公共技术发展呈现出三大特点：一是最早较为全面记载种植公共技术是在1982年以书籍形式出现；二是现阶段贵州苹果产业种植公共技术发展较为突出的是"威宁苹果"和"长顺高钙苹果"，两种品牌苹果的期刊报道较多，特别是"威宁苹果"；三是在现有国内已报道期刊中，大多数集中在2010年以后的这10年，特别是2015年以后，大批相关期刊的报道可以说是贵州苹果种植公共技术期刊报道高密度发展期。

关键词： 贵州苹果产业；公共技术；公共技术体系；公共技术发展

1　钟蕾，女，贵州省地质矿产中心实验室助理工程师。研究方向：农业残留、环境有机分析。

2　邓云江，男，贵州省地质矿产中心实验室，高级工程师。研究方向：环境有机、水质、岩石矿物分析。

3　邓昭祥，男，贵州省地质矿产中心实验室，工程师。研究方向：土壤、水质等分析检测。

一、贵州苹果产业及公共技术

（一）贵州苹果产业发展简介

贵州苹果种植历史悠久，据《威宁自治县志》记载，早在1904年，威宁县中河乡回族引进苹果种植，便有了贵州苹果种植的历史。据资料记载，自1957年开始，贵州省内大量发展苹果栽种产业，其中，威宁、水城、毕节、赫章等地作为产区的集中产地，产量高且品质优；种植品种主要是金冠、元帅、红星、富丽等150余种引进品种[1]。20世纪七八十年代，是贵州苹果产业发展的第一个上升阶段，产品质量、产量及社会知名度得到一定提升和肯定，特别是威宁苹果，1973年，威宁苹果获得“全国外销苹果基地现场会优良品种（系）鉴评”“贵州省优质农产品”等荣誉称号。“十一五”以来，伴随省委省政府对打造精品水果种植、优质农产品的高度重视，贵州苹果产业得到进一步发展，正逐步形成以红富士2001、黔选2号、黔选3号等适合贵州栽培的品种为主要栽种品种，并形成以威宁县、桐梓县、长顺县为主的贵州苹果产区，贵州苹果产业正朝着标准化、规范化、产业化发展。

贵州苹果产业经过长期发展，形成“威宁苹果”“长顺高钙苹果”“桐梓苹果”等产业模式和品牌发展，已成为我国苹果种植优势产区之一。以“威宁苹果”为例，其以糖心苹果著称，在贵州苹果发展史中扮演主角，当地政府高度重视其发展，不断挖掘其品牌特色和发展路线，突破苹果产业经济价值；带动农户发家致富，提升其社会价值；荒地变果林，提升生态价值。自2017年获得国家地理标志产品保护以来，“威宁苹果”产业得到良好发展，其公共品牌也逐步建立和发展起来，种植规模逐渐扩大，产品形态也从苹果初级农产品发展到苹果汁等多元化深加工产品，形成精品苹果产业示范带及全产业链发展格局。

（二）公共技术

1. 公共技术的定义

从狭义上讲，公共技术是指某一行业中，公共部门针对企业之间、企业与产品使用者之间信息不对称、企业创新过程中各类资源不可或缺导致的技术瓶颈等问题，提供的技术资源、生产及运用条件。在企业生产过程中，技术私有化会降低公共技术的溢出效应。随着科技的迅速发展，公共技术定义范围越来越广泛。广义上讲，公共技术是指某行业中，除已获得知识产权保护的垄断性技术外的技术资源、生产、运用条件[2]。

2. 公共技术的意义及其重要性

产权归属方面，公共技术与公共产品类似，归属于社会公众，非任何个人独有，具有非私有化特性，但与知识产权一样受产权保护，且具有创新意识。公共技术表现形式主要包括以下四种：一是相关书籍、报纸、杂志、专利文献等公开出版物内已发表的技术；二是相关录音录像、摄像图片等其他有形物上已发布的技术 — 科学技术；三是在社会领域已投入实际生产和生活，已在相关领域得到实际应用的技术；四是相关领域内较有名望的专家通过广播、交谈等方式传播的技术。

在各行业中，公共技术统筹于各企业组织形式、生产方式、品牌建设、市场投放、产品使用等阶段，共享性、无排他性、非营利性、创新性等是其特性。公共技术作为产业发展的技术支撑，是行业中技术平台 — 市场 — 科技转化良好衔接的关键环节。公共技术供给广度和深度的提升，将提高行业公共效率、改善产业结构、增强消费者信心、促进经济体制改革及引导社会投资等。

（三）贵州苹果产业与贵州苹果产业公共技术

产业与其公共技术之间存在着相辅相成、密不可分的关系。一方面，产业要发展就需要技术支撑，产业发展离不开其公共技术，产业采用公共技术解决企业发展瓶颈、技术信息不对称等实际难题。产业形成其公共技术体系，呈现其发展规律。另一方面，公共技术不能脱离产业孤立存在，需要具体产业作载体，发挥其价值，离开产业的公共技术是难以实施、无落脚点的公共技术，公共技术通过产业发展，实现其经济价值、社会价值、生态价值。因此，只有产业与公共技术相互结合，才能共同推进产业更好更快地发展。

贵州苹果产业发展离不开其产业公共技术，产业发展及其品牌建设需要公共技术作支撑。一般来讲，对任意一家贵州苹果的企业来说，从决定种植果树到产品进入市场主要贯穿以下几个发展阶段：苹果选种育种、栽培、病虫害防治、采摘运输、贮藏保鲜、线上线下销售、售后服务、产品感官、理化指标检测、产品安全指标质量控制、产品品牌建设、初级产品精加工等。以上各发展阶段均需要企业具备相应技术，但任何一家企业在创业初期要拥有全套的技术装备和人才储备是不太现实的。此时，相关农业部门、行业协会、行业合作社等公共部门可将已掌握的苹果产业公共技术以不同形式传达至企业，企业通过吸收和应用公共技术，从而减小企业运行阻力，缩小相关企业差距，实现共同进步、共同发展。

贵州苹果产业公共技术需要贵州苹果产业实现价值。贵州苹果产业公共技术，不是企业将公共技术在产品生产等环节上的生搬硬套，而是为企业办实事。苹果产业公共部门掌握解决产业发展瓶颈难题的公共技术，通过对苹果产业涉及企业进行技术指导培训、宣传教育、交流学习等方式，解决企业公共技术不对称等问题，实现公共技术输出和供给。公共技术的应用和推广是苹果产业良好发展和品牌建立的助燃剂，是公共利用率提升、引导社会投资、增强消费者信心等价值的体现。

二、贵州苹果产业的公共技术体系构成分析

建立完善的公共技术体系是公共技术供给、应用和推广效率最大化的有效途径。公共技术体系的建立主要有公共部门组建、公共技术平台及其管理小组、技术小组组建等几个关键环节。其中，公共部门是公共技术体系构建的领导者、公共技术平台是灵魂、公共技术平台管理小组和技术小组是执行者。

公共部门的组建是贵州苹果产业公共技术体系构建的关键节点，只

有建立公共部门才能勾画公共技术体系蓝图。因此，公共部门在公共技术体系构建中扮演全面统筹的角色。公共部门作为贵州苹果产业公共技术平台的组织单位，既要负责建立和管理好管理小组和技术小组，又要负责收集企业生产过程中产生的难点并衔接相关科研单位完成科研成果转化，最终实现产业公共技术平台 — 市场 — 科技成果的转化。公共部门应该成立专门工作领导小组，工作领导小组成员需由相关农业部门、相关行业协会、合作社、苹果产业相关专业科研院所及其研发团队代表等组成。

管理小组作为贵州苹果产业公共技术平台的管理核心，应做好相关管理工作。管理小组建议暂时设定财务、人事、宣传、信息化建设、培训与考核、技术创新等各岗位，要求各岗位间合理分工、职责分明。其主要职能除较为熟知的财务、人事、宣传外，需新增信息化建设、培训与考核、技术创新等职能，以全面配合相关技术部门，共同推进公共技术平台建设和发展。信息化建设的主要职能是通过计算机技术建立集企业咨询、相关技术领域、技术服务类型等于一体的公共技术平台。其中，培训与考核主要是了解和收集企业需要解决的普遍技术问题，对应选取相关培训内容，组织相关公共技术培训会及培训结果考核等工作；技术创新主要职能是针对产业发展瓶颈问题进行创新技术研发，如苹果产业发展中存在苹果加工产品的研发等工作。

技术小组作为贵州苹果产业公共技术平台的技术支撑，应做好相关技术服务工作。技术小组建议暂定为苹果产业选种育种、栽培、病虫害防治、采摘、贮藏保鲜、销售及售后、产品品质检测、产品质量检测、品牌建设、精细加工、创新研发等岗位。技术小组岗位职责有别于管理小组岗位职责，要求各岗位能从岗位自身职责出发解决企业生产过程中的关键性、普遍性技术问题，以公共技术促进实际生产，以技术引领规范生产，推动产业规模化、标准化、规范化发展。

三、贵州苹果产业公共技术的发展现状

近年来，随着省委省政府对精品水果产业发展的高度重视，苹果种植业在全省铺开，种植面积逐年增长，产业发展迅速，形成部分产业公共技术。现就贵州苹果产业发展过程中主要公共技术点及其公共技术发展状况总结如下。

（一） 贵州苹果种植公共技术发展情况

贵州苹果产业已具备一定产业种植公共技术，并以书籍、期刊等不同形式发表，现就文献资料统计情况，对贵州苹果种植公共技术、威宁苹果种植公共技术、长顺苹果种植公共技术进行总结和归纳。

贵州苹果种植公共技术归纳：1982 年，由中国农业科学院果蔬研究所编撰的《贵州苹果的生态条件和育种进展》，记录了贵州苹果近代发展史、种植品种、种植技术等信息，是贵州苹果公共种植技术较早的一本教材。1999 年由贵州“绿色证书”培训教材编辑委员会编撰的《主要果树栽培技术》一书中，详细介绍了苹果等果树育苗、发育、病虫害防治、剪枝蔬果等栽培技术。2011 年，王瑜等人发表的《贵州不同海拔示范园三个苹果品种的光合特性》一文中，以遵义市、长顺县、威宁县三个不同海拔示范园为基础，研究了 3 个苹果品种的光合作用，得出 3 个苹果品种光合作用能力随海拔升高而升高的结论。2018 年，冯建文等人发表的《贵州山地苹果高效栽培技术》一文中，详细列出适宜贵州山地种植苹果品种及其品质特色，并总结出山地苹果建园技术、整形修剪、土肥水管理、苹果花果管理、果实采摘、常见病虫害防治。

威宁苹果种植公共技术归纳一：2011 年，韩秀梅等人发表的《7 个苹果新品种在贵州威宁引种试验初报》一文中，对威宁县新引进品种适应情况进行试验、分析，最终确定适宜推广种植品种。2012 年，张艳等人发表的《威宁精品苹果生态习性与区划》一文中，对苹果发芽期、果实膨大期等生态习性进行分析，并对威宁县所产精品苹果进行种植适宜度区划，为贵州精品苹果种植提供判断条件。2012 年，牟东岭等人发表的《贵州威宁苹果产业现状与发展措施》一文中，详细分析了威宁苹果产业基本情况、产业发展优势、产业发展存在问题，为威宁苹果产业今后发展提供了有效意见和建议。2017 年，马永林发表的《贵州威宁苹果白粉病防治方法》一文中，针对苹果常见白粉病病害特点、防治方法等进行研究和总结。2018 年，肖萧等人发表的《威宁县发展苹果产业气候条件适应性分析》一文中，建立了一种化学防治方法，可以对苹果早期落叶病实现有效控制。

威宁苹果种植公共技术归纳二：2017 年，李顺雨等人发表的《2016 年威宁县新增苹果种植情况调查研究》一文中，以威宁县种植苹果的 18 个乡镇为研究基础，对其种植面积、苗木成活率及其生长情况进行统计，完成苗木成活率影响因素分析；从间作物、整地定植、定植管理等方面分析苗木生长情况，最终得出苹果种植改进措施，为贵州苹果产业发展提供了种植技术参考。2017 年，李顺雨等人发表的《贵州威宁苹果苗木管理技术》一文中，针对威宁县苹果种植现状总结出苹果种植苗木选择与定植、田间管理、肥水管理等技术要点。2017 年，李顺雨等人发表的《威宁县苹果病虫害防治技术》一文中，建立了一种生物、物理防治为主，化学防治为辅的病虫害防治方法，可以对白粉病、早期落叶病、蚜虫类和红蜘蛛类害虫等威宁苹果种植过程中的主要虫害进行预防和治理。2017 年，李顺雨等人发表的《威宁苹果产业发展现状与对策》一文中，分析了威宁苹果产业发展现状，并针对现状提出相应解决对策，为产业快速、健康发展提供了依据。

长顺苹果公共种植技术归纳：2011 年，邵昌余等人发表的《长顺县苹果早期落叶病防治用药研究》一文中，建立了一种推广性强的化学防治方法，可以对苹果早期落叶病实现有效控制。2011 年，陈家庄等人发表的《长顺红富士苹果生产技术》一文中，主要从园址选择、苗木定植、控冠促果、科学施肥、病虫害防治等方面进行归纳总结，提出了一套适合长顺县种植红富士苹果的生产技术。2014 年，丰佩明等人发表的《贵州长顺县苹果产业发展现状、对策与建议》一文中，针对长顺县苹果产业发展现状、产业自然优势条件、产业发展存在问题进行归纳总结，提出了相关发展建议及对策。

综上所述，贵州苹果种植公共技术发展呈现三大特点：一是最早较为全面记载种植公共技术是在 1982 年以书籍形式出现；二是现阶段贵州苹果产业种植公共技术发展较为突出的是“威宁苹果”和“长顺高钙苹果”，两种品牌苹果的期刊报道较多，特别是关于“威宁苹果”；三是在现有国内已报道期刊中，大多数集中在 2010 年以后的近 10 年，特别是在 2015 年以后，大批期刊的发表可以说是贵州苹果种植公共技术期刊报道高密度发展期。

（二） 贵州苹果品质公共技术

贵州苹果品质公共技术主要以贵州苹果品质质量要求、品质检测等公共标准或公共技术规范的制订来体现。2017 年 12 月 29 日，国家市场监督管理总局 (原国家质检总局) 发布关于批准对涉县黑枣等 30 个产品实施国家地理标志产品保护的公告 (原国家质检总局 2017 年第 117 号)，威宁苹果获得国家地理标志产品保护，成为贵州省内首个苹果地理标志产品，其质量技术要求也成为首个贵州苹果品质质量技术要求。2019 年，李顺雨等人起草的地方标准《威宁苹果 地理标志产品》(DB 5205/T 2—2020) 于 2020 年 1 月 2 日经毕节市市场监督管理局发布，并于 2020 年 3 月 1 日实施。该标准规定了威宁苹果品质要求指标、对应检测标准及其检测方法，具体见表 10–1。

表 10–1 《威宁苹果 地理标志产品》规定理化指标及其检测标准汇总

理化指标	指标规定值	检测方法	测定方法简述
可溶性固形物	≥ 13.0%	鲜苹果（GB/T 10651–2008）	手持糖量计测定 1~2 滴果样中可溶性固形物百分含量
总酸	≤ 0.40%	食品中总酸的测定（GB/T 12456–2008）	使用酸碱滴定法、pH 电位法进行测定

理化指标	指标规定值	检测方法	测定方法简述
还原糖	≥ 5.0%	食品中还原糖的测定（GB 5009.7–2016）	试样经去蛋白质后，进行直接滴定或高锰酸钾滴定法，根据消耗氧化试剂量计算还原糖量
维生素 C	≥ 1.0mg/100g	食品中抗坏血酸的测定（GB 5009.86–2016）	试样经偏磷酸溶液超声提取，经反相色谱柱 — 紫外检测器 — 高效液相色谱法测定，外标法定量

资料来源：作者依据《威宁苹果 地理标志产品》(DB 5205/T 2–2020) 汇总所得。

（三）贵州苹果卫生检测公共技术

在食品行业中，卫生指标是衡量食品安全与否的关键性指标，具有强制性，只有卫生指标达标，才能进入市场流通，是安全、健康饮食的重要依据。食品行业涉及卫生指标大致分为农药、兽药、重金属、抗生素、微生物、食品添加剂等几大类，每类卫生指标针对相关产品均有相对应的安全值。首先，安全值是一个量词，其来源是相关职能部门对某种卫生指标的化学结构、化学性质、用途、毒理学进行研究后，根据人体允许最大摄入量，再结合具体食品类别生产所需量的多少进行划分确定，如《食品安全国家标准 食品中农药最大残留限量》（GB 2763—2019）等。其次，判断途径则是技术人员采用具体检测方法，运用前处理、仪器等设备进行测定，实现对食品中的某种卫生指标进行提取、定性定量分析、测定值确定，再以安全值为判断依据，最终出具检测报告。产品卫生指标是否“达标”关乎人类健康，因此，产品进行卫生指标检测尤为重要。

卫生指标检测类别及数量根据所生产产品分类、生长环境、生产方式、生产要求等因素决定。如食用苹果属于种植业，则涉及重金属、农药等卫生指标。重金属、农药主要来源是土壤迁移、农药残留等，都存在安全隐患，确定检测类别后，再根据生长环境、生产方式、生产要求等因素确定检测指标数量。若苹果需进行绿色食品认证，则在苹果整个生长环境符合绿色食品产地环境要求的前提下，需符合《绿色食品 苹果》（NY/T 268—1995）卫生指标要求。本报告以现行有效《红富士苹果》

（NY/T 1075—2006）、《绿色食品 苹果》（NY/T 268—1995）等苹果行业标准中相关卫生指标参数为例，进行整理分析、汇总了两个行业标准中规定卫生安全指标参数名称及其规定限值，对应检测标准及其检测方法等信息，同时针对农药指标列举了《食品安全国家标准 食品中农药最大残留限量》（GB 2763—2019）规定限值，具体信息见表 10-2。

检测技术本身就是公共技术，只要检测指标有相应国家、行业、地方检测标准，检测单位具备相应检测仪器设备条件、人员检测能力，并通过国家认证委的认证考核，便可获得相关检测资质，可以给出具有法律依据的判断产品是否符合规定的结论。由表 10-2 可知，苹果卫生安全指标检测标准中涉及的检测仪器主要有气相色谱仪、液相色谱仪、气相色谱 — 串联质谱仪、电感耦合等离子体质谱、原子吸收光谱仪、原子荧光光谱仪等仪器设备。以上仪器设备就贵州省内检测单位来说，只有部分省、市级检测单位完全具备，获得相应资质的单位较少。

检测内容结合贵州省内现有检测单位实际情况，总结苹果卫生安全指标检测公共技术及贵州苹果产业公共检测技术发展现状，主要呈现以下特点：一是贵州苹果农药类卫生安全指标限值均小于或等于《食品安全国家标准 食品中农药最大残留限量》（GB 2763—2019）规定限值。二是贵州省内公共检测技术发展时间较晚，且起点较低，现阶段省、市级检测单位因具备相应检测设备和技术人才，公共检测技术发展相对较好，但县级以下公共检测技术受自身发展局限，略显单薄。三是贵州苹果相关检测单位大多只具备相应检测标准执行能力，检测方法创新力度、非标检测技术方法认证、检测标准制定和发布等公共技术发展较为薄弱。

表 10-2 《红富士苹果》（NY/T 1075—2006）和《绿色食品 苹果》（NY/T 268—1995）主要卫生安全指标限值、检测标准及方法汇总

卫生指标	指标来源	判断值 /（mg/kg）	MRL/（mg/kg）	指标分类	推荐检测标准	检测方法简述
敌百虫	《红富士苹果》（NY/T 1075—2006）	≤ 0.1	0.2	有机磷类杀虫剂、杀菌剂	1.《食品安全国家标准 水果和蔬菜中 500 种农药及相关化学品残留量的测定 气相色谱 – 质谱法》（GB 23200.8-2016） 2.《植物性食品中有机磷和氨基甲酸酯类农药多种残留的测定》（GB/T 5009.145-2003） 3.《植物源性食品中 208 种农药及其代谢物残留量的测定 气相色谱 – 质谱联》（GB 23200.113-2018） 4.《食品中有机磷农药残留量的测定》（GB/T 5009.20-2003） 5.《植物性食品中辛硫磷农药残留量的测定》（GB/T 5009.102-2003） 6.《植物性食品中有机磷和氨基甲酸酯类农药多种残留的测定》（GB/T 5009.145-2003） 7.《水果和蔬菜中 450 种农药及相关化学品残留量的测定 液相色谱 – 串联质谱法》（GB/T 20769-2008） 8.《蔬菜和水果中有机磷、有机氯、拟除虫菊酯和氨基甲酸酯类农药多残留》（NY/T 761-2008） 9.《进出口食品中毒死蜱残留量检测方法》（SN/T 2158-2008） 10.《出口水果中克菌丹残留量的检测 气相色谱法和气相色谱 – 质谱 / 质谱法》（SN/T 0654-2019）	1. 试样 – 乙腈匀浆提取 – 盐析离心 –Envi-18 小柱净化（乙腈：甲苯 3 ： 1），DB-1701 毛细管柱 – 气相色谱串联质谱（EI 源）仪测定。 2. 试样 – 丙酮水混合物 – 振荡 / 超声提取 – 二氯甲烷 – 液液萃取 –DB-5 毛细管柱 –FTD 检测器 – 气相色谱仪测定。 3. 试样 –QuEChERS 或固相萃取前处理 –CP-Sil 19 CB 毛细管色谱柱 – 气相色谱串联质谱（EI 源）仪测定。 4. 试样 – 水 – 丙酮混合溶液匀浆提取 – 分液漏斗盐析 – 液液萃取 – 过无水硫酸钠 – 定容 –FPD 检测器 – 玻璃填充柱 – 气相色谱仪测定。 5. 试样 – 索氏提取 – 石油醚：丙酮 1 ： 1- 液液萃取 – 取石油醚层 – 浓缩 – 定容 – 玻璃填充柱 – FPD 检测器 – 气相色谱仪测定。 6. 试样 – 水 ：丙酮 1 ： 2 振荡提取 – 液液萃取净化 – 浓缩 – 定容 –DB-5 毛细管柱 –FTD 检测器 – 气相色谱仪测定。 7. 试样 –QuEChERS 提取 –Sep-Pak 小柱净化（乙腈 ：甲苯 3 ： 1）– 浓缩 – 定容 –T3 色谱柱 – 高效液相色谱 – 串联质谱仪测定。 8. 试样 – 乙腈提取 – 浓缩 – 固相萃取柱净化 – 浓缩 –DB-1 及 DB-17 毛细管柱 –FPD 及 ECD 检测器 – 双塔双柱双自动进样器 – 气相色谱仪测定。注：FPD 为有机磷农药；ECD 为有机氯及其他农药。 9. 试样 – 乙酸乙酯或水 – 丙酮提取 – 液液分配萃取 – 固相萃取柱或凝胶色谱净化 –FID 检测器 – 气相色谱仪测定。 10. 试样 – 磷酸浸泡 – 乙腈提取 – 固相萃取净化 –HP-5 毛细管柱 –ECD 检测器 – 气相色谱仪测定或 HP-5 MS 毛细管柱 –EI 源 – 气相色谱 – 串联质谱仪测定
乐果	《红富士苹果》（NY/T 1075—2006）	≤ 1	1.0			
	《绿色食品 苹果》（NY/T 268—1995）	≤ 0.02				
倍硫磷	《红富士苹果》（NY/T 1075—2006）	≤ 0.05	0.05			
	《绿色食品 苹果》（NY/T 268-1995）	≤ 0.02				
毒死蜱	《红富士苹果》（NY/T 1075—2006）	≤ 1	1			
对硫磷	《红富士苹果》（NY/T 1075—2006）	≤ 0.01	0.01			
甲基对硫磷	《红富士苹果》（NY/T 1075—2006）	≤ 0.01	0.01			
辛硫磷	《红富士苹果》（NY/T 1075—2006）	≤ 0.05	0.3			
杀螟硫磷	《红富士苹果》（NY/T 1075—2006）	≤ 0.5	0.5			
	《绿色食品 苹果》（NY/T 268—1995）	≤ 0.02				
克菌丹	《红富士苹果》（NY/T 1075—2006）	≤ 15	15			

续表

卫生指标	指标来源	判断值/（mg/kg）	MRL/（mg/kg）	指标分类	推荐检测标准	检测方法简述
滴滴涕	《红富士苹果》（NY/T 1075—2006）	≤ 0.05	0.05	有机氯类杀虫剂、杀螨剂、杀菌剂	1.《食品安全国家标准 水果和蔬菜中 500 种农药及相关化学品残留量的测定 气相色谱－质谱法》（GB 23200.8-2016） 2.《植物性食品中 208 种农药及其代谢物残留量残留的测定》（GB 23200.113-2018） 3.《食品中有机氯农药多组分残留量的测定》（GB/T 5009.19-2008） 4.《植物性食品中有机氯和拟除虫菊酯类农药多种残留量的测定》（GB/T 5009.146-2008） 5.《水果和蔬菜中 450 种农药及相关化学品残留量的测定 液相色谱－串联质谱法》（GB/T 20769-2008） 6.《蔬菜和水果中有机磷、有机氯、拟除虫菊酯和氨基甲酸酯类农药多残留的检测方法》（NY/T 761-2004） 7.《黄瓜中百菌清残留量的测定》（GB/T 5009.105-2003）	1. 试样－乙腈匀浆提取－盐析离心 -Envi-18 小柱净化（乙腈：甲苯 3 ：1），DB-1701 毛细管柱－气相色谱串联质谱（EI 源）仪测定。 2. 试样 -QuEChERS 或固相萃取前处理 -CP-Sil 19 CB 毛细管色谱柱－气相色谱串联质谱（EI 源）仪测定。 3. 试样－适量水－丙酮－振荡提取－石油醚－振荡－转移至具塞三角瓶－浓缩－上凝胶色谱层析净化 -DB-5 毛细管柱 -ECD- 检测器－气相色谱仪测定。 4. 试样－丙酮：石油醚 1 ：1 匀浆法提取－液液萃取－弗罗里硅土柱净化－浓缩－定容－毛细管柱 -ECD 检测器－气相色谱仪测定 5. 试样 -QuEChERS 提取 -Sep-Pak 小柱净化（乙腈：甲苯 3 ：1）－浓缩－定容 -T3 色谱柱－高效液相色谱－串联质谱仪测定。 6. 试样－乙腈提取－浓缩－固相萃取柱净化－浓缩 -DB-1 及 DB-17 毛细管柱 -FPD 及 ECD 检测器－双塔双柱双自动进样器－气相色谱仪测定。注：FPD 为有机磷农药；ECD 为有机氯及其他农药。 7. 试样－丙酮－匀浆法提取－分液漏斗－液液萃取－浓缩至 5Ml－过弗罗里硅土柱净化－浓缩－玻璃填充柱 -ECD 检测器－气相色谱仪测定
	《绿色食品 苹果》（NY/T 268—1995）	≤ 0.05				
敌敌畏	《红富士苹果》（NY/T 1075—2006）	≤ 0.2	0.1			
	《红富士苹果》（NY/T 1075—2006）	≤ 0.02				
六六六	《红富士苹果》（NY/T 1075—2006）	≤ 0.05	0.05			
	《绿色食品 苹果》（NY/T 268—1995）	≤ 0.05				
三氯杀螨醇	《红富士苹果》（NY/T 1075—2006）	≤ 1	1			
百菌清	《红富士苹果》（NY/T 1075—2006）	≤ 1	1			
多菌灵	《红富士苹果》（NY/T 1075—2006）	≤ 3	5	杀菌剂	《蔬菜及水果中多菌灵等 16 种农药残留量测定 液相色谱、质谱、质谱联用法》（NY/T 1453-2007）	试样－乙酸乙酯匀浆法提取－过滤－浓缩－硅胶柱净化－定容 -C18 色谱柱 -ESI 离子源－液相色谱－串联质谱仪测定
联苯菊酯	《红富士苹果》（NY/T 1075—2006）	≤ 0.5	0.5	菊酯类杀虫剂	1.《植物性食品中氯氰菊酯、氰戊菊酯和溴氰菊酯残留量的测定》（GB/T 5009.110-2003） 2.《植物性食品中有机氯和拟除虫菊酯类农药多种残留量的测定》（GB/T 5009.146-2008） 3.《进出口食品中联苯菊酯残留量的检测方法 气相色谱－质谱法》（SN/T 1969-2007） 4.《进出口食品中生物苄呋菊酯、氟丙菊酯、联苯菊酯等 28 种农药残留量的检测方法 气相色谱－质谱法》（SN/T 2151-2008） 5.《蔬菜和水果中有机磷、有机氯、拟除虫菊酯和氨基甲酸酯类农药多残留的测定》（NY/T 761-2008）	1. 试样－丙酮：石油醚 1 ：1 匀浆法提取－过活性炭柱净化－氮吹－定容－玻璃填充柱 --ECD 检测器－气相色谱仪测定。 2. 试样－丙酮：石油醚 1 ：1 匀浆法提取－液液萃取－弗罗里硅土柱净化－浓缩－定容－毛细管柱 -ECD 检测器－气相色谱仪测定。 3. 试样－正己烷丙酮混合溶液提取－凝胶渗透色谱－弗罗里硅土柱净化 -D P-5 MS 毛细管柱 -EI 源－气相色谱－串联质谱仪测定。 4. 试样－乙腈水混合溶液提取－乙酸铵盐析－乙腈层 -C18 等固相萃取柱净化 -H P-5 MS 毛细管柱 -EI 源－气相色谱－串联质谱仪测定。 5. 试样－乙腈提取－浓缩－固相萃取柱净化－浓缩 -DB-1 及 DB-17 毛细管柱 -FPD 及 ECD 检测器－双塔双柱双自动进样器－气相色谱仪测定。注：FPD 为有机磷农药；ECD 为有机氯及其他农药。
溴氰菊酯	《红富士苹果》（NY/T 1075—2006）	≤ 0.1	0.1			
氯氟氰菊酯	《红富士苹果》（NY/T 1075—2006）	≤ 0.2	0.2			
氯氰菊酯	《红富士苹果》（NY/T 1075—2006）	≤ 2	2			
氟氯戊菊酯	《红富士苹果》（NY/T 1075—2006）	≤ 0.5	0.5			

续表

卫生指标	指标来源	判断值 /（mg/kg）	MRL/（mg/kg）	指标分类	推荐检测标准	检测方法简述
代森锰锌	《红富士苹果》（NY/T 1075—2006）	≤ 5	5	杀菌剂	《出口水果中二硫代氨基甲酸酯残留量检验方法》（SN 0157–1992）	试样 – 匀浆 – 氯化亚锡 – 顶空法 – 玻璃柱 –ECD 检测器 – 气相色谱仪测定
灭多威	《红富士苹果》（NY/T 1075—2006）	≤ 2	0.2	氨基甲酸酯类杀虫剂	1.《植物源性食品中 9 种氨基甲酸酯类农药及其代谢物残留量残留的测定 液相色谱 – 柱后衍生法》（GB 23200.112–2018） 2.《植物性食品中有机磷和氨基甲酸酯类农药多种残留的测定》（GB/T 5009.145–2003） 3.《食品安全国家标准 水果和蔬菜中 500 种农药及相关化学品残留量的测定 气相色谱 – 质谱法》（GB 23200.8–2016）	1. 试样 – 乙腈匀浆提取 – 具塞量筒振荡 – 固相萃取柱净化（甲醇 – 二氯甲烷混合溶液）–C18 反相柱 – 荧光检测器 – 高效液相色谱仪测定 2. 试样 – 丙酮水混合物 – 振荡 / 超声提取 – 二氯甲烷 – 液液萃取 –DB–5 毛细管柱 –FTD 检测器 – 气相色谱仪测定 3. 试样 – 乙腈匀浆提取 – 盐析离心 –Envi–18 小柱净化（乙腈：甲苯 3 ： 1），DB–1701 毛细管柱 – 气相色谱串联质谱（EI 源）仪测定
多效唑	《红富士苹果》（NY/T 1075—2006）	≤ 0.5	0.5	生长调节剂类农药	1.《水果和蔬菜中 450 种农药及相关化学品残留量的测定 液相色谱 – 串联质谱法》（GB/T 20769–2008） 2.《植物性食品中 208 种农药及其代谢物残留量残留的测定 气相色谱 – 质谱联》（GB 23200.113–2018）	1. 试样 –QuEChERS 提取 –Sep–Pak 小柱净化（乙腈：甲苯 3 ： 1）– 浓缩 – 定容 –T3 色谱柱 – 高效液相色谱 – 串联质谱仪测定 2. 试样 –QuEChERS 或固相萃取前处理 –CP–Sil 19 CB 毛细管色谱柱 – 气相色谱串联质谱（EI 源）仪测定
三唑酮	《红富士苹果》（NY/T 1075—2006）	≤ 0.5	1	三唑酮类杀菌剂		
草甘膦	《红富士苹果》（NY/T 1075—2006）	≤ 0.1	0.5	除草剂	1.《植物性产品中草甘膦残留量的测定 气相色谱 – 质谱法》（GB/T 23750–2009） 2.《食品中草甘膦残留量测定》（NY/T 1096–2006） 3.《进出口食品中草甘膦残留量的检测方法 液相色谱 – 质谱 / 质谱法》（SN/T 1923–2007）	1. 试样 – 水匀浆法提取 – 阳离子交换柱净化 – 衍生化反应 –DB–5MS 毛细管柱 EI 源 – 气相色谱 – 串联质谱仪测定 2. 试样 – 水匀浆法提取 – 阳离子交换柱净化 – 衍生化反应 –DB–5MS 毛细管柱 EI 源 – 气相色谱 – 串联质谱仪测定 3. 试样 – 水匀浆法提取 – 阳离子交换柱净化 – 衍生化反应 – C18 色谱柱 –ESI 离子源 – 液相色谱 – 串联质谱仪测定

续表

卫生指标	指标来源	判断值/（mg/kg）	MRL/（mg/kg）	指标分类	推荐检测标准	检测方法简述
铅（以Pb计）	《红富士苹果》NY/T 1075—2006	≤ 0.2	–	重金属	食品中铅的测定（GB 5009.12–2017）	样品 – 消解 – 石墨炉原子化 – 原子吸收光谱法测定 样品 – 消解 – 络合反应 – 萃取分离 – 原子吸收光谱法测定 样品 – 消解 – 电感耦合等离子体质谱法测定 样品 – 消解 – 络合反应（二硫腙）– 分光光度法测定
	《绿色食品 苹果》（NY/T 268—1995）	0.05				
镉（以Cd计）	《红富士苹果》NY/T 1075—2006	≤ 0.03			食品中镉的测定（GB 5009.15–2014）	样品 – 灰化或消解 – 石墨炉原子化 – 原子吸收光谱法测定。
	《绿色食品 苹果》（NY/T 268–1995）	≤ 0.03				
汞（以Hg计）	《红富士苹果》NY/T 1075—2006	≤ 0.01			食品中总汞及有机汞的测定（GB5009.17–2014）	样品 – 消解 – 还原 – 原子荧光光谱分析法测定 样品 – 消解 – 还原原子 – 冷原子吸收光谱法 样品 – 超声提取 –C18 柱分离 – 紫外消解 – 还原反应 – 原子荧光光谱法
	《绿色食品 苹果》（NY/T 268—1995）	≤ 0.005				
氟（以F计）	《红富士苹果》NY/T 1075—2006	≤ 0.5	–	重金属	食品中氟的测定（GB 5009.18–2003）	样品 – 扩散盒内 – 酸化 – 氢氧化钠吸收 – 络合反应 – 氟试剂比色法测定 样品 – 硝酸镁固定氟 – 灰化 – 整流分离氟 – 氢氧化钠吸收 – 络合反应 – 氟试剂比色法测定
砷（以As计）	《绿色食品 苹果》（NY/T 268—1995）	≤ 0.1			食品中总砷及无机砷的测定（GB 5009.11–2014）	样品 – 消解 – 电感耦合等离子体质谱法测定 样品 – 消解 – 硫脲还原 – 硼氢化钠还原 – 砷化氢 – 原子荧光光谱法测定 样品 – 消化 – 还原三价砷 – 氢化反应成砷化氢 – 银盐吸收法测定
	《红富士苹果》NY/T 1075—2006	≤ 0.5				
铜（以Cu计）	《红富士苹果》NY/T 1075—2006	≤ 10			食品中铜的测定（GB 5009.13–2017）	样品 – 消解 – 石墨炉原子化 – 原子吸收光谱法测定 样品 – 消解 – 火焰炉原子化 – 火焰吸收光谱法测定 样品 – 消解 – 电感耦合等离子体质谱法测定

资料来源：作者依据相关文献资料汇总所得。

四、贵州苹果产业公共技术发展中存在问题

（一）公共技术部门的统筹管理欠缺

贵州苹果几大产区内虽已成立相关合作社或协会，能够对产区内苹果种植企业及农户提供苗木购买、苗木栽植、病虫害防治、肥水管理等基础技术方面的指导。当产业发展需要存储、冷链运输、初级加工、精细加工等新元素融入；产业产品特色突出，社会投资人有投资产业意向；新产品投入市场前，需做好增强消费者购买信心；产业需做出改善产业结构、引导社会投资、推广产品创新农技体系等方面决策；合作社或协会由于存在功能不健全、服务领域有限、覆盖范围小等问题，就略显能力薄弱，缺乏有力的引导和统筹作用。因此，对于苹果产业长期发展和品牌推广来说，提高公共技术部门的统筹管理能力和公共技术平台的建立具有十分重要的意义。

（二）部分公共技术初步具备但供给效率有待提升

贵州苹果产业公共技术发展至今，公共技术虽然已初步具备，但存在供给效率过低而导致技术覆盖面不够广的问题。究其原因，有以下几点：一是产业发展过快，苹果产业作为贵州精品水果培育和发展对象之一，近十几年内实现种植面积翻倍增长，产业发展过快，技术水平跟不上形势的发展；二是专业技术人员数量与产业发展不匹配，产业发展呈线性增长，技术人员则呈指数增长，短期内难以支撑产业技术发展；三是公共技术普及方式和力度有待加强，传统公共技术可能是通过宣传手册、图书、报纸等形式，以较为专业的角度进行普及和宣传，忽略种植农户的教育水平和接受程度。

五、意见和建议

（一） 构建贵州苹果公共技术平台，全面推动产业健康发展

公共技术平台的建立是公共部门连接企业与企业、企业与消费者之间的纽带，是推动贵州苹果产业发展、公共品牌建立和推广的有效途径。因此，公共技术平台的建立对于产业发展、公共品牌建立具有十分重要的意义。公共技术平台建立的关键在于公共部门的确立，公共部门则是由明确产业发展规划和趋势、具备统筹布局能力、熟练掌握产业技术要点的政府部门或社会组织构成。这些组织是产业未来发展的掌舵人，因此，其不是某个龙头企业代表也不是某个行政部门，它应该由相关技术部门、合作社、协会等社会组织共同组成，是具有权威性、引导性、技术性、创新性的社会组织。

贵州苹果公共技术平台的建立不能急于求成。由于贵州省内几大苹果产区的发展规模及现状不一致，建立统一技术平台无法很好地起到推动整体产业发展的作用，因此，可以考虑从局部产区带动整体产区入手，比如，先在威宁苹果产区建立技术平台，为企业提供技术讲座、宣传培训等，从而整体提高农户种植技术水平，推动产业向规范化、标准化发展；企业通过平台提升产品社会知名度、拓宽销售途径、推广特色产品，共同塑造威宁苹果品牌建立。

（二） 加大新技术、新设备投入力度，迎接贵州苹果产业新挑战

创新是发展的灵魂支柱，这一理念同样适用于公共技术。冷链保鲜技术解决了威宁苹果远销至香港、澳门的技术难题，冻干技术则解决了苹果在不破坏营养价值的前提下提升口感的技术突破，使人们不断品尝到新的产品，促进了苹果产业链的延伸和拓展。贵州苹果产业目前以种植业为主，绝大多数仍停留在销售初级农产品阶段，面对销售市场的激

烈竞争，只有自身创新意识觉醒，只有不断挖掘新技术、购置新型仪器设备、引专业人才、挖掘新产品，才能避免产业走入行业瓶颈，做好准备才能更好地迎接挑战。

（三）建立长效机制，贵州苹果产业焕发新活力

产业要标准化、规模化、规范化发展，建立长效机制是关键。长效机制建立主要体现在以下三个方面：一是针对农户种植技术方面，形成系统的管理体系，加强农户公共技术教育、培训和考核，注重其公共技术应用能力的提升。二是针对产业内部企业、种植大户，制定奖惩分明的激励制度。苹果产业是长期投资项目，前期需要不断投入大量资金和人力，激励制度可以打消企业的消极想法和慵懒意识，增强企业、种植大户的创业信心、创新意识。三是针对整体产业来说，可以构建内部帮扶机制，提升公共技术供给，缩小产区间技术差距，突出整体规范管理。建立长效机制并充分发挥其作用，产业将呈现更深层次、更长远的发展，取得更好的经济、社会效益。

参考文献：

[1] 毛陈诚， 胡树华 . 我国公共技术供给研究评述 [J]. 科学管理研究，2014，32（2）：5-8.

B11

贵州苹果产业发展公共服务报告

陶玉鑫　王洪亮[1]　周金忠[2]

摘　要： 苹果作为一种栽培历史长、品种种类多的种植作物，在贵州乃至全国的水果生产与消费中都占据着举足轻重的地位，近年来贵州苹果产业的发展如火如荼，产量水平逐年稳步增长、种植模式逐渐向高效集约化发展。贵州苹果产业的发展同公共服务的加强是相辅而行的，公共服务与贵州苹果产业发展的有机结合，不仅有利于协助公共服务措施的完善、推动公共服务的建设，更有利于贵州苹果产业优质高效地发展。本报告简要梳理了贵州苹果产业公共服务的主体及其职能，分析了贵州苹果产业发展公共服务现存问题，并提出了解决这些问题的对策。

关键词： 贵州；苹果产业；公共服务

一、贵州苹果产业与公共服务

公共服务一般包括广义和狭义两个层面的含义。在广义上，政府使用公共资源从事的几乎所有工作都可以视为公共服务；而狭义上则认为公共服务是指具有公共性或准公共性，用于支撑经济社会正常运转、直接满足全体或部分公民生活和发展共同基本需求的服务项目以及提供服务的过程[1]。苹果作为一种传统的种植作物，在贵州乃至全国的水果生

1 王洪亮，男，贵州省农业农村厅农业科教发展中心，农艺师。研究方向：农业经济管理。

2 周金忠，男，毕节市农业农村局经济作物工作站副站长，高级农艺师。研究方向：果蔬栽培。

产与消费中都占据着举足轻重的地位，近年来，由于苹果种植技术进步和政策扶持力度加大等多种因素的影响，贵州苹果产业的发展如火如荼。事实上，贵州苹果产业的发展同公共服务的加强是相辅而行的，一方面，苹果产业的发展离不开公共服务的支持与贡献，苹果生产的基础设施、栽培技术、产品检测、商标与品牌建设等都需要公共服务的参与；另一方面，苹果产业的发展也推动着公共服务的建设，保护苹果产业的发展同样也保护着公共服务措施的完善，在抓好贵州苹果产业的同时也提供了更多的就业岗位、改善了农村公共基础设施中诸如交通、水利、产业基地等的管护，这不仅拓宽了公共服务的建设道路和服务领域，也促进了公共服务目标的实现。因此，要想标准化、科学化、规范化地发展贵州苹果产业，达到消除贫困、改善民生、以人民美好生活需要为导向的公共服务目标，就离不开贵州苹果产业发展与公共服务有价值、有效率的整合衔接。

二、贵州苹果产业公共服务主体及其职能

苹果作为一种栽培历史长、栽培面积广的水果，在贵州已经成为助民增收、脱贫致富的支柱产业之一，苹果产业的生产过程不仅提供了更多的就业岗位，更完善了以农田水利建设为主的农业基础设施建设，实现了为农民增收、给农业增效和让农村和谐发展并推动贵州经济发展的目标。在苹果产业中，对苹果产品品牌的保护模式和申请渠道并非是单一的，主要分为由原国家质量监督检验检疫总局批准的苹果地理标志保护产品、农业农村部批准的农产品地理标志，以及国家知识产权局商标局批准的苹果地理标志证明商标。因此，不同部门的职能差异构成了不同的保护制度，其中也就形成了多元化的公共服务主体[2]。下文从贵州苹果产业发展的公共服务主体入手，阐述各主体职能，以期为更好地探究贵州苹果产业发展公共服务的建设、探寻强化各主体间的和谐互动关系的对策思路打下基础。

（一）人民政府

在社会主义市场经济中，市场通过供求变化、价格杠杆、竞争机制等对社会资源进行配置，将资源配置到效益最好的环节中去；而人民政府则通过宏观经济调控保持宏观经济稳定、加强和优化公共服务、保障公平竞争、加强市场监管、维护市场秩序、推动可持续发展、促进共同富裕、弥补市场失灵。针对贵州苹果产业的发展建设，国家部委及省、市、县人民政府，依法全面履行政府职能，有的放矢地开展工作，在制定和颁布相关措施上秉持科学指导、因地制宜、精准施策，整体推进贵州苹果产业的发展。2017 年，长顺县人民政府办公室印发《长顺县强化扶持鼓励创业就业实施办法（试行）》，鼓励劳动者创业就业，规定对于苹果种植面积达 30 亩以上的劳动者，可以领取相关创业就业补贴；同年，长顺县人民政府办公室印发了《2017 年长顺县特色农业保险工作实施方案》的通知，推行包括高钙苹果在内的特色农业保险，增强苹果产业的抗风险能力，保障苹果产业的稳定发展；2016 年，中共长顺县委办公室及长顺县人民政府办公室印发了《长顺县现代高效农业园区招商引资优惠扶持政策（试行）》，给予符合条件的苹果种植企业、科研单位等财政扶持、税收扶持、信贷扶持、用地扶持，加大了苹果产业招商引资力度，推动了苹果产业的快速发展；2015 年，中共长顺县委及长顺县人民政府发布了《关于大力实施“5582”工程扎实推进农村经济发展的意见》，围绕长顺高钙苹果·绿壳鸡蛋产业园，以长寨镇、广顺镇为重点，辐射带动其他乡镇，形成长顺县高钙苹果种植产业区，促进了苹果产业的品牌打造与建立。

（二）科研部门

科研部门负责会同有关部门制定苹果产业专业人才队伍建设、开展专业人才服务基层活动的有关方案，促进贵州苹果产业向专业化、科技化、现代化发展，例如，2019 年，受贵州省人社厅委派，贵州省农业科学院果树科学研究所吴亚维副研究员赴威宁县开展苹果栽培技术培训，现场解答学员提问和询问，向学员传授技术要点。近 300 名基层农技人员参加了培训，通过专家与参训人员的互动交流，加深了学员对培训内容的认识和理解，践行“万名专家服务基层活动”，推动了贵州省苹果产业的发展；邀请专家对贵州苹果产业概况、对贵州苹果产业发展的思考及科研工作等进行学术交流，以此促进贵州苹果产品种植、加工技术的改进，并统筹规划贵州苹果产业发展路线；此外，会同有关部门邀请专家、学者帮助制定苹果产业发展规划及指导方针，例如，威宁县政府曾经多次邀请国家苹果产业技术体系、西北农林科技大学、贵州省农科院专家和学者，实地调研、论证，立足于威宁苹果产业现有基础，编制《威宁县现代苹果产业发展总体规划》。科研部门具有资源信息庞大、科技人才密集、前沿技术众多的优势，在担负科研任务和培育选拔人才的同时，也承担着贵州苹果产业公共服务的任务。

（三） 宣传部门

宣传部门负责苹果品牌的公共宣传工作，从确定公共宣传的目标，到确定公共宣传的信息与媒介，最后实施公共宣传计划，都需要宣传部门的参与。其通过电视、报纸、新媒体平台（如微信、微博等）、互联网等媒介向公众传递贵州苹果的相关信息，增加公众对贵州苹果产业的认知广度、提升贵州苹果的知名度，刺激市场需求，促进贵州苹果产业品牌化发展。

（四） 财政部门

财政部门负责办理补贴贵州苹果产业的相关资金，2015 年，中共长顺县委、长顺县人民政府发布的《关于大力实施“5582”工程扎实推进农村经济发展的意见》指出，县财政安排农业产业化资金 2000 万元，用于项目配套、品牌建设、市场开拓、防灾减灾和信贷贴息等，其中用于农业产业贷款贴息不少于 200 万元。财政部门依法保障资金的合理利用，防止骗取、截留、挪用、侵占补贴资金等违法违规行为的发生，做好相关资金的筹集、拨付、结算工作，通过财政补贴和其他支农惠农政策的有机结合，确保贵州苹果产业的发展。

（五）知识产权部门

知识产权部门负责提出苹果产品专利法及其实施细则的修改草案；研究相关的知识产权法规；组织制定苹果产品专利工作的规章制度；研究国外苹果产品相关知识产权发展动向；组织制定苹果产品专利信息网络规划；组织制定专利确权、侵权判断标准并指定管理确权机构；指导地方处理专利纠纷和查处冒充专利行为的工作；负责专利代理机构的审核、人员资格的确认；组织、推动苹果产品专利法及有关法规的宣传普及工作；规划苹果产品有关知识产权的教育与培训。

（六）环保部门

环保部门负责环境保护法律、法规在苹果种植区域的贯彻实施，对贵州苹果种植区域环境保护工作进行监督和指导，并进行直接管理；编制环境保护规划和计划，制定生产种植区内环境保护标准、污染防治对策；确定污染物总量控制的区域和指标，监督苹果产品生产企业在生产加工过程中是否造成了环境污染，调查处理重大污染事故和纠纷，对违反相应法律法规的，给予相应的惩罚，对推广环境保护先进经验和技术、发展环保苹果产业的生产商给予一定奖励。

（七）农业部门

农业部门负责指导贵州苹果的生产，组织构建现代化的苹果产业体系、生产体系、经营体系，将苹果种植科技知识与现代农业产业化、标准化生产技术相结合；负责苹果产品质量安全监督管理，组织开展苹果产品质量安全监测、追溯、风险评估，指导苹果产业检验检测体系的建设；负责组织苹果产业资源区划工作，指导苹果果园用地的保护与管理，将生态循环技术、节水技术引入苹果种植园区，推动贵州苹果产业的可持续、绿色发展；负责苹果产业有关生产资料和农用投入品的监督管理，依法监督管理相关肥料、农药的使用，并组织针对苹果病虫害的防控工作。

（八）市场监督管理部门

市场监督管理部门负责贵州苹果产业的综合监督管理，贯彻执行国家市场监督管理的方针、政策和有关法律法规，组织起草有关规范性文件，组织相关部门、企业、合作社等制定苹果地方标准，规范和维护市场秩序，营造诚实守信、公平竞争的市场环境。负责贵州省苹果企业、农民专业合作社和从事经营活动的单位、个人等市场主体的登记注册并实施监督管理，依法查处取缔无照经营；组织、监督和管理苹果产品的商标注册工作，依法保护商标专用权和查处商标侵权行为，协调处理商标争议事宜，加强贵州省内苹果产品著名商标的保护工作。

三、贵州苹果产业发展公共服务现存问题

（一）基础设施建设后续管护力度不够

贵州苹果产业发展存在基础设施建设后续管护力度不够的问题，一方面是贵州省部分县区种植户的管护意识不强，部分果园存在只种不管或粗放式管理，前三年投入资金少，重栽轻管现象较为严重，表现在整地质量差且整地后底肥施量不足，优质有机肥的施用量少，导致苹果树树势弱、生长慢[3]；另一方面是后续管护资金短缺，苹果种植地的水利、水电等农业基础设施不健全，苹果生产无法达到预期经济效益，直接削弱了群众的积极性，阻碍了贵州苹果产业发展。

（二）农业技术力量薄弱

贵州苹果产业发展缺乏相关专业基础支撑、农技力量薄弱，主要表现在以下几个方面：第一，专业技术人力资源匮乏。贵州省专门从事果树科研与生产推广的省级单位仅有贵州省果树科学研究所、贵州大学农学院等几家单位[4]，专门从事苹果方向研究的专家较少；第二，农户本身缺乏基层农技人员的专业培训与技术指导，管理指导与现实种植之间技术服务及业务脱节，后期技术服务跟不上生产需要；第三，苹果种植

所需相关设备不足。随着时代的发展，高效率的机械化作业是苹果果园种植快速发展不可或缺的一环，但是贵州部分果园苹果果树整形修剪专用机械、苹果果树套袋专用机械、自走式植保机、行间碎草机等设备的欠缺，成为拖缓苹果产业发展的原因之一。

（三）产品品牌化、服务体系化有待加强

目前贵州苹果产业的企业和合作社规模均相对较小，注册的品牌中稍有影响力的仅有“盛源红”牌高钙苹果，大多品牌缺少开拓市场、占领市场并获得利润的品牌影响力。各企业、合作社没有形成有效的产供销联合体，在产供销体系的服务过程中，由于其市场意识不强、小品牌多而不精，没有建立起消费者对贵州苹果的品牌偏好，在营销传播与工作上略逊一筹。

此外，贵州苹果还存在服务体系化亟待强化的问题。贵州苹果生产主体实力不强，大多为小农户而非经过专业培养的果农，专业素质较为缺乏，苹果生产存在抗市场风险能力低、统一的营销网络和品牌意识不强、信息化服务能力不强的缺陷，例如，缺乏统一的渠道及新媒体服务号进行消费者、市场与贵州苹果产业之间的信息传递、信息处理、信息开发与信息利用，制约了贵州苹果产业的发展。

四、解决贵州苹果产业发展公共服务现存问题的对策

（一）加大资金投入力度，强化后续管护

交通、水利、电力、农牧、国土、财政、扶贫等部门积极争取相关项目支持，解决贵州苹果产业的基础设施建设资金，整合项目资金投入苹果产业建设，对机耕道、生产便道、蓄水池、水利、沟渠管网、肥水一体化、冷库、滴灌系统、格架系统、防雹网等基础设施进一步加大投资建设，对原有退化和管护不善的苹果种植基础设施进行修复、流转和完善后再利用。解决苹果产业发展缺口经费问题，保证宣传资金及每年的管护资金，加大宣传力度和督促力度，调动管理效果较差果农的主动

性和自觉性，积极引导广大果农树立“三分种，七分管”的理念；加强技术培训，打造一批了解市场信息、系统掌握管理技术、具有现代经营理念的新型果农，以确保苹果果树修枝整形、追肥、病虫害防治等后续管理工作正常开展，增强通过发展苹果产业助民增收、示范带动的能力。

加大苹果产业发展的科技投入，以及苹果种植、加工过程中的生产投入，购置苹果种植所需机械化设备。立足贵州本土资源的同时着眼市场需求实施科研项目，研究开发新产品、新工艺，推动已有科研成果转化为果园间的实际指导与应用，增加苹果产品的科技含量，打牢贵州苹果产业做大做强的基础。

（二）完善技术队伍建设

聘请在苹果方面有建树的专家组成顾问组，科学编制规划，指导贵州苹果产业发展。扩充贵州苹果产业发展中心编制机构并完善基层服务团队，出台相关政策确保留住人才、合理利用人才。引进一批有技术、有经验的苹果栽培技术人员入驻贵州，对农业生产现场涉及苹果种植的农业服务中心人员、种植大户进行实地操作培训。奖励、鼓励技术推广机构和农业技术人员通过技术服务、技术承包、技术转让、技术入股等多种形式与龙头企业和果农进行合作。

（三）积极培育和扶持龙头企业

鼓励和支持多层次、多成分、多形式发展龙头企业；鼓励和支持有关企业、个体工商户、其他民间组织以及县、乡机关事业单位和个人创办龙头企业，建设区域化、专业化、规模化、标准化的果园，参与苹果产业化经营，建立苹果基地，从事加工、储藏、保鲜和运销。积极引进有实力的外地企业创办龙头企业，参与果品开发。在果品基地引导、支持建立农民专业合作经济组织。

（四）开启品牌创建，实施品牌战略

充分利用贵州苹果独特的优势打造公共区域品牌，通过参加省内外

甚至海外农产品博览会、推介会，宣传贵州苹果的竞争优势与相对合作优势，拓宽省内外、海内外市场，做大做强贵州苹果品牌，以品牌优势带动苹果产业快速发展。

（五）明确市场开拓思路及方案

一是明确苹果主要产品及其价格、渠道模式与经销商的分布、销售品种结构与销量及市场份额等基本情况；二是完善果品品牌、商标注册；三是建立健全果品质量安全标准体系，严格果品质量监控，实行果品全程质量可追溯制。四是引导和支持企业从事果品储藏保鲜、包装、加工等产后处理，提高产品附加值；五是系统规划区域市场发展蓝图，有的放矢地进行苹果产品推介，召开新闻发布会、产品推介会等活动。

（六）加强贵州苹果产业信息化程度，拓展销售渠道

加强贵州苹果产业信息化服务，首先要完善基础硬件，为基层站点配置电脑，使计算机占有率达到百分之百，建设依托农业大数据中心和电商办，充分利用现代传媒手段，进行苹果产品的网上销售；其次要建立贵州苹果产业网络服务体系，将国内外与苹果产业网上相关销售信息进行整合，形成具有贵州特色的网上销售信息体系，通过贵州苹果产品微信公众号、官方微博等新媒体平台宣传和公开信息，实现信息资源的传递与共享。除此之外，还要加强市场和信息体系建设，建立市场信息服务平台，公开苹果产品的产供销资讯，为市场主体提供全方位的信息服务，保证市场与生产信息传递准确、通畅，使种植户了解当前产业的发展状况，种植出迎合市场的苹果产品，以此促进贵州苹果产业发展。

五、总结与展望

随着贵州苹果产业标准化、体系化、市场化，种植模式由传统种植向高效集约化发展，其现代农业化进程越发快速，现代观光农业、旅游农业、设施农业、体验农业、创汇农业、网络农业已经成为大势所趋。

在此过程中，公共服务在推动贵州苹果发展的市场化，创造更多的农业就业岗位促进经济、社会发展等方面，具有不可替代的强大作用。随着当今公共服务意识逐渐增强，贵州苹果产业借助公共服务的引领必将最大限度地发挥苹果产品的溢出效应。

参考文献：

[1] 贺巧知 . 政府购买公共服务研究 [D]. 北京：财政部财政科学研究所，2014：27.

[2] 李发耀，石明，黄其松 . 薏仁米产业蓝皮书：中国薏仁米产业发展报告（2019）[M]. 北京：社会科学文献出版社，2019：174.

[3] 丰佩明，梁正英，胡娄燕，等 . 贵州长顺县苹果产业发展现状、对策与建议 [J]. 中国园艺文摘，2014(10):74.

[4] 杨华，吴亚维，韩秀梅，等 . 贵州苹果产业发展现状与建议 [J]. 农技服务，2016（8）：190.

B12
贵州苹果产业发展公共宣传报告

刘清庭[1] 谭贵艳[2]

摘　要： 贵州苹果产业从20世纪50年代开始起步，已过半个多世纪，从种植体量、市场辐射、产品加工等方面来看，贵州苹果产业与全国苹果多数产区存在一定差距。然而，贵州苹果产区坐拥得天独厚的地理环境及气候资源，苹果质量异常突出，这与贵州苹果的品牌知名度严重不匹配，原因之一在于宣传工作跟不上。公共宣传作为一种重要的营销手段，理应得到贵州苹果产区政府、企业以及各关联对象的重视。本报告从公共宣传的角度出发，概述贵州苹果产业公共宣传现状，分析公共宣传面临的问题，提出贵州苹果产业公共宣传的一些建议。

关键词： 贵州；苹果产业；公共宣传；品牌

当前，农业产业现代化已成主流，农业供给正在发生重大变革，由传统的“数量增长”向“质量提升”转变，市场呈现出多级细分化、产品品牌化、个性化的多元新业态。在以消费为导向的市场中，品牌显得尤为重要。品牌建设离不开两个关键：一是品质，二是传播。只有保证产品质量，消费者才会最终买账，企业才能做大做强。传播能够让产品被更多消费者认识、接受。想要好产品得以被消费者认识，必须进行广泛传播，提升品牌影响力。如何广泛传播，如何实现有效传播，提升品牌影响力，是一个重要课题。一方面受限于国内品牌传播人才的稀缺，

---

1 刘清庭，贵州省地理标志研究中心助理研究员。研究方向：地理标志。
2 谭贵艳，贵州大学公共管理学院硕士研究生。研究方向：公共政策。

另一方面又受限于投入产出比无法细化计算。从农产品市场营销层面来说，实现广泛传播更重要的在于宣传。

宣传是一种专门为了服务特定议题的信息表现手法，运用各种符号传播一定的观念，以影响人们的思想和行动的社会行为。在西方，宣传原本的含义是“散播哲学的论点或见解”，但现在最常被放在政治脉络(环境)中使用，特别是指政府或政治团体支持的运作。同样的手法用于企业或产品上时，则通常被称为公关或广告。一般来说，商业性的公关或广告，属于付费行为、利己行为，需要花费大量的金钱，达到的目标很直接，这也是一直以来多数生产企业常见的宣传方式。还有一种低成本、可信度高、效果广的宣传方式一直以来都被人们所忽略，即公共宣传。

提到公共宣传，与之常有交叉的还有“公共关系”。20 世纪 80 年代，著名公共关系专家菲利普·科特勒提出“大市场营销理论”，将“政治力量”和“公共关系”纳入核心的市场营销组合方法，在其主编的《营销管理》一书中，“公共关系”即通过获得有利的公众宣传而与公司的不同客户建立良好的关系，建立良好的“公司形象”。喻世友主编的《资本主义管理大辞典》（北京：中国书籍出版社，1994）中，全面地定义了“公共宣传”：在企业的公共关系范围内公众所能看到、听到的信息媒体上，由第三者或新闻机构撰写报道文字，为企业宣传各种产品、商标、活动、组织、任务，是一种几乎不支付费用的促销措施。通过以上两者的观点得出，公共宣传即是指利用第三方(多为新闻媒体)将与企业有关的积极信息传递给受众，以达到塑造、提升企业正面形象的目的。

一、贵州苹果产业公共宣传概况

（一）公共宣传在贵州苹果产业发展历史上的缺位

贵州苹果的生产，最早见于清咸丰年间《兴义府志》记载：“贞丰产苹果，色、香、味三者皆全，珍果也。”20 世纪 30 至 50 年代，是贵州苹果栽培的起步时期，30 年代，英国传教士带来几株苹果树苗在威宁和赫章县教堂附近栽培，贵州省农业改进所、贵阳同生农场和惠水大水农场也先后从成都、上海和美国引入 20 多个苹果品种的树苗栽培，1949 年 11 月，全省苹果树大约有 1000 株，品种 20 个左右。20 世纪 60 至 90 年代，贵州苹果产业发展进入一个高峰期，全省多个市（县）均有栽培苹果，1959 年，全省苹果树共有 159 万株，贵阳、遵义、桐梓、威宁、大方 5 个市（县）各有 15 万 ~ 30 万株，惠水、平坝、安顺等市（县）各有 2 万 ~ 10 万株。1960 年，全省苹果总产量 280 吨。1974 年，在全国外销苹果基地现场会议上，威宁县所产的黄元帅苹果获现场质量评比第二名。1978 年和 1979 年，威宁县分别获得贵州省供销社、中央拨付财政资金共 150 万元，用于苹果、梨等经济作物生产。1989 年，威宁县苹果果园面积已达到 21473 亩，占贵州省苹果总面积的 70%，产量达 60% 以上。1990 年，贵州省已有 60 个县、市发展苹果生产，果园面积在 1000 亩以上的有 5 个县、市。20 世纪 90 年代末，由于树龄老化，管理跟不上，贵州苹果产业进入低迷期，但形成了以威宁、长顺等优势产区集中分布的产业格局。2013 年，贵州省苹果栽培总面积 150 km^2，主要分布在威宁、长顺和桐梓，贵阳、安顺、六盘水、铜仁等地有小面积种植，全省的苹果生产仍然以鲜果为主，仅有个别企业生产加工苹果醋等产品，无苹果销售专营企业。

纵观贵州苹果的生产历史，无论是产区政府还是企业，在发展苹果产业的过程中仅仅追求面积的扩大和产品的生产，提升产品附加值、培育品牌等意识不强，即使是威宁苹果曾经获“全国质量评比奖”这样的殊荣，也少见报道，更没有将公共宣传工作列入专项工作，使得苹果的公共宣传工作相对滞后。

（二）品牌意识的觉醒，开展零星的公共宣传活动

在农业产业现代化背景下，全国苹果产业百花齐放，市场占有率以陕西、甘肃、山东、河南等规模最大；品牌知名度以新疆阿克苏、陕西、山东烟台、河南灵宝等地为最高。贵州苹果产业面临着激烈的市场竞争

和选择，产区政府为能够促进地方苹果产业发展，企业为能在竞争激烈的市场中吸引更多消费者，开始意识到贵州苹果产业急需培育知名品牌的重要性，更加注重公共宣传工作，开展了系列公共宣传，威宁和长顺成为贵州苹果公共宣传的中坚力量。

贵州苹果产业的公共宣传主要是以产区政府为主导、龙头企业配合开展，由县级相关组织者制造新闻，由当地政府及行业主管部门利用当地门户网站发稿，州、省级政府转载。以威宁、长顺为例，威宁、长顺产区政府将宣传信息通过门户网站发布，黔南州门户网站、毕节市门户网站、贵州省门户网站作部分转载推送。

1. 威宁县苹果产业公共宣传概况

在组织公共宣传活动方面，进入21世纪，威宁县为加快推进苹果产业快速发展，进一步促进产业转型升级和农民增收，特别编制了《威宁县现代苹果产业发展总体规划》（2015—2020年），同时相继印发了《关于加快发展苹果产业的意见》《关于2016年苹果产业发展的实施意见》《关于印发威宁自治县2016—2017年苹果产业发展实施方案的通知》《关于印发威宁自治县2017—2018年苹果产业发展实施方案的通知》等相关文件，总体目标就是力争通过5年左右的努力，把威宁建成高原生态苹果第一县，同时加大对“威宁苹果”公共品牌的宣传推荐力度。这些年，威宁县为了发展苹果产业，做大做强“威宁苹果”公共品牌，组织开展了一些活动。

一方面表现为积极开展评定认证。积极争取“威宁苹果”成功获得农业农村部“农产品地理标志”、原国家质量监督检验检疫管理总局“国家地理标志保护产品”和原国家工商总局“地理标志商标”，组织“威宁苹果”开展中国果品区域公用品牌价值评价，并以品牌价值2.6亿元荣登中国果品区域公用品牌价值榜108位，进一步提高了威宁苹果的品牌知名度、美誉度和忠诚度，提升了品牌价值和品牌影响力，有助于威宁持续推进苹果区域公用品牌建设，加大打造国字号品牌的力度；另一方面表现为开展苹果相关文化活动，从2018年开始，威宁县每年举办一届苹果花节，至今已举办两届。两届苹果花节均在迤那镇海升苹果示范基地开幕，活动包括文艺节目表演、采风摄影大赛、游园观景活动等多项内容，展示了威宁苹果文化，进一步扩大威宁苹果知名度和影响力，促进苹果产业与乡村旅游协调发展，实现休闲农业和乡村旅游的深度融合。

在实施传播方面，威宁县一方面争取第三方新闻媒体的报道，报纸媒体如《贵州日报》《经济信息时报》《毕节日报》《经济日报》《新华每日电讯》等媒体版面报道，见表 12–1；电视媒体如央视《新闻联播》、贵州卫视《新闻联播》、毕节卫视《新闻联播》、多彩贵州网等报道，见表 12–2。另一方面主要是以地方门户网站作为对外宣传的窗口，发布苹果相关宣传信息。威宁自治县门户网站由威宁县人民政府办公室主持创办，2018 年进行了一次集约化建设。通过威宁自治县门户网站搜索苹果相关的新闻资讯，出现 349 条苹果相关信息，发布时间跨度从 2019 年 1 月至 2020 年 9 月 30 日，苹果宣传的主题词主要涉及“苹果种植”“产业扶贫致富”“绿色安全‘丑’苹果自带糖心”“上央视”“威宁苹果”品牌等。

表 12–1　第三方媒体对威宁县苹果产业的报道

序号	题名	报纸名	出版日期
1	威宁自治县猴场镇 发展特色产业 助推脱贫攻坚	毕节日报	2020–9–22
2	贵州省威宁县迤那镇：矮了苹果树 宽了脱贫路	经济日报	2020–7–25
3	贵州威宁：高原种遍“红火果”	新华每日电讯	2020–6–30
4	打出产业“组合拳” 按下脱贫“加速键”	毕节日报	2020–5–27
5	产值将破 15 亿 威宁苹果产业快速发展	贵州民族报	2020–4–16
6	威宁苹果	农民日报	2020–4–13
7	聚产业发展合力 促群众脱贫增收	毕节日报	2020–1–19
8	金融助力斩“穷根” 产业“造林”果更甜	贵州日报	2019–12–23
9	威宁自治县“互联网 +”助力脱贫攻坚	贵州民族报	2019–11–7
10	威宁自治县中水镇 万亩果林遍山野 昔日旧貌换新颜	毕节日报	2019–7–31
11	威宁 种出苹果红护住生态绿	贵州日报	2019–6–18
12	让苹果产业真正鼓起群众“钱袋子”	毕节日报	2019–4–24
13	匠心育得冰心果	毕节日报	2018–12–5
14	威宁苹果红了 10 万果农笑了	贵州日报	2018–11–26

续表

序号	题名	报纸名	出版日期
15	喜看牛棚庆丰收	毕节日报	2018-10-24
16	红了产业富了民	毕节日报	2018-8-29
17	威宁自治县迤那镇：满山苹果红彤彤 乡亲日子甜蜜蜜	贵州日报	2018-8-10
18	老产业焕发新活力	毕节日报	2018-8-2
19	甜辣“交加” 孕育新希望	毕节日报	2018-6-19
20	威宁：做大做强经果林产业	毕节日报	2018-1-10
21	毕节珍好，真好！	贵州日报	2017-12-12
22	威宁自治县 培育龙头企业 拉动经济发展	毕节日报	2017-11-29
23	留一山青翠 富一方百姓	毕节日报	2017-11-27
24	威宁雪山镇苹果产业助推群众脱贫致富	毕节日报	2017-11-24
25	威宁自治县：打赢脱贫攻坚战 打造发展升级版	贵州日报	2017-10-31
26	穷则思变 土地生金	毕节日报	2017-9-2
27	威宁自治县 苹果种植面积 33 万亩	毕节日报	2017-7-26
28	威宁：多举措推进苹果产业扩规提质增效	毕节日报	2017-7-26
29	调研马铃薯及苹果产业发展情况	毕节日报	2017-6-23
30	把苹果树种成“小康树”	毕节日报	2016-2-29
31	点亮一盏灯 照亮一大片	毕节日报	2014-6-4
32	“超视域开放”大片	贵州日报	2014-6-2
33	穷困“锅底”始冒尖	毕节日报	2014-5-7
34	抓住机遇 开拓进取 努力实现苹果产业持续发展	毕节日报	2009-12-3
35	贵州苹果产业前景可期	经济信息时报	2008-11-14

资料来源：“中国知网”（https://www.cnki.net//）数据库检索；中国重要报纸全文数据库，检索方式：(主题 = 中英文扩展（威宁）或者 题名 = 中英文扩展（威宁）并且（主题 = 中英文扩展（苹果）或者 题名 = 中英文扩展（苹果）)(模糊匹配），最后检索时间 2020 年 9 月 27 日。

表 12-2 电视媒体对威宁县苹果产业相关报道

序号	题名	电视媒体	日期
1	贵州威宁：今日芬芳花开好 来日苹果压满枝	新华社	2020-3-11
2	威宁迤那的“小苹果”撬动脱贫致富“大产业”	多彩贵州网	2020-6-18
3	贵州：“一减一增”产业革命促农增收	中央新闻联播	2019-10-6
4	威宁：苹果花开高原美 脱贫攻坚幸福来	毕节新闻联播	2019-4-13

续表

序号	题名	电视媒体	日期
5	蔬菜来得快 苹果效益高 威宁产业脱贫势头好	贵州广播电视台新闻中心《动静贵州》	2019-9-21
6	威宁苹果	贵州 6 频道《黔农再叙》	2019-11-30
7	威宁黑石头种植精品苹果	毕节新闻联播	2018-4-13
8	威宁牛棚镇：种苹果结致富果	毕节新闻联播	2018-4-11
9	威宁：精心打造贵州优质苹果生产基地	贵州新闻联播	2012-10-7

资料来源：作者收集整理。

2. 长顺县苹果产业公共宣传概况

长顺县在 2005 年，就把苹果作为主要产业进行规划发展。长顺精品苹果从标准化生产要求起步，严格控制产地质量无公害产品质量认证和产地质量认定在严格的检测和考核中已获相关证书，逐渐向有机食品升级。长顺县在苹果宣传上以“高钙”为宣传点，强调标准化种植、原生态和绿色。

在组织公共宣传活动方面，一方面是长顺县精心策划或争取一些苹果产业的会议、活动。长顺县在 2005 年将苹果产业做重点规划后，就认识到苹果宣传的重要性，开始策划有助于提升长顺苹果市场认知度、扩大长顺苹果影响力的活动。经过长顺县的积极争取和努力，2008 年，由中共贵州省委办公厅、贵州省人民政府主办的“全省精品苹果产业发展现场会”在长顺县召开，给了长顺苹果向贵州乃至全国苹果行业人士展示宣传的机会。与会人员参观了广顺镇景云关，马路乡高堡，红樱桃果业公司的示范果园；河北农业大学园艺学院院长、中国苹果专家孙建设教授介绍了国内外苹果发展情况。2018 年，黔南州第十二届旅游发展发大会在长顺召开，吉祥物以“长顺苹果”为设计蓝本，结合当地民间娃娃、布依族苗族服饰等元素，经拟人化创作出一个苹果娃卡通形象，名字是顺顺。2012 年开始，长顺县连续举办多届以长顺苹果与当地文化、社会问题等结合，“长顺苹果 +”的双主题大型活动，增加了话题性和热度，如 2012 年“全国红色旅游摄影作品巡展暨首届中国 · 长顺高钙苹果节”，2014 年“庆祝建国 65 周年群众文化活动暨第二届长顺高钙苹果节”，在开幕式上长顺果农伴随流行歌曲“小苹果”跳广场舞，举办方邀请参加活动的客人实地采摘苹果，体验果农丰收的乐趣。2015 年第三届高钙苹果节举办了“集体婚礼”活动，“情系苹果园”集体婚礼象征在金秋时节收获爱情之花，结出累累硕果。同时通过网络媒体、摄影爱好者、广播电视新闻等宣传平台，以唯美的方式传递良好的婚姻观、爱情观，推动长顺县的文化与旅游、现代农业融合发展的品牌形象更加深入人心，进一步提高长顺高钙苹果、乡村旅游的知名度和美誉度。2016 年第四届高钙苹果节联合徒步比赛、帐篷露营活动暨“音乐之夜”“文化圆梦 · 精准扶助”著名画家走进长顺公益采风行、健康徒步行、“两学一做 · 精准扶贫”山歌擂台赛、农特产品展销与电商体验、“祖国好 · 家乡美”采风创作亲子游等活动进行。2017 年“黔南州首届大型青年果园相亲会暨长顺县第五届高钙苹果节”，以苹果主题文化为载体，以关注青年、关心青年、关爱青年为目的，以果为媒塑造长顺高钙苹果之乡的形象定位，坚持政府引导与市场相结合，传媒媒体与新媒体宣传推广造势，在培育青年相亲品牌活动中贯穿苹果元素，推动山地农特产品与“旅游 +”整合发展，努力打造全省乡村休闲旅游基地，助推产业扶贫和旅游扶贫。另一方面是参加展销、展览，充分利用各种可向外推荐长顺苹果的资源。2009 年 10 月 19 日，长顺县参加贵州省第一届农民艺术节文艺，除带去歌舞表演之外，还特别推出高原山区“精品苹果”展，开出 10 多箱苹果分给观众免费品尝，让前来观赏节目的市民朋友既享受到了丰富的音乐大餐，更品尝到了长顺县近年来果业发展的累累硕果。长顺县将长顺苹果与绿壳蛋鸡、紫王葡萄、核桃一起定位为“长顺四宝”作进行组合捆绑宣传。2015 年长顺县参加黔南州第七届旅游发展大会，2018 年参加全国“万企帮万村”消费扶贫东西部协作支持贵州发展现场会，将“长顺四宝”向省内外的客人推介。

在实施传播方面，长顺县积极与第三方媒体《黔南日报》《贵州日报》《农民日报》等媒体建立公共关系，吸引媒体对长顺苹果产业进行报道。长顺苹果产业的蓬勃发展还吸引了中央电视台、贵州卫视、黔南电视台等官方主流电视媒体的宣传，见表 12-3、表 12-4。此外，长顺县充分利用长顺县门户网站发布苹果新闻，为外界了解长顺苹果提供窗口。目前，通过长顺县门户网站搜索苹果相关的新闻咨询，出现 362 条苹果相关信息，发布的时间跨度为 2015 年至 2020 年 9 月，宣传的关题词主要涉及“苹果种植”“产业扶贫致富”“高钙苹果”“文化节”“游园采摘”等。

表 12-3 第三方媒体对长顺县苹果产业的宣传

序号	题名	报纸名	出版日期
1	长顺山乡硕果丰 苹果圆了致富梦	贵州日报	2017-9-28
2	长顺有“四宝” 脱贫效果好	贵州日报	2017-9-14
3	长顺：高钙苹果助推山区群众脱贫	黔南日报	2016-10-19
4	红漫山坡 共富山窝	黔南日报	2016-9-20
5	苹果树下的幸福生活	农民日报	2015-10-23
6	山地农业现代交响乐	黔南日报	2015-7-5
7	长顺：苹果葡萄种植户的掘金路	黔南日报	2014-9-24
8	长顺农产品的二维码纪事	贵州日报	2013-7-30
9	红与绿的辉映	黔南日报	2013-4-20
10	“小花红”成长记	黔南日报	2013-1-16
11	科技“财神”为长顺果农送上“聚宝盆”	贵州日报	2013-1-3
12	产业跨接 升级换代	贵州日报	2012-12-23
13	科技支撑的“果树王”	贵州日报	2012-10-1
14	长顺县：红了苹果 富了农民	黔南日报	2012-9-16
15	小品种孕育大产业	黔南日报	2012-9-2
16	产业结构调整助石漠化地区群众走出“经济洼地”	贵州日报	2012-7-4
17	长顺农业品牌带动种养业规模经营	贵州日报	2010-2-22

资料来源：“中国知网”（https://www.cnki.net//）数据库检索；中国重要报纸全文数据库，检索方式：主题 = 中英文扩展（长顺）或者 题名 = 中英文扩展（威宁）并且主题 = 中英文扩展（苹果）或者 题名 = 中英文扩展（苹果）（模糊匹配），最后检索时间 2020 年 9 月 27 日。

表 12-4　电视媒体对长顺苹果产业的报道

序号	题名	电视媒体	日期
1	贵州长顺县广顺镇石板村凤凰坝的万亩苹果花竞相绽放	中央电视台《朝闻天下》	2020-4-3
2	贵州 - 贵州新闻联播：长顺：苹果管护有实招 村民细做盼增收	贵州新闻联播	2020-4-21
3	贵州长顺高钙苹果上市游客采摘乐趣多	贵州 - 新闻延长线	2019-8-28
4	万亩高钙苹果陆续上市 八方游客来采摘	黔南电视台《12 在线》	2019-8-28
5	到长顺摘苹果享受丰收	贵州新闻联播	2015-9-5
6	长顺：引种苹果树 结出小康果	贵州新闻联播	2015-11-10

资料来源：作者收集整理。

二、贵州苹果公共宣传存在的问题

随着贵州苹果产业规模的不断扩大，贵州苹果在苹果市场中面临着越来越激烈的竞争。贵州苹果产业的部分产区，如威宁、长顺等苹果生产县，注意到了宣传对于贵州苹果产业发展的重要性，组织开展了系列宣传，积极打造“威宁苹果”和“长顺苹果”，使其成为具有一定公众知晓率的地标性农产品品牌。但贵州苹果公关宣传也存在不少问题。

（一）公共宣传机制健全但缺乏统筹协调

每实施一次公共宣传，即是执行“组织者→新闻事件→传播媒介→受众”的过程，这就产生了贵州苹果的公共宣传由谁来组织，怎么组织，目的是什么等问题。对于贵州苹果产业的公共宣产而言，无论目的是促进贵州苹果销量，还是树立贵州苹果产业形象，都绕不开“区域公共品牌塑造和宣传”。由于农产品区域公共品牌的“公共”性质，使用者不是品牌的所有者，再加上其品牌使用者主体众多而分散，难以形成目标一致的决定，从而决定了贵州苹果公共宣传工作的组织者很大程度上为产区政府或上级政府，或者由众多使用者联合组成的联盟或协会配合产区政府组织统筹工作。贵州苹果产业公共宣传机制不健全，主体不明确，整个宣传工作缺乏统筹协调，宣传无目标、无战略、无规划，使得整个苹果产业宣传工作难以有效开展，宣传效果不佳。

（二）对宣传目的定位模糊

贵州苹果的宣传目前存在的一大主要问题是定位模糊不清，目标不清晰，不能在消费者心中留下深刻的印象。贵州苹果产区政府在对苹果进行宣传时，多是点缀式地进行宣传，更多是关于产业致富，宣传政府政绩的内容，很难吸引消费者。产区政府在进行公共宣传的时候，可以说是目标不清晰，从现有的公共宣传来看，贵州苹果的公共宣传目的是发给政府人员看，而非针对潜在的苹果消费者。有的宣传缺乏精确的定位，长顺一直以“长顺高钙苹果”作为品牌定位进行宣传，但是多年以来，官方没有明确地进一步解释“高钙”的原因，消费者在接收到关于“长顺高钙苹果”的相关宣传的时候，很难知晓其品牌内涵，对其品牌缺乏信任度，从而降低购买欲望。

对品牌进行精准定位有利于农产品品牌的发展。新疆阿克苏苹果俗称“冰糖心”，由于比其他品种的苹果更甜，受到许多消费者的喜爱。而事实上，阿克苏冰糖心苹果是患有水心病的 “病苹果”，这种患病苹果的果核部分的果肉糖化成半透明状，凝结成冰糖心，虽然对食用者无害，也让苹果变得更甜，却让果实的保质期大大缩短。于是，阿克苏地区政府及企业针对 “更甜的苹果”这一点对这种病苹果进行定位包装，以冰糖心为其特有标志，进行大力宣传推广，反而让冰糖心苹果成为受消费者喜爱的苹果种类，“冰糖心”也被用来形容更甜的苹果。

（三）宣传内容缺乏新意，未能形成合力进行有效的宣传推广

从心理学“多看效应”中可以看出，人们对较为熟悉的事物会表现出一定的好感。当消费者在产生购买需求的时候，这种熟悉感会在无形之中引导消费者去选购产品。威宁苹果、长顺苹果在围绕区域品牌宣传推广时，在不同的季节做相关的推广活动，如“苹果花节”“相亲会”“采风摄影” “采摘节”。虽然都是以苹果品牌宣传推广为依托点，但活动

是根据季节而办，太过于分散，且传播的内容过于陈旧、渠道单一，未能对其进行有效整合，以致宣传推广的效果并不是太好。像威宁“苹果花节”，因传播内容太过于陈旧，没有进行创意推广，加上其地理位置特殊、交通不便，造成传播的区域范围较小，从而形成了“区域内人人皆知，区域外却无人知晓”的局面。

（四）新媒体缺位

目前，新媒体已经成为各类产业自我宣传的最佳渠道，尤其是微博、微信提供的平台。贵州苹果产业却没有很好地利用这些新媒体平台。苹果行业经营者还没有建立自己的官方微博，作为连接外界的窗口来宣传自己，很多时候并不是没有活动，只是缺乏传播活动的渠道。有的即使开通了微信、网站，也没有很好地加以利用，推送的消息比较呆板，信息更新速度慢。

三、对贵州苹果产业发展公共宣传工作的路径探索

（一）加强组织领导，建立健全的苹果公共宣传机制

贵州苹果的公共宣传是一个系统工程，涉及战略、策略、媒体组合、文案及活动策划等方面。要做好公共宣传，需要由专业的组织管理来做保证。在苹果的宣传上，首先应以产区为核心，产区政府、企业、行业组织协同工作，进一步完善组织领导、实施、积极参与的工作格局，形成责任和分工明确的公共宣传机构。其次是各级机构制定战略性的公共宣传实施方案，将任务分解、实施，做到科学统筹、合理安排，共同推进、协调发展。

（二）加强宣传人才培养和队伍建设

做好苹果宣传工作，需要高水平的专业人员队伍。一方面要合理配置宣传岗位人员，尽可能设立专门的宣传机构，充实人员，确保队伍相

对稳定；不能设立专门机构的，需配备专职宣传人员，做到专职专用。一方面要努力提高宣传人员业务水平，建立健全宣传队伍教育培训机制，制订培训计划并认真组织实施，确保宣传工作人员接受专业的岗位学习。另一方面要广招专业人才。从正规院校相关新闻专业招收高才生，或者聘请有经验的公关宣传人才，不断提高宣传队伍水平。

（三）准确定位苹果公共品牌目标

对产品品牌核心价值宣传，是公关宣传的核心和着力点。任何一个品牌都要有明确的指向性，产区政府在对苹果开展公共宣传时，应摒弃临时性地随意报道的方式，首先对苹果的品牌进行长远定位，根据市场进行差异化划分，挖掘消费者的潜在消费需求，有针对性地打造满足消费者需求的产品，塑造可行、容易识别的品牌文化，其次围绕该品牌定位开展有计划、有目的的宣传。每次策划宣传活动，都应有小目标和总体目标。

（四）注重公共宣传中受众的参与度，关注与受众的双向互动

宣传苹果是为了使受众认识苹果，将潜在受众转为实在受众，才能实现有效的传播。现有宣传更多是一种单向的信息传播，往往多是采用说教的方式向受众传递信息，信息传播过程中受众无法参与、评论和建议。目前受众已经不仅仅满足于单方面接受信息，而是有参与的强烈愿望。因此，要改变传统的思维模式和习惯定式，把与目标受众的互动纳入苹果宣传的基本要求中，这样不但能使目标受众对苹果印象更加深刻，也能更好地了解目标受众的意见、建议和要求，便于调整策略，为受众提供更适合的产品和服务。

（五）整合传播资源，充分利用各种传播渠道

要转变观念、调高认识、下大力扭转农产品宣传方式单一、力度不大的现状，政府必须整合传播资源，从各个方面发声，占领市场，推动贵州苹果产业快速发展。从传统媒介到新媒介以及户外媒介，每种广告

媒介都有各自的优势和劣势，碎片化的传播环境使大众接受的信息也逐渐碎片化，品牌传播应该结合多种媒介进行宣传发声。总而言之，各媒介各有所长，品牌要取其所长，整合传播资源，在各个频道有效发声，多方合力传播。贵州苹果产区政府可以在汽车站、火车站、旅游景区等公共场所投放宣传标语或宣传片，充分利用流动人口，提高苹果品牌知名度。另外，对于其他媒体形式的宣传媒介，要主动提供苹果行业准确真实的热点消息，借助媒体的传播优势，发挥媒体的舆论导向作用，达到宣传目的。同时要抓好手段创新，利用网络媒体和自媒体，结合传统方法，多角度、立体化开展宣传工作。

参考文献：

[1] 李琼，沈颖 . 湖南农产品品牌的传播研究 [J]. 衡阳师范学院学报，2019（1）：145−148.

B13

贵州苹果产业“三品一标”发展报告

涂娟芝[1] 代振江[2]

摘 要：截至2020年，全国苹果无公害农产品认证企业有686家，认证产品686个，批准产量共计5125603.05吨。其中，贵州省认证苹果无公害农产品企业共计17家，占全国苹果无公害农产品认证数量约2.5%；认证17个苹果产品，年产量共计184695吨，占全国认证总产量的3.6%。全国苹果绿色食品认证已有601家企业，认证苹果产品共有718个，批准产量共计3509453.18吨。其中，贵州省做绿色认证的苹果企业仅有两家，分别是威宁县乌蒙绿色产业有限责任公司、遵义千红农业综合开发有限公司，认证产品名称分别是杨华苹果、苹果，批准产量分别是1500吨、300吨，分别占全国苹果绿色食品总批准产量的0.0427%、0.0086%。

关键词：苹果；质量安全；“三品一标”

2018年11月20日，中国农业农村部农产品质量安全监管司在北京组织召开无公害农产品认证制度改革座谈会，提出停止无公害农产品认证工作，试行合格制度。由“三品一标”认证转为“两品一标”认证，包括绿色食品、有机食品、农产品地理标志产品认证。无公害农产品试行合格制度。发展“两品一标”，不仅可以实现生态效益、经济效益和社会效益的有效统一，还可以增加农民的收入，是新时期引领绿色消费

1 涂娟芝，贵州省地理标志研究中心助理研究员。研究方向：绿色食品公共政策。

2 代振江，贵州省绿色食品发展中心兽医师。研究方向：绿色食品产业发展。

的“风向标”。我国苹果产业在“三品一标”认证领域发展良好，塑造了良好的品牌形象，为苹果产业的发展做出了重要的贡献。贵州苹果的“三品一标”认证等农产品质量安全认证还有很大的发展空间，在此，本报告通过实地调研、相关数据收集、整理、分析，总结分析了贵州苹果质量安全发展现状，进一步对贵州苹果的“三品一标”认证工作进行研究分析，提出建议，提升贵州苹果农产品质量安全水平，促进贵州苹果产业“三品一标”工作，塑造贵州苹果品牌，推进贵州苹果产业发展。

一、研究贵州苹果质量安全的重要性

（一）什么是农产品质量安全

农产品质量安全指的是我们所食用的农产品的可靠性、使用性以及它的内在价值，包括农产品在生产期间、贮存期间、流通过程以及使用该农产品时所形成的或是合成的、残存的一些营养、危害和外在特征因子。农产品质量安全既有对产品等级、规格、品质等相关特性的要求，也有对人为因素、环境因素的危害等级水平的要求。农产品质量包括安全指标、品质指标。安全指标主要就是能够保障人体的健康及安全；品质指标就是产品的营养成分、口感、色香味等。

“民以食为天，食以安为先”。20 世纪 50 年代以来，我们在农业作业生产中对投入品的管控没有一定的规范控制，在生产中出现病虫害时，便大量施用农药来进行防治；产量低时则大量施用作物生长调节剂、化学肥料等来提高产量。殊不知在这样滥用农药、肥料的过程中，年复一年，日复一日，虽然作物的产量提高了，病虫害也消失了不少，却给我们的生态系统造成了破坏，给生态环境带来了很多难以恢复的影响，农作物生长环境中出现水源污染、大气污染、土壤重金属超标、肥力下降，生长出来的农作物中存在农药残留，给人类及其他生物带来很多食品安全问题，严重影响我国生态文明的建设，同时也威胁到了广大人民的健康安全。为此，80 年代，农业有关部门提出了农产品质量安全的概念，要求做好相关农产品的质量安全，保障人类健康安全以及生态环境的可持续发展。

（二）“三品一标”介绍

1. 无公害农产品介绍

无公害农产品是指相关投入品使用是安全的，生产过程是根据规定的技术规范进行的，产地环境、产品质量均符合国家的强制性标准的，产品或产品包装上使用特有标识的安全的农产品。

无公害农产品是为了保障消费安全、满足公众的需求。无公害农产品认证是政府行为，采取逐级行政推动。根据《无公害农产品管理办法》（农业部、国家质检总局令第 12 号），无公害农产品由产地认定和产品认证两个环节组成。产地认定由省级农业行政主管部门组织实施，产品认证由农业部农产品质量安全中心组织实施。2018 年 11 月 20 日，中国农业农村部农产品质量安全监管司在北京组织召开无公害农产品认证制度改革座谈会，提出了停止无公害农产品认证工作，采取合格制度试行。

2. 绿色食品介绍

绿色食品，即产品产自优良的生态环境（符合《绿色食品 产地环境质量》NY/T 391—2013），生产过程中按照绿色食品相关标准执行，全程进行质量控制，并且获得中国绿色食品发展中心颁发的绿色食品证书，获得绿色食品标志使用权，这种安全、优质的食用农产品及相关产品，就是绿色食品。

“绿色食品”一词的提出，源于第二次世界大战之后，许多发达国家纷纷实现“农业现代化”，实现农业现代化的过程中，带来了农业的增收，与此同时却使很多化学物质向农田、土地、水体、大气等输入，污染了初级食材、水源、空气等，以致威胁到了人类的健康。1962 年，伴随着《寂静的春天》一书的发布，引发了全世界开始对环境污染问题的重视。20 世纪 70 年代起，由美国推行的“有机农业”，影响到了世界各国。1992 年，联合国召开环境与发展大会，会上提出了探索农业可持续发展模式，欧美等国家纷纷加入了生态农业的研究。在这样的国际背景下，我国也开始开发无污染、安全、健康、优质的食品，并将此食品定义为“绿色食品”，“绿色食品”一词便由此诞生了。

经过近 30 年的探索和创新，中国绿色食品事业借鉴国际相关行业通行做法，结合国情，创建了具有鲜明特色的发展模式。绿色食品按照“从土地到餐桌”全程质量控制的技术路线，创建了“两端监测、过程控制、质量认证、标识管理”的质量安全保障制度。重点监控四个环节：一是产地环境的监控，由环境监测机构依据环境质量标准对产品及原料产地环境实施监测和评价；二是生产过程的管理，要求农户和企业严格按照生产操作规程和技术标准组织生产；三是产品质量的检测，由产品检测机构依据产品质量标准对产品实施检测；四是包装标识的规范，要求产品包装标识符合相关设计规范。

绿色食品认证产品需满足条件：应当符合《食品安全法》和《农产品质量安全法》等法律法规规定，在绿色食品标志商标核定使用商品范围内的非转基因产品，并具备以下几个条件：① 产品或产品原料产地环境符合绿色食品产地环境质量标准（即符合《绿色食品 产地环境质量》NY/T 391—2013 的要求）；② 农药、肥料、饲料、兽药、添加剂等投入品使用符合绿色食品投入品使用准则（即符合《绿色食品 农药使用准则》NY/T 393—2020、《绿色食品 肥料使用准则》NY/T 394—2013、《绿色食品 食品添加剂使用准则》NY/T 392—2013 的要求）；③ 产品质量符合绿色食品产品质量标准；④ 包装贮运符合绿色食品包装贮运标准。申请产品应为现行《绿色食品产品标准适用目录》范围内产品，但产品本身或产品配料成分属于卫生部发布的“可用于保健食品的物品名单”中的产品（其中已获卫生部批复可作为普通食品管理的产品除外），需取得国家相关保健食品或新食品原料的审批许可后方可进行申报。

绿色食品初次申请认证程序：① 申请人提出申请，并提交相关材料。② 省级工作机构对申请人提交的材料进行材料审查并组织检查组完成现场检查。③ 申请人委托绿色食品定点检测机构对产地环境、产品进行检测和评价。申请人如能提供近一年内绿色食品检测机构或国家级、部级检测机构出具的《环境质量监测报告》，且符合绿色食品产地环境检测项目和质量要求的，可免做环境检测。经检查组调查确认产地环境质量符合《绿色食品 产地环境质量》（NY/T 391—2013）和《绿色食品 产地环境调查、监测与评价规范》（NY/T 1054—2013）中免测条件的，省级工作机构可做出免做环境检测的决定。④ 省级工作机构完成初审后，将初审合格的材料上报中心，同时完成网上报送。⑤ 中心对省级工作机构报送的材料完成书面审查并组织召开专家评审会。⑥ 中心主任根据专家评审意见做出颁证决定，中心标志管理部门完成颁证工作。

由于绿色食品标志使用证书的有效期是3年。3年期满，若需继续使用绿色食品标志的，标志使用人则应当在有效期满3个月前向所在的省级工作机构提出绿色食品续展申请，同时完成网上在线申报。若是标志使用人逾期没有提出续展申请，或者是续展没有通过的，将不得继续使用绿色食品标志。

3. 有机食品介绍

有机食品，又叫生态食品、生物食品，是指在生产过程中不使用农药、肥料、生长调节剂、抗生素、转基因技术的，根据国际有机生产要求和相应标准生产、加工的，并且通过合法的、独立的有机食品认证机构认证的农副产品及其加工品，叫有机食品。有机食品是来自自然、富营养、高品质和安全环保的生态食品。有机食品认证过程：（1）认证委托人向有机产品认证机构提出有机产品认证申请，提交申报材料。提交申报材料包括：① 申请人名称、地址和联系方式等；② 拟认证产品产地（基地）的区域范围，生产、加工规模；③ 产品生产、加工记录、销售计划；④ 产地（基地）、加工、销售场所相关环境质量报告；⑤ 有拟认证产品的生产、加工量管理体系，符合有机产品的相关标准要求；⑥ 提供必要专业技术以及管理人员的资质证明材料；⑦ 保证声明，声明内容包括保证执行有机产品标准、技术规范以及其他特殊要求等；⑧ 认证机构需要企业提供的其他材料。（2）提交申报材料由中绿华夏有机食品认证中心（COFCC）做出受理评审，寄发受理通知书（若评审审核不通过，则寄发不受理通知书）；（3）认证委托人签订认证合同并缴费；（4）相关检查组进行实地检查；（5）检查组提交相关检查报告；（6）中绿华夏有机食品认证中心（COFCC）进行综合审核，相关申报材料齐全（材料不齐全，提供补充材料），实地检查合格，则颁证委员会作出认证决定，予以颁证，签发证书。

有机食品有一个转换期，转换时间 2～3 年，期满才能被批准为有机食品。

4. 农产品地理标志介绍

农产品地理标志，是指所标识的农产品来源于特定的地域，该农产品的品质及相关特征，主要取决于该地域特有的自然生态环境和特有的历史人文因素，并以该地域名称来冠名的特有农产品标志，叫农产品地理标志。

农产品地理标志，早期多称为“原产地”。农产品地理标志最早起源于国外，在欧洲等其他国家，已经有上百年的历史。在有关的国际条约中就先后有过两个与农产品地理标志相关联的概念，即“货源标记”和“原产地名称”。我国自 20 世纪 80 年代加入《巴黎公约》以来，便逐步关注和引入该理念。加入 WTO 以后，农产品地理标志保护工作开始开展，进入了快速发展期。20 世纪 90 年代关贸总协定（简称 GATT）乌拉圭回合多边贸易谈判中，首次将农产品地理标志保护纳入了《与贸易有关的知识产权协议》（简称 TRIPs 协议），农产品地理标志成为一种知识产权形式。

农产品地理标志申请要做好关键的七点：一是确定申请登记的产品；二是授权申请主体；三是划定好拟保护的地域范围；四是制定产品的技术规范；五是请相关专家做好产品的品质鉴定；六是深入挖掘产品的人文历史；七是核实产品名称的在先权问题。

农产品地理标志登记申请相关注意事项：首先，看拟申请登记的产品是否在《全国地域特色农产品普查备案名录》（以下简称《名录》）内，倘若不在《名录》内，则需向农业农村部打报告，增补名录。其次，农产品地理标志登记保护申请人的确定：申请人是由县级以上地方人民政府择优确定的，并且是农民专业合作经济组织、行业协会等服务性的相关组织，同时须满足：① 能监督、管理农产品地理标志及其产品；② 能指导地理标志农产品生产、加工、营销；③ 能独立承担民事责任。因为农产品地理标志是地域性资源公权其申请人不能是企业或者个人。再次，拟申报的产品有限定的生产区域范围。最后，拟申报的产品的人文历史年限须有 20 年及以上。

农产品地理标志登记申请程序：（1）符合农产品地理标志登记条件的申请人，向省级人民政府农业行政主管部门提出登记申请，并提交相应申请材料，申请材料包括：①登记的申请书；②申请人的相关资质证明；③产品的典型特征特性描述以及对应产品的品质鉴定报告；④控制技术规范（含产品生长的产地环境条件、生产技术以及产品质量安全技术规范）；⑤划定确定地域范围的相关文件以及产品的生产地域分布图；⑥产品相关系列图片；⑦其他必要的证明性材料。（2）省级人民政府农业行政主管部门对申请材料初审和现场核查并提出初审意见（须在 45 个工作日内完成，时间自受理农产品地理标志登记申请之日起算）。符合条件的，便将申请材料和初审意见报送农业部农产品质量安全中心；不符合条件的，在提出初审意见之日起 10 个工作日内将相关意见和建议通知申请人。（3）农业部农产品质量安全中心在收到申请材料及初审意见之日起，20 个工作日之内，对收到的申请材料进行审查，提出相关审查意见，并组织相关专家召开评审会，请各位专家给出建议。由专家评审通过的，农业部农产品质量安全中心便代表农业部对社会公示相关通过的产品。（4）农业部做出登记决定并公告，颁发《中华人民共和国农产品地理标志登记证书》，公布登记产品相关技术规范和标准。

二、贵州苹果质量安全发展现状

（一）贵州苹果无公害农产品认证现状

截至 2020 年，全国苹果无公害农产品认证企业有 686 家，认证产品 686 个，批准产量共计 5 125 603.05 吨，涉及安徽省、北京市、甘肃省、贵州省、河北省、河南省、黑龙江省、吉林省、江苏省、辽宁省、内蒙古自治区、山东省、山西省、陕西省、四川省、天津市、西藏自治区、新疆维吾尔自治区、云南省（表 13–1）。其中陕西省最多，认证苹果无公害农产品 132 个，其次是辽宁省 110 个，西藏自治区最少，只有 1 个。

贵州省认证苹果无公害农产品共计 17 家企业，占全国苹果无公害农产品认证数量约 2.5%；17 个产品，年产量共计 184695 吨，占全国认证的总产量 3.6%（表 13–2）。涉及企业分别是位于贵州省威宁县的：威宁超越农业有限公司、威宁县中基实业有限责任公司、威宁县雪山精果种养殖专业合作社、贵州省威宁县乌蒙精品苹果产销专业合作社、威宁县乌蒙绿色产业有限责任公司、贵州宝峰冰心苹果开发有限公司，6 家；贵州省长顺县的 : 贵州省长顺县安乐种植农民专业合作社、长顺县康红高钙苹果农民专业合作社、贵州省长顺县安乐种植农民专业合作社、长顺县白云水果专业合作社，4 家；贵州省遵义市的：贵州蓝精灵蓝莓种植有限公司、贵州长林山生态农业科技开发有限公司、遵义千红农业综合开发有限公司，3 家；贵州省黔西南州的：贵州省青坡生态农业开发有限公司、兴仁县富农生态果业开发有限公司、兴义市云亮种植园，3 家；贵州省独山县的：贵州独山苹果山庄农业发展有限公司，1 家。其中有两家，遵义千红农业综合开发有限公司，贵州宝峰冰心苹果开发有限公司，证书有效期截至 2020 年 5 月 21 日。

表 13–1 全国苹果无公害农产品认证各地区分布统计

所在地区	数量
北京市	95
甘肃省	28
贵州省	17
河北省	9
河南省	30
黑龙江省	7
吉林省	5
江苏省	24
辽宁省	110
内蒙古自治区	10

续表

所在地区	数量
山东省	89
陕西省	132
山西省	103
四川省	7
天津市	2
西藏自治区	1
新疆维吾尔自治区	3
云南省	14

资料来源：根据“中国绿色食品发展中心”（http://www.greenfood.agri.cn/），由作者统计而来。

表 13-2 贵州苹果无公害农产品认证统计

序号	产品名称	申请人全称	年产量（吨）	证书编号
1	苹果	贵州省长顺县安乐种植农民专业合作社	1800	WGH-GZ01-1900003
2	苹果	贵州省青坡生态农业开发有限公司	67500	WGH-GZ01-1801257
3	苹果	兴仁县富农生态果业开发有限公司	4000	WGH-GZ01-1800784
4	苹果	贵州独山苹果山庄农业发展有限公司	3750	WGH-GZ01-1801955
5	苹果	威宁超越农业有限公司	40000	WGH-GZ01-1801517
6	苹果	长顺县康红高钙苹果农民专业合作社	10005	WGH-GZ01-1801576
7	苹果	贵州省长顺县安乐种植农民专业合作社	1500	WGH-GZ01-1802067
8	苹果	贵州蓝精灵蓝莓种植有限公司	90	WGH-GZ01-1801794
9	苹果	威宁县中基实业有限责任公司	40000	WGH-GZ01-1801848
10	苹果	贵州长林山生态农业科技开发有限公司	1095	WGH-GZ01-1800136
11	苹果	威宁县雪山精果种养殖专业合作社	2000	WGH-GZ01-1800672
12	苹果	长顺县白云水果专业合作社	5000	WGH-13-05148
13	苹果	贵州省威宁县乌蒙精品苹果产销专业合作社	2000	WGH-17-06891
14	苹果	兴义市云亮种植园	1155	WGH-17-06843
15	苹果	威宁县乌蒙绿色产业有限责任公司	2000	WGH-17-06886
16	苹果	遵义千红农业综合开发有限公司	1200	WGH-17-04326
17	苹果	贵州宝峰冰心苹果开发有限公司	1600	WGH-17-02291

资料来源：根据“中国绿色食品发展中心”（http://www.greenfood.agri.cn/），由作者统计而来。

（二）贵州苹果绿色食品认证现状

截至2020年，全国苹果绿色食品认证已有601家企业，认证苹果产品共有718个，批准产量共计3509453.18吨，涉及省份有安徽省、北京市、甘肃省、贵州省、河北省、河南省、黑龙江省、吉林省、江苏省、辽宁省、内蒙古自治区、宁夏回族自治区、山东省、山西省、陕西省、四川省、天津市、西藏自治区、新疆维吾尔自治区、云南省（表13-3）。以山东省的红富士苹果居首，认证195个，占全国苹果绿色食品认证27%，其次是甘肃省，认证159个，占全国苹果绿色食品认证22%，认证最少在贵州省、天津市，分别只有2个，仅占全国苹果绿色食品认证0.28%。

贵州省苹果做绿色认证的企业仅有两家，分别是威宁县乌蒙绿色产业有限责任公司、遵义千红农业综合开发有限公司，认证产品名称分别是杨华苹果、苹果，批准产量分别是1500吨、300吨（表13-4），分别占全国苹果绿色食品总批准产量的0.0427%、0.0086%。贵州省与苹果相关的企业有近20家，做苹果绿色认证仅有2家，可见贵州省苹果产业在绿色食品产业发展这一领域有待开发，应引起重视，让贵州苹果产业全部发展绿色食品。

表13-3　全国苹果绿色食品认证各地区分布统计

地区	获证产品数量
安徽省	4
北京市	3
甘肃省	159
贵州省	2
河北省	24
河南省	60
黑龙江省	3
吉林省	9
江苏省	5
辽宁省	97
内蒙古自治区	7
宁夏回族自治区	4

续表

地区	获证产品数量
山东省	195
山西省	35
陕西省	36
四川省	5
天津市	2
西藏自治区	3
新疆维吾尔自治区	11
云南省	54

资料来源：根据“中国绿色食品发展中心”（http://www.greenfood.agri.cn/），由作者统计而来。

表 13-4 贵州苹果绿色食品认证统计

企业名称	企业信息码	产品名称	批准产量（吨）	标志编号	有效期区间
威宁县乌蒙绿色产业有限责任公司	GF520527192484	杨华苹果	1500	LB-18-19082307755A	2019-8-21 至 2022-8-20
遵义千红农业综合开发有限公司	GF520322182314	苹果	300	LB-18-18092307447A	2018-9-13 至 2021-9-12

资料来源：根据“中国绿色食品发展中心”（http://www.greenfood.agri.cn/），由作者统计而来。

（三）贵州苹果农产品地理标志申报现状

截至 2020 年，全国苹果产品农产品地理标志登记申报共计 66 个，分别在山东省 12 个、山西省 10 个、北京市 1 个、新疆维吾尔自治区 7 个、甘肃省 7 个、辽宁省 4 个、黑龙江省 4 个、陕西省 4 个、河南省 3 个、四川省 3 个、云南省 2 个、宁夏回族自治区 2 个、河北省 2 个、内蒙古自治区 2 个、湖南省 1 个、西藏自治区 1 个、贵州省 1 个（表 13-5、表 13-7）。其中山东省登记最多，12 个，占全国苹果产品农产品地理标志登记申报的 18.2%，其次是山西省 10 个，占比 15.2%。

贵州省只登记申报 1 个，威宁苹果，于 2017 年登记，占全国苹果产品农产品地理标志登记申报的 1.5%（表 13-6）。

表 13–5 全国苹果产品农产品地理标志登记申报统计

产品名称	产地	产品编号	证书持有者	登记年份
平阴玫瑰红苹果	山东省济南市	AGI00064	平阴玫冠苹果合作社	2008
沂源苹果	山东省淄博市	AGI00148	沂源县生态农业与农产品质量管理办公室	2009
庆阳苹果	甘肃省庆阳市	AGI00152	庆阳市经济林木工作管理站	2009
延庆国光苹果	北京市延庆县	AGI00161	延庆县果品服务中心	2009
吉县苹果	山西省临汾市	AGI00216	吉县吉昌镇绿之源苹果专业合作社	2010
荣成苹果	山东省威海市	AGI00270	荣成市绿色食品办公室	2010
旧店苹果	山东省青岛市	AGI00252	青岛旧店果品专业合作社	2010
秦安苹果	甘肃省天水市	AGI00362	秦安县农村经济经营管理站	2010
昭通苹果	云南省昭通市	AGI00370	昭通市昭阳区农业环境保护监测站	2010
文登苹果	山东省威海市	AGI00499	文登市农业环境保护站	2010
沂水苹果	山东省临沂市	AGI00502	沂水县果品产业协会	2010
芮城苹果	山西省运城市	AGI00646	芮城县果业发展中心	2011
越西苹果	四川省凉山彝族自治州	AGI00524	越西县农业局果树技术指导站	2010
瓦房店红富士苹果	辽宁省大连市	AGI00740	大连兴业源福乐多果菜专业合作社	2011
长林岛金红苹果	黑龙江省双鸭山市	AGI00838	五九七农场果农协会	2012
蒙阴苹果	山东省临沂市	AGI00793	蒙阴县宗路果品专业合作社	2011
扁担沟苹果	宁夏回族自治区吴忠市	AGI00832	吴忠市扁担沟玉果果品购销专业合作社	2011
霍州苹果	山西省临汾市	AGI01003	霍州市康益达苹果专业合作社	2012
乳山苹果	山东省威海市	AGI00901	乳山市苹果协会	2012
复兴苹果柚	湖南省常德市	AGI00935	澧县复兴苹果柚专业合作社	2012
特克斯苹果	新疆维吾尔自治区伊犁哈萨克自治州	AGI00993	特克斯县八卦果业专业合作社	2012
东大寨苹果	山东省青岛市	AGI01134	青岛东大寨果蔬专业合作社	2013
上戈苹果	河南省洛阳市	AGI01135	洛宁县上戈苹果专业合作社	2013
喀拉布拉苹果	新疆维吾尔自治区伊犁哈萨克自治州	AGI01235	新源县喀拉布拉镇企业管理站	2013
茂汶苹果	四川省阿坝藏族羌族自治州	AGI01160	茂县农业经济作物服务站	2013
临猗苹果	山西省运城市	AGI01256	临猗县果业发展中心	2013
马龙苹果	云南省曲靖市	AGI01175	马龙县水果协会	2013

续表

产品名称	产地	产品编号	证书持有者	登记年份
五莲国光苹果	山东省日照市	AGI01303	五莲县果树站	2013
东宁苹果梨	黑龙江省牡丹江市	AGI01462	东宁县果树蔬菜管理总站	2014
锦州苹果	辽宁省锦州市	AGI01507	锦州市果树工作总站	2014
瓦房店黄元帅苹果	辽宁省大连市	AGI01510	瓦房店市许屯镇水果储藏协会	2014
牡丹江金红苹果	黑龙江省牡丹江市	AGI01602	牡丹江市农业技术推广总站	2015
新疆兵团六团苹果	新疆维吾尔自治区阿克苏地区	AGI01587	新疆生产建设兵团第一师六团	2014
林芝苹果	西藏自治区林芝市	AGI01775	林芝县农业机械监理与技术推广服务中心	2015
小金苹果	四川省阿坝藏族羌族自治州	AGI01864	小金县农牧局农业植保植检站	2016
巩留苹果	新疆维吾尔自治区伊犁哈萨克自治州	AGI01890	巩留县农业技术推广站	2016
万荣苹果	山西省运城市	AGI01897	万荣县科普惠农服务协会	2016
平陆苹果	山西省运城市	AGI01898	平陆县果业局	2016
二二三团苹果	新疆维吾尔自治区巴音郭楞蒙古自治州	AGI00586	新疆生产建设兵团农业建设第二师二二三团	2011
榆林山地苹果	陕西省榆林市	AGI01992	榆林市农学会	2016
石洞彩苹果	河北省张家口市	AGI02006	小南辛堡镇农业综合服务中心	2017
凉城 123 苹果	内蒙古自治区乌兰察布市	AGI02007	凉城县农产品质量安全监管站	2017
宝山苹果	山东省青岛市	AGI02031	宝山镇农业服务中心	2017
凤翔苹果	陕西省宝鸡市	AGI02058	凤翔县农产品质量安全检验检测站	2017
威宁苹果	贵州省毕节市	AGI02146	威宁彝族回族苗族自治县果蔬产业发展中心	2017
旬邑苹果	陕西省咸阳市	AGI02153	旬邑县果业服务中心	2017
翼城苹果	山西省临汾市	AGI02163	翼城县苹果产业协会	2017
运城苹果	山西省运城市	AGI02166	运城市果业发展中心	2017
喀喇沁苹果梨	内蒙古自治区赤峰市	AGI02261	喀喇沁旗农业产业联合会	2018
大连苹果	辽宁省大连市	AGI02267	大连市农业技术推广中心	2018
陕州苹果	河南省三门峡市	AGI02300	三门峡市陕州区园艺管理服务中心	2018
沙坡头苹果	宁夏回族自治区中卫市	AGI02372	中卫市苹果产业协会	2018
新疆兵团五团苹果	新疆维吾尔自治区	AGI02376	新疆生产建设兵团第一师五团	2018

续表

产品名称	产地	产品编号	证书持有者	登记年份
烟台苹果	山东省烟台市	AGI02406	烟台市苹果协会	2018
灵台苹果	甘肃省平凉市	AGI02440	灵台县果业局	2018
崇信苹果	甘肃省平凉市	AGI02441	崇信县汇丰现代农业协会	2018
龙湾苹果	甘肃省白银市	AGI02442	景泰县农业技术推广中心	2018
平川苹果	甘肃省白银市	AGI02516	白银市平川区农业技术推广中心	2018
新疆兵团一八四团苹果	新疆维吾尔自治区	AGI02520	新疆生产建设兵团第十师一八四团	2018
灵宝苹果	河南省三门峡市	AGI02561	灵宝市园艺局	2019
洛川苹果	陕西省延安市	AGI02589	洛川县苹果产业管理局	2019
草庙子国光苹果	河北省张家口市	AGI02640	存瑞镇农业综合服务中心	2019
榆次苹果	山西省晋中市	AGI02644	榆次区果树农技推广中心	2019
浮山苹果	山西省临汾市	AGI02645	浮山县果业发展促进协会	2019
牡丹江龙丰苹果	黑龙江省牡丹江市	AGI02660	黑龙江省农业科学院牡丹江分院	2019
通渭苹果	甘肃省定西市	AGI03075	通渭县农村合作经济经营管理站	2020

资料来源：根据“中国绿色食品发展中心”（http://www.greenfood.agri.cn/），由作者统计而来。

表 13-6 贵州省苹果产品农产品地理标志登记申报统计

产品名称	产地	产品编号	证书持有者	登记年份
威宁苹果	贵州省毕节市	AGI02146	威宁彝族回族苗族自治县果蔬产业发展中心	2017

资料来源：根据“中国绿色食品发展中心”（http://www.greenfood.agri.cn/），由作者统计而来。

表 13-7 全国苹果产品农产品地理标志分布地区统计

地区	登记产品数量
北京市	1
甘肃省	7
山东省	12
山西省	10
云南省	2
四川省	3
辽宁省	4

续表

地区	登记产品数量
黑龙江省	4
宁夏回族自治区	2
湖南省	1
新疆维吾尔自治区	7
河南省	3
西藏自治区	1
陕西省	4
河北省	2
内蒙古自治区	2
贵州省	1

资料来源：根据“中国绿色食品发展中心”（http://www.greenfood.agri.cn/），由作者统计而来。

三、贵州苹果产业“三品一标”发展对策建议

在无公害农产品实行合格制度之前，贵州苹果认证无公害农产品有17家企业，共计年产量184695吨。绿色食品认证有2家企业，批准产量共计1800吨。农产品地理标志保护登记申请只有1个，即威宁苹果。贵州苹果产业在“三品一标”领域提升空间还很大，各地政府、农业部门应该引起重视。特别是贵州苹果主产区威宁彝族回族苗族自治县，长顺县，黔西南州兴仁市、兴义市，遵义市，以这几个主产区为中心，发展好贵州苹果产业，着手抓好“三品一标”这一关键技术点，做好贵州苹果产业“三品一标”工作。针对贵州苹果产业目前的“三品一标”相关现状，就进一步推进贵州苹果产业“三品一标”持续健康发展，给出以下几点建议。

（一）高度重视贵州苹果产业“三品一标”发展

1. 发展贵州苹果产业“三品一标”是践行绿色发展理念的有效途径

党的十八届五中全会，提出了“创新、协调、绿色、开放、共享”

的发展理念，而“三品一标”正是倡导绿色生产，遵循相关资源的循环无害化利用，对农业投入品的使用实行严格的控制，尽量减少相关肥料、农药的使用，对产品基地的环境保护也十分重视，这在推进贵州苹果产业持续发展和建设生态文明等方面，具有重要的指导作用。

2. 发展贵州苹果产业“三品一标”实现苹果产业质的提升

发展“三品一标”可实现苹果产业的提质增效。通过品牌带动，有利于推行苹果基地化建设、规模化发展、标准化生产、产业化经营，有效提升苹果产品品质规格增强市场竞争力。

3. 发展贵州苹果产业“三品一标”是适应公众消费的必然要求

伴随我国经济发展步入新常态和全面建设小康社会进入决战决胜阶段，我国消费市场对农产品质量安全的要求快速提升，优质化、多样化、绿色化日益成为消费主流，安全、优质、品牌农产品市场需求旺盛。保障人民群众吃得安全优质是重要的民生问题，“三品一标”涵盖安全、优质、特色等综合要素，是满足公众对营养健康农产品消费的重要实现方式。

4. 发展贵州苹果产业“三品一标”是提升贵州苹果农产品质量安全水平的重要手段

“三品一标”推行标准化生产和规范化管理，将农产品质量安全源头控制和全程监管落实到农产品生产经营环节，有利于实现“产”“管”并举，有利于从生产过程来提升贵州苹果农产品质量安全水平。

（二）明确贵州苹果产业“三品一标”发展方向

1. 贵州苹果产业“三品一标”发展思路

认真落实党的十八大和十八届三中、十八届四中、十八届五中全会精神，深入贯彻习近平总书记系列重要讲话精神，遵循“创新、协调、绿色、开放、共享”发展理念，紧紧围绕现代农业发展，充分发挥苹果产业在社会经济中的支柱作用，以苹果标准化生产和苹果基地创建为载体，通过苹果规模化生产和产业化发展，推行苹果产业的全程控制和苹果品牌的相关发展战略，促进贵州苹果产业“三品一标”持续健康发展。

“三品一标”基于安全管控，可以强化苹果产地基础，充分发挥苹果产地准出功能；苹果绿色食品能突出苹果产品的安全优质以及苹果产业链的优势，引领苹果产业优质优价；发展苹果有机农产品可彰显生态安全，因地制宜满足公众追求生态、环保的消费需求；苹果农产品地理标志则能突出每个地域的特色及产品的品质特性，带动优势地域特色苹果农产品区域品牌的创立。

2. 贵州苹果产业“三品一标”发展的基本原则

一是切实保障苹果相关质量安全，保证苹果产业持续稳步健康发展。发展苹果产业“三品一标”，苹果产品的质量及品牌信誉是关键，必须严格苹果产品的质量标准，规范其质量管理，强化苹果行业的自律，坚持“审核从紧、监管从严、处罚从重”的工作原则。

二是立足资源优势，因地制宜发展区域特色苹果。依托区域苹果资源禀赋和产业发展基础，统筹规划，合理布局，认真总结借鉴其他地区各产业“三品一标”成功发展的模式以及相关经验，结合贵州苹果产业实际，加快贵州苹果产业发展。

三是各地方政府积极支持推进苹果市场发展，发挥好各政府部门的引导作用，广泛拓展贵州苹果消费市场。

（三）推进贵州苹果产业“三品一标”发展措施

1. 大力开展贵州苹果基地建设，推进贵州苹果“三品一标”认证

着力推进苹果绿色食品认证、有机食品认证，进一步扩大苹果产品总量规模，全面提升苹果农产品质量安全水平。在苹果绿色食品认证的基础上，大力推动开展规模化的苹果生产基地创建，稳步推动贵州苹果绿色食品原料标准化基地建设。适时开展有机苹果产品生产示范基地的创建。扎实推进以威宁苹果为基础的国家农产品地理标志登记保护示范创建。积极开展威宁苹果农产品地理标志登记保护持有人和登记保护的相关企业示范创建。

2. 注重贵州苹果品牌培育宣传

加强贵州苹果品牌的培育，将“三品一标”作为苹果产业品牌建设

的重中之重。做好贵州苹果“三品一标”获证单位、企业的宣传培训，并提供相关的技术服务。监督好已获证企业正确、规范地使用绿色食品、有机食品、农产品地理标志、标识。对于未展开认证的苹果种植企业，政府可出台相关政策给予资金及技术支持，帮助此类企业抓紧开展绿色食品、有机食品的认证。不断提升贵州苹果产业的市场影响力及贵州苹果品牌的知名度。加大推广力度，积极举办与苹果产业相关的活动及相关展会。积极利用好农业影视、农业报刊、农业院校等各种媒体网络资源及教育科研机构公共资源。加强贵州苹果“三品一标”农产品质量安全知识培训、品牌宣传、科普解读、生产指导以及消费引导工作，全力为贵州苹果产业构建市场营销平台，提升贵州苹果产品知名度，推动贵州苹果产业快速发展。

3. 推动贵州苹果产业改革创新

结合我国其他地方发展的国家现代农业示范区、农产品质量安全县等农业项目的创建，汲取相关技术经验，加快贵州苹果“三品一标”认证。通过贵州苹果“三品一标”的认证，使贵州苹果走向标准化生产，辐射带动各地区苹果农产品质量安全的整体水平提升。响应国家化肥农药零增长、农业可持续发展的要求，在栽培管理苹果的过程中，大力推广优质安全、生态环保的肥料农药等农业投入品，全面推行绿色、生态、环境友好型生产技术。积极推进贵州苹果全国绿色原料基地建设，构建贵州苹果全程绿色管控技术体系，积极鼓励各苹果种植加工企业建立全程质量安全控制体系，做到产品源头的可追溯，全程可追溯，提升贵州苹果农产品质量安全。

4. 加强贵州苹果专家队伍建设

组建一支专业的贵州苹果产业“三品一标”工作队伍至关重要，它是贵州苹果产业发展的重要组成部分及骨干力量。要整体推进贵州苹果产业建设，统筹谋划好贵州苹果产业发展的整体体系过程。同时加强专业队伍的技能培训，完善相关机制，着力培育和打造一支推进贵州苹果产业发展的得力队伍。贵州苹果“三品一标”工作队伍要按照贵州苹果发展的体系来统一部署，全力做好贵州苹果农产品质量安全监管的业务支撑和技术保障工作，为贵州苹果产业发展提供有力的技术支撑。

5. 各级政府、农业部门加大政策、资金支持贵州苹果产业的发展

各级政府、农业部门加大资金支持力度，积极建立“三品一标”认证专项经费，制定相关奖补政策，提高苹果生产企业发展绿色、有机食品认证的积极性。把“三品一标”纳入工作任务中，把生产经营做得好的企业作为农产品质量安全龙头企业、示范合作社，带动贵州苹果产业的整体发展。

发展贵州苹果“三品一标”，是贵州农业部门的重要工作，也是当前贵州苹果产业发展的客观需要。各农业部门要从经济发展的全局出发，重视贵州苹果“三品一标”工作的重要性，要把发展贵州苹果“三品一标”作为推动苹果基地建设、苹果产业转型升级、苹果农产品质量安全监管的重要切入点，纳入工作计划，统筹部署和整体推进贵州苹果产业发展。确保贵州苹果产业持续健康发展，不断满足人们对安全优质品牌农产品的需求。

B14

贵州苹果产业发展质量安全可追溯建设报告

牟　琴[1] 梁　潇[2]

摘　要： 质量安全追溯系统通过采集记录产品生产、流通、消费等环节信息，实现来源可查、去向可追、责任可究，强化全过程质量安全管理与风险控制的有效措施。本报告通过分析对比，结合贵州省苹果产业质量安全追溯现状，在追溯功能、数据查询、监控预警等方面探讨一套符合贵州苹果产业的质量安全追溯系统，提出苹果质量安全追溯系统建设的建议，保证苹果从基地到消费过程中生产信息的准确性和真实性，保证苹果及加工产品的质量安全，让消费者购买到放心、安全的苹果，从而提高消费者的消费信心，进一步加快苹果产业的发展速度。

关键词： 苹果产业；质量安全；可追溯系统

一、农产品质量安全追溯建设现状

（一）国外研究现状

1. 欧盟

20 世纪“疯牛病”事件的发生，使得全球食品安全问题进入紧张状态。欧盟频频出现食品安全的问题，给农产品加工企业及消费者带来严重的利益和身心损害，因此欧盟逐渐从法律法规和食品安全监管体制入

1 牟琴，女，贵州省地理标志研究中心助理研究员。研究方向：食品工程、地理标志。

2 梁潇，男，贵州省绿色食品发展中心农艺师。研究方向：绿色防控技术与产业发展。

手建立健全食品安全追溯制度。在法律法规与监管体制的管束下，欧盟开始根据各国的实际情况制定食品安全法律体系，设立对应的管理部门。法律体系包括技术要求与政策管理，高效性与时效性并存的法律法规对包括饲料、肥料、家禽所有关于食品类的物质实现食品质量信息的共享，从上游到下游、每个利益关系者之间实现共享和合作，达成有效的动态平衡效果，优化每个产业链，提高食品质量安全管理水平。欧盟监管机构部门间协同合作对食品安全进行规范化和监督管理，保障消费者的健康问题，对食品安全追溯体系给出建议并进行评估，对食品从农场到餐桌的全过程实行科学有效的风险分析。1999 年，欧盟出台《欧盟有机法案》以记录产地环境中的投入品。欧盟是农产品进出口大户，2001 年 10 月欧盟出台《第 2056/2001 号法案》，严格要求农产品进出口需要具有可追溯的详细信息。2002 年，接连颁布《食品安全白皮书》等多项重要的监督法律法规法规，以此奠定"农场到餐桌"作为饮食的基本概念，实现农产品从原材料、加工、销售全过程的质量安全追溯。在"疯牛病"事件的推动下，全球农产品质量安全追溯制度最先以牛肉为例得到迅速的发展，到 2002 年以后，欧盟要求所有进入市场的牛肉都应带有可追溯的信息。2005 年，欧盟委员会集中整治新鲜蔬菜与水果，采用射频识别（FRID）技术建立可追溯系统档案和标准化蔬菜水果可追溯系统，对于进口的蔬菜水果实行透明化信息管理。随着转基因食品的出现，欧盟开始采用新型的研究成果严格标记、管理转基因食品的各个流通环节，要求每个转基因食品信息保存时间不得少于 5 年（表 14-1）。法国早在 20 世纪 90 年代便已完成了对整头牛的可追溯信息标注，信息标注通过追溯码的设计而实现，该追溯码可实现向消费者透明化牛在生产过程中的全部信息，让消费者清楚牛从养殖场到餐桌的所有信息。

表 14-1　欧盟农产品主要法案

欧盟法案	备注
《食品安全白皮书》	首次引入"从农场到餐桌"的概念
《第 1760/2000 号法案》	牛肉可追溯法案
《第 1852/2000 号法案》	牛肉可追溯法案实施细则

续表

欧盟法案	备注
《第 1782/2003 号法案》	2010 年 1 月 26 日该法案得到更新
《第 852/2004 号法案》	欧盟卫生法
《第 853/2004 号法案》	—
《第 1830/2003 号法案》	转基因生物可追溯性与标记
《第 1906/90 号法案》	—
《第 1907/90 号法案》	—
《第 2295/2003 号法案》	—
《第 183/2005 号法案》	—
《第 2065/2001 号法案》	—
《第 1224/2009 号法案》	—
《第 404/2011 号法案》	—
《第 931/2011 号法案》	—
《第 208/2013 号法案》	—
《第 2019/1309 号法案》	规定转基因食品（玉米）可追溯与标注信息

资料来源：作者依据相关文献整理所得。

2. 美国

美国食品安全法律法规主要分 3 部分，其一，美国食品安全法体制的基本原则与框架主要由最高级别的美国国会制定联邦法律（表 14-2）；其二，联邦与州政府制定农产品技术法规与安全政策；其三，国家标准技术研究所、研究委员会与有关研究部门通过行业协会批准的法规，企业可自愿执行。在食品安全的监管方面，美国设立了众多机构，主要由（食品药品监管局 FDA）、（食品安全检验检测机构 FSIS）、（动植物卫生检验局 APHIS）3 个部门统筹协调保障食品、药品从生产到消费者过程中的安全。近年来，美国食品安全体系追溯系统的重大发展主要体现在《2002 年公共卫生安全和生物恐怖防范应对法》，该法案作为美国食品安全重要战略之一，大大提高了食品从农场到餐桌的安全系数。到 2009 年，考虑到养殖场所、养殖类别、养殖过程以及其他因素的不确定性，美国利用国家动态目标识别系统（NAIS）对全国的养殖产品进行全面的追溯。国家动态目标识别系统主要包括农场登记注册、动物识别跟踪，对已提交的数据进行编码处理并更新到数据库中。

表 14-2 美国农产品主要法案

法案名称	颁布时间	备注
《联邦食品药品化妆品法案》	1938	奠定了美国食品安全体系的基础
《2002 年公共卫生安全和生物恐怖防范应对法》	2002-6-12	将食品安全提升到国家安全战略的高度
《基于生物反恐法案的建立与保持记录最终条例》	2004-12-9	2005 年 2 月 7 日生效
《美国2009年食品安全强化法案》	2009-7- 30	对《联邦食品药品化妆品法案》进行了修订
《食品安全现代化法案》	2011-1-4	标志着美国食品安全监管从单纯依靠检验过渡到以《预防为主》
《建立、保持和提供记录：修订记录可用性要求临时最终条例》	2012-2-23	对《联邦食品药品化妆品法案》进行了修订
《牲畜跨州移动追溯最终法案》	2013-1-9	旨在提高在疫病中跟踪牲畜的能力

资料来源：作者依据相关文献整理所得。

3. 日本

日本农产品追溯系统走在全球前列，在农产品追溯法律体制上日本对全国农产品进行了严格的分类处理，保证进口食品满足本国标准要求，这一措施推动了全球的农产品安全发展。2001 年，日本牛肉追溯系统体系的执行已经深入零售点，为进一步提高日本国内农产品安全系数，方便消费者了解产品流通过程所有信息，日本对阶段零售产品实行透明追溯管理制度。2003 年，日本通过的《牛个体识别信息管理及联络特别措施法》中规定日本所有牛肉应该在包装上标注牛肉简历信息，简历信息必须包括八大要素才能进入日本市场销售。

4. 其他国家

同样受到“疯牛病”影响的英国，对农产品的质量安全也提高了重视度，在多管齐下的方案中建立严密的安全追溯系统，例如，在牲畜耳朵上增加标注、建立畜牧养殖的安全体系等，以便政府部门能便捷追溯到农户产品安全问题的源头。为提高家畜质量安全，掌握家畜出生到市场销售时所有流程情况，英国政府利用互联网建立了一套家畜具体信息跟踪系统（CTS），通过该主线系统查询其他家畜主要情况。同样，主要从牛肉开始实施追溯管理制度的加拿大于 2007 年开始强制规定活牛以及牛肉市场准入要求，规定活牛以及牛肉必须经过国家标准的编码格式才能进入市场提供给广大消费者。澳大利亚的畜牧标识计划（NLIS）是对牛的耳朵或者瘤胃标识球来辨别牛的身份信息，标识信息包括牛出栏、迁移场地、养殖场以及屠宰场等。

（二）国内现状

1. 立法与配套管理现状

我国食品安全追溯系统以及追溯系统相关法律法规的建立起步比西方国家晚，《中华人民共和国食品安全法》第四十二条规定，国家建立食品安全全程追溯制度。食品生产经营者应当依照本法的规定，建立食品安全追溯体系，保证食品可追溯。国家鼓励食品生产经营者采用信息化手段采集、留存生产经营信息，建立食品安全追溯体系。国务院食品药品监督管理部门会同国务院农业行政等有关部门建立食品安全全程追溯协作机制。《中华人民共和国农产品质量安全法》关于农产品的安全追溯体制尚未作出专门的规定。2003—2004 年，我国参照国外多样的食品安全追溯系统，综合国内的实际情况，采用全球统一标识系统（ANCC）追溯农产品生产、加工、运输以及贮藏等各环节的流通信息，并出台了《牛肉产品跟踪与追溯指南》《水果、蔬菜跟踪与追溯指南》。2013 年，党的十八大对我国食品质量安全监管职能进行了调整，根据会议通过的《国务院机构改革和职能转变方案》，我国新建国家食品药品监督管理总局对食品药品的生产加工、贮藏运输、销售等全生产链进行监督管理，初级农产品的生产监督由农业部负责，食品风险评估以及国家标准的制定由国家卫生部和计划生育委员会负责共同协作管理。2015 年国务院办公厅出台《关于加快推进重要产品追溯体系建设的意见》，加强、完善食品药品追溯管理体制，推进完善追溯体制，强化食品药品安全管理，提高安全风险评估技能，以期实现来源可查、去向可追，初步达到全国追溯信息统一、共享、可交换，实现部门、地方以及相关企业追溯信息互通互享，支持三方机构对追溯机制、编码开发研究。2017 年，我国食品药品相关管理部门联合出台《关于开展重要产品追溯标准化工作的指导意见》，要求进一步加强食品药品安全，加强追溯体制基础研究、对重要农产品追溯体制进行统筹规划、研究重要产品的共性标准、对重要产品追溯体制进行标准示范、对重要追溯体制推广和应用，增强建立追溯体制的共性意识，加强追溯体系和管理机制，实时做好信息反馈的工作。2018 年《重要产品追溯管理平台建设指南（试行）》（以下简称《指南》）是我国对重要农产品实行追溯体制示范以来工作经验的总结，此次《指南》提出强调以相关行政机构牵头并积极引导三方机构对追溯系统采用云平台结构，以此减少重要农产品因为追溯数据编码格式不一造成的无用功以及低效率，并保证部门及其相关机构对接信息的流畅性，提高工作效率；要求避免追溯信息过于拘谨，部门、企业以及研究所信息互通的同时应该保持数据的动态性，对追溯信息进行风险评估，整体追溯数据应该进行整体分析，打破只对关键控制信息分析的格局。随着追溯体制的逐步执行，食品、药品追溯的对象多样化，此次《指南》强调应对追溯对象数据信息进行分类别储存管理，不同性质的追溯对象采用对应的追溯准则，对追溯制度的提升具有重要的战略和指导意义。

2. 追溯系统与技术完善现状

我国于 2000 年左右才开始着手建立食品安全追溯体系。我国追溯系统平台的建设大多数以政府为主导，相关部门共同协作。2003 年，我国开始在食品运输、追踪以及追溯方面使用条码技术。2004 年，为提高蔬菜从产地到餐桌的安全性，开创蔬菜追溯体系，山东省采用商品条码编制系统（EAN.UCC）编码技术，给蔬菜产品建立了一套实用且操作性强的包装规范。近年来我国追溯系统主要分两大类，一类是由我国商务部最先倡导的“维信 312 产品追溯管理服务平台”，该追溯平台涉及领域广泛，涉及商务产品、农产品、药品等产品在市场上的流通。另一类是北京农业局食品安全追溯系统，该系统能够实现产品基础信息的采集，为整改追溯过程提供完整的追溯信息。除此之外，还有大量学者做出的大量研究，包括一些实用性较强、使用范围广泛的经典追溯系统，例如，采用大通量的分级系统与国际物品编码协会（GS1）编码系统的兼容，开发出脐橙的质量安全追溯机制；应用 ASP.NET 的 MVC 技术针对不同果蔬的特性实现针对性的质量安全追溯；利用 MyEclipse 平台、SSH 框架、SQL Server 数据库等技术对水果从种植到销售市场环节的流通进行了跟踪追溯；采用 Hyperledger Fabric 技术，提出数据库＋区块链双储存设计，对区块的农产品的追溯信息实现存储和查询；采用数据智能感知技术与物联网技术的共同兼容，对追溯数据进行信息化转换，根据转换的信息采用设置激光标签对二维码进行识别，达到追溯对象信息透明化、简明化；在农产品信息高效关联和 GS1 编码系统的基础上，设计一种适用于企业和个体户的追溯方案，达到较强的灵活性和扩展性。综上所述，我国农产品追溯系统无论在法律法规、制度体制以及农产品信息追溯系统方面，通过借鉴国外先进技术，在国内相关部门、企业以及学者的共同推进下逐渐得到完善，农产品质量安全的追溯体制也逐渐进入了一个全新的局面。但我国追溯系统仍处于初级阶段，食品质量安全问题频频出现，诸多法律法规、追溯体制以及技术亟待修订更新。

二、苹果产业发展质量安全可追溯建设现状

目前我国农产品质量安全的追溯体制正在不断地完善，在大数据的趋势下追溯体系逐渐精准，许多农产品实现了精准的追溯。但在实际的应用过程中仍然出现很多问题，例如，每个产品具有不同的特征，特定的追溯系统不能得到普遍使用，产品生产过程的大量数据无法实现自动上传，并且各生产环节的信息不完全覆盖，数据缺失严重，数据不完整和无法连续，从而造成数据准确性低，达不到一定的可信度。产品生产各环节信息使用率较低，仅追溯时使用。追溯查询的手段较多，但是诸多查询系统效率低下，不少消费者对于繁杂的追溯系统的学习了解不足，对追溯的支付意愿不强，不利于对小规模的生产商和个体经营者开展追溯管理。

（一）烟台苹果

烟台苹果质量安全追溯系统主要利用数据库技术、网络技术以及产

品编码技术和生产预警技术，在网络平台上开发苹果安全生产和管理的追溯系统。该系统前端设计了烟台苹果种植、管护、贮存、运输等一系列环节的系统编码，使其成为消费者质量追溯、质量反馈以及政府部门监管的可靠终端。

1. 系统基本框架

烟台苹果追溯系统基本框架是以合作社、生产企业以及销售终端作为基本模式，从生产企业、消费者以及监管部门的角度设计了该系统，包括苹果质量安全管理系统和质量安全追溯系统两部分。其追溯系统框架如图 14-1 所示，企业生产商通过对苹果生产农户信息、种植基地信息、苹果种植信息、苹果采收以及苹果包装等信息记录到生产商端口的数据库，同时生产商再将数据库中的基本信息从前端传入追溯中心数据库；苹果打包出库时采用一定的编码手段形成苹果档案信息的特定条码；当苹果在市场中流通时，中心追溯数据库中已经形成苹果的生产基本信息。产品到达消费者手中时，消费者可以通过特定的标识码使用手机、网站、超市扫描等不同的查询工具追溯苹果的基本信息。

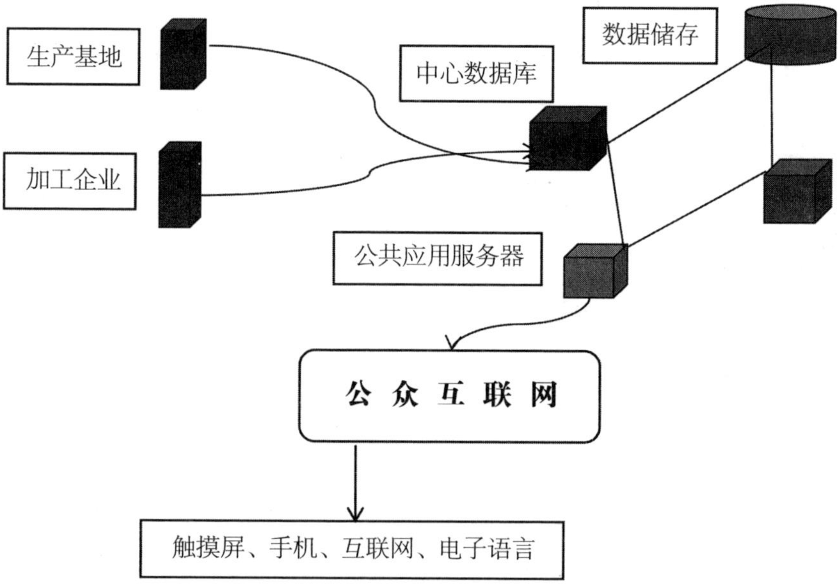

图 14-1 烟台苹果质量安全追溯系统

2. 系统基本功能

该系统主要由苹果生产管理、企业生产苹果计划、苹果信息的编码管理、苹果基本信息追溯查询、政府部门监管以及用户管理6个板块组成。

（1）苹果生产管理。苹果生产田间管理是苹果质量安全控制的重要点，田间生产要素的控制直接影响苹果的质量安全，包括生产基地环境、基地重金属含量、基地水源、空气质量、田间投入品量（化肥、农药）等均要符合国家安全标准。在执行田间种植管理时，生产农户先将种植的各项指标录入追溯系统前端，系统会根据相应的规定提示生产农户是否出现农药施加过量、农药是否符合国家标准、肥料追加是否符合标准等。通过这样的方式避免种植过程中出现苹果种植管理的错误操作，对苹果种植起到全方位的监控作用。

（2）计划管理。苹果种植计划管理可以对苹果种植、管理、包装运输等方面进行统计分析，根据对本季度苹果种植管理的基本信息，制订下一季度的生产计划和包装设计，提高生产商苹果种植成活率、采收率、好果率等。

（3）信息编码。苹果信息编码是对苹果品种、采收时间、包装等级、包装数量、包装材料、包装人员信息等进行记录，确定苹果的生产批次，并通过这些信息形成苹果出库的特定编码信息，根据产品批次、配送管理、销往地点以及企业的标识符打印出产品的追溯条码。

（4）追溯查询。苹果到达消费者手中后，消费者将相应的追溯码输入追溯系统即可查询苹果种植管理信息、包装信息以及包装出库信息等，从而达到苹果信息透明化，提高消费信心。

（5）监管部门。监管部门的设置可以对苹果生产起到监督作用。监管部门可以根据不同生产企业储存在中心数据库中的苹果生产基地信息、企业基本信息、包装信息、库存信息、销售信息等环节，进行查询、监管。

（6）用户管理。用户管理系统的设置主要是为苹果生产商提供数据录入渠道，方便管理人员进入特定的界面输入苹果特定的信息数据。为达到数据输入的高效性和稳定性，避免不同管理人员进入同一界面造成困扰，不同管理部门管理界面不同，消费者不具有进入用户管理界面的权限。

3. 系统编码的实现

商品标识代码通常使用 EAN/UCC-13、EAN/UCC-128、UCC-12，由于苹果本身属性较多，流通环节信息较少，因此该系统采用了 EAN/UCC-12，更多地体现了苹果的生产商、种植基地、种植方式、种植管理、采收时间、运输贮藏等信息，再结合产品编码和流程编码，添加苹果本身的特征进行追溯码的设计，可以使每个批次的产品拥有不同的产品“身份证”。具体设计如图 14-2 所示。

图 14-2 烟台苹果质量安全追溯码

4. 系统实现

烟台苹果追溯系统主要采用 B/S 体系、网站形式和集成相应平台来实现，整个追溯系统利用 .net 作为平台，C#.net 作为开发工具，在编写系统公共类的基础上实现相应的追溯功能。

（二）北京昌平苹果

1. 追溯系统框架

北京昌平苹果的追溯系统将规范化种植加工的数据作为系统建立的基础，利用网络作为信息转化的纽带，建立生产者与消费者之间的信任度，其追溯系统框架如图 14-3 所示。

2. 系统功能

北京昌平苹果质量安全追溯系统的总体思路是整合种植户对苹果生产经营的管理记录，追溯系统主要分为以下几个模块：苹果种植地编码管理、苹果种植生产采收档案管理、苹果加工管理以及苹果数据记录上传用户管理等模块。① 产地信息编码：产地的编码主要依据《农产品产地编码规则》，对苹果种植户的苹果品种、种植基地、面积以及生产管理进行记录。② 投入品管理：苹果生产田间管理是苹果质量安全控制的重要点，田间生产要素的控制直接影响苹果的质量安全，包括生产基地环境、基地重金属含量、基地水源、空气质量、田间投入品量（化肥、农药）等均要符合国家安全标准，所以对苹果种植时田间投入品进行监控记录是考量种植企业信用度的重要手段之一。③ 生产档案管理：记录水肥管理、投入品管理、病虫害防治管理、果树修剪嫁接等信息。④ 苹果加工管理：需要对苹果后续加工信息进行全面的汇总，如加工的详细参数、后续产品保存的条件等。

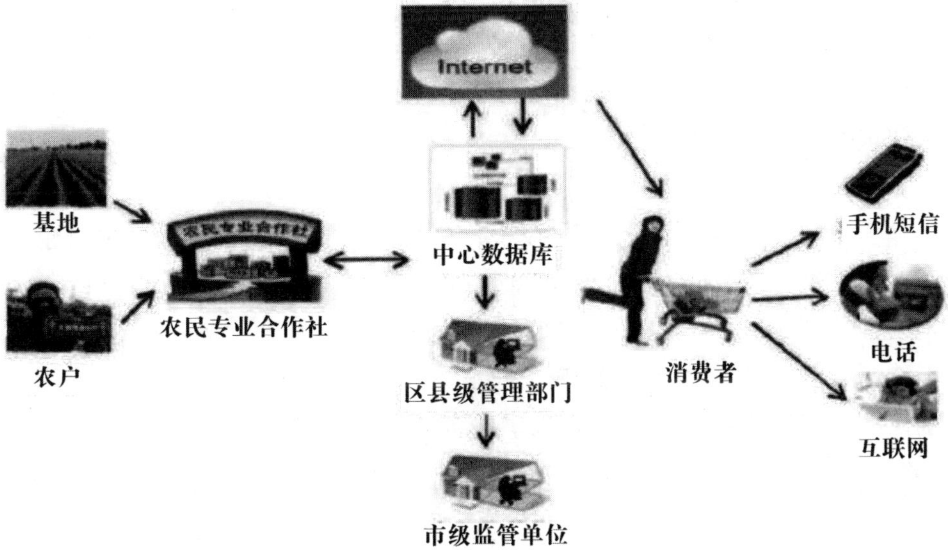

图 14-3 北京昌平苹果追溯系统框架

3. 系统关键技术

（1）编码设计。为保证苹果具备可连续的追溯性、完整性，北京昌平苹果数据的编码信息包括苹果种植者、苹果区块信息，区块信息的编码采用两位种植基地的信息+区块号信息，苹果采收后按照种植基地信息和区块信息以及采收的批次对苹果进行数据编码。这样的信息汇集可以明确到每一个苹果的具体种植加工信息。苹果追溯码的设置按照 EAN. UCC 的系统标识来设计。

（2）二维码标签设计。二维码作为当下普及度最高的一门信息技术，在生活和工作中发挥着巨大的作用，二维码与一维码相比，优势主要体现在可承载容量大、保密性强、可容纳的信息广（文字、图片、声音、指纹等）、成本低、易操作、条码的信息和尺寸大小具有可调节性。因此，北京昌平苹果的追溯系统主要以二维码作为追溯标签。

（3）标签打印。标签打印等功能的实现可以依靠组件的创建和引用，组件的创建是可以独立发布的，替换的功能部分采用组件技术来降低软件开发、测试和维护的成本，增加系统的稳定性和可靠性。北京昌平苹果的质量安全追溯系统中可追溯码标签的打印、二维码的形成、苹果种植流程的生产资料以及种植者的信息上传的功能都基于这种技术来实现。

4. 系统的实现

考虑到昌平苹果生产企业较多，种植基地较为分散，每个生产企业使用电脑的技术水平不一，为了达到追溯系统的实用性、开放性以及可延展性的原则，北京昌平苹果质量安全追溯系统采用 B/S 来实现，企业上传数据不会受到地点的影响。为了让消费者能快速、便捷地查询产品的信息，采用网站式查询，并为消费者提供专业的查询平台。

（三）运城苹果

1. 系统框架

山西运城苹果质量安全追溯系统如图 14-4 所示。

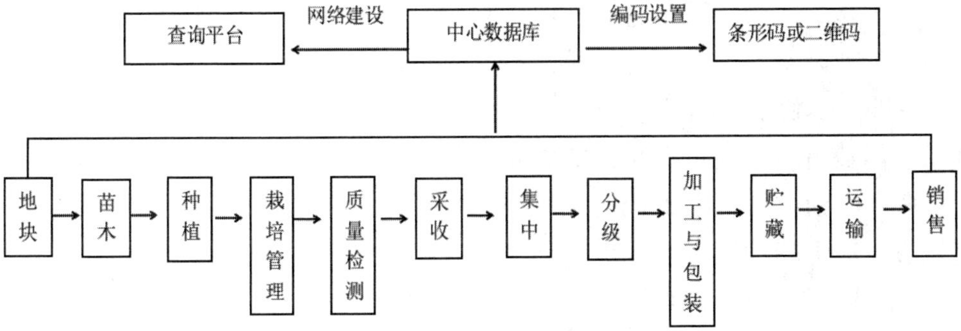

图 14-4 运城苹果追溯系统基本框架

2. 系统关键点

质量追溯关键控制点：① 种植基地编号。地块的编号决定追溯的准确性，地块编号也是为了保证同一地块苹果种植条件保持一致，田间作业的时间和内容要标准化，因此，地块的编号适应性要强。② 苹果种植标准化。苹果生产应满足良好农业规范（Good Agricultura Practice，GAP）通过 GAP 满足苹果产品具有统一的生产准则。标准化的栽培管理包括树下管理、花果管理、病虫害防治、采摘标准、贮藏方式等一系列标准化。标准化后录入系统的追溯数据得到统一，标准化的方法可以防止生产加工者弄虚作假，违规操作。③ 果品混合。果品混合容易造成追溯混乱，因此果品在采收、分级和包装时通过地块编号、周转箱等具有区别性的标记减少果品的混合。④ 物流追溯。追溯并记录新鲜瓜果蔬菜在市场流通中的动态是追溯中重要问题。解决果蔬物流追溯可以从两方面入手，其一，在果蔬外包装上粘贴 RFID 电子标签，通过无接触技术记录外包装的编码信息，追溯时扫描标签纸与中心数据库的数据进行对照，清晰追溯产品去向。其二，要求经销商配货部门制定严格的配货记录，对货物的物流信息记录要完整，货物流动的信息要及时传回公司，具有条件的销售点可利用互联网达到自动追溯数据库的效果。

追溯信息及信息记录管理：追溯数据的记录与上传应由不同部门负责，每个部门进入系统的权限不一样。追溯信息包括苹果品种苗木信息、种植基地信息、栽培管理投入品信息、环境指标信息、苹果检测信息、加工信息、分级包装信息、物流运输信息等，对应的数据被上传到局域网内，经过专业人士制造出苹果的“身份证”，消费者利用专门的查询平台即可了解苹果的基本信息。

消费者对果品追溯信息的查询：随着互联网以及大数据的盛行，消费者可以通过扫描条形码、二维码了解苹果的种植基地、采摘时间、分装信息、生产加工者信息以及田间投入品信息，并通过外包装的纸箱编号了解苹果的物流信息。

综上所述，我国苹果质量安全追溯系统的建设存在设计思路大同小异、系统亮点更新缓慢、追溯系统的使用率低、许多地区农产品使用同一套追溯系统等问题。苹果是我国主要的水果经济作物，追溯系统与制度的深化以及应用是大势所趋，随着大数据与互联网的发展和人们对健康物质的迫切需求，瓜果蔬菜的追溯问题亟待得到科学合理的解决。

三、贵州苹果产业发展质量安全可追溯设计思路

（一）总设计思路

该系统设计基于张晓艳等人对苹果生产信息精准追溯系统的设计思路，综合贵州省苹果产业追溯基本现状进行改进，具体思路如下：① 信息采集：将苹果种植基地、基地生产管理信息以及苹果生长采收信息通过物理联网技术进行采集；② 信息转换：将录入的苹果追溯信息利用 Web Service 将数据进行智能交换处理，使用 XML 语言储存。在实现数据自动识别和匹配的基础上建设基本数据库和系统框架，构建苹果质量安全生产管理系统；③ 编码技术：进一步增强二维码的真实性，利用 RSA 技术对生成的二维码进行防伪和加密处理，实现苹果追溯更加精准

可靠；④ 编码实现：编码的实现采用低成本、可承载容量大、保密性强、可容纳的信息广（文字、图片、声音、指纹等）、成本低、易操作、条码的信息和尺寸大小具有可调节性的二维码，消费者通过手机端扫描二维码便可快速查看苹果的追溯信息；⑤ 平台建设：追溯平台的建设有利于生产企业内部进行精准管理，同时可接收消费者以及管理部门的质量安全问题反馈，实现数据的服务和追溯服务。具体框架如图 14-5 所示。

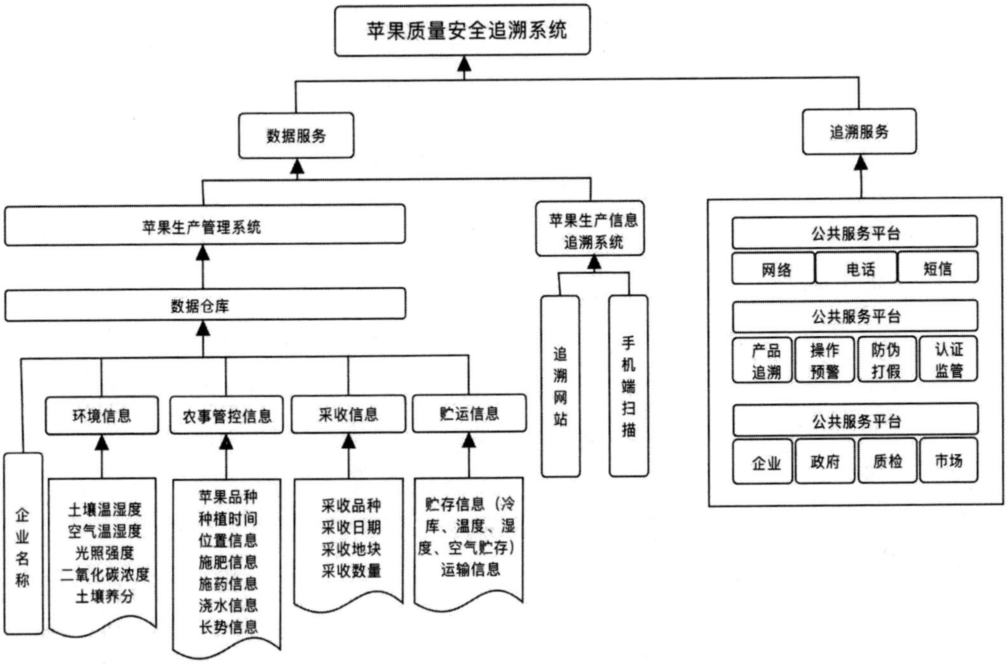

图 14-5 苹果精准追溯系统基本框架

（二）框架设计

设计框架主要从生产企业指向销售终端，框架的技术点主要是设计电子标签、GPS 定位、Internet、无线传感和中心数据库等。研究的主要内容包括苹果基地生产监控、消费者对产品的追溯和对苹果信息服务的 3 个层面，内容覆盖了苹果产前、产中和产后 3 个重要环节的技术。最后研究苹果管理的精准系统、质量安全追溯系统和信息服务系统，构建苹果质量安全保障技术体系，以期实现对苹果生产过程完整信息的精准追溯。

（三）系统设计

1. 主页设计

系统的架构主要包括简介、企业、查询、监控预警、农事管控、市场价格、安全信息等板块。简介的功能主要是对该系统的功能和架构进行系统的描述；企业主要是展示入驻企业的基本信息和主要特色产品；查询是利用追溯码对苹果产品信息的详细了解并展示查询结果以及投诉建议；监控预警的内容包括产地环境信息、果园投入品管理、市场预估等；农事管控包含农户信息、地块信息、水肥管理信息、采收及分级信息、贮运信息和产量信息等；安全信息包含苹果生产到加工产品的系列安全技术规程以及相关食品安全普及知识。

2. 后台设计

系统后台根据管理员、生产者、消费者、监督者的权限和需求分别设置对应的功能模块，包含网站管理、信息上传、二维码管理、用户管理、系统管理。网站管理包含网页信息维护与数据信息维护；信息上传由生产者和管理者对农户信息、地块信息、水肥管理信息、采收及分级信息、贮运信息和产量信息进行数据（文字、图片、视频）上传；二维码管理是由生产者上传苹果产品的主要信息，并由系统自动生成对应的QR 二维码和一维追溯码；用户管理是对用户注册进行审核以及权限分配管理；系统管理主要是对后台系统的功能进行日常运维及管理。

（四）功能设计

1. 追溯功能设计

追溯功能设计主要涉及二维码设计、追溯编码和追溯查询。二维码是消费者了解苹果产品信息的主要途径，二维码的内容具有精准性和真实性，消费者通过对产品的诉求，可以直接影响苹果产业的发展，决定苹果的生产和加工方式。所以二维码设计是实现苹果及系列产品质量安全追溯的重要环节。追溯编码是每批产品通过系统后台直接生成。其中二维码信息主要包含产品的名称、图片、等级认证、生产地、农业信息及联系方式等。追溯查询是消费者通过二维码扫描了解产品信息或者在网站上输入追溯码进行查询。

2. 数据查询

后台系统链接产品信息数据仓库，数据包含产品生产全过程，主要包括生产农户信息、地理位置信息、果树信息、农事管理信息、采摘信息等，通过后台对数据进行管理维护和分析。

3. 监控预警

系统通过结合产品和气象数据进行融合分析，为生产者提供合适的种植方案和风险预警；为消费者提供监测平台，用以监督果树的农药、化肥等使用情况，并了解苹果的市场价格。

四、贵州苹果产业发展质量安全可追溯建议

（一）采用高端技术，提高追溯效率

充分运用大数据技术，多种网络技术、条码识别等前沿技术的配套，学习引进发达国家的先进技术，实现农产品质量安全可追溯，形成生产有记录、信息可查询、质量有保障、责任可追究的农产品质量安全追溯体系。追溯系统涉及企业许多不宜公开的数据，数据的暴露势必会给企业带来损失，为降低追溯系统的风险，应提高信息采集的准确性、加强工作人员的培训、优化数据的处理技术、设置预警系统等来降低追溯系统带来的风险，大力提高追溯系统的效率。

（二）完善法律法规，适应新势态

随着农业产业的快速发展，农业新技术追溯系统的运用以及农业的新发展传统的法律法规已达不到预期的要求。因此，有关部门应根据产业发展制定更有针对性的法律法规。同时，政府政府部门要提高监管效

率，做好顶层设计，确保苹果产业的发展平衡有序。

（三）明确监管主体，提高监管效率

目前我国的农产品监管体系存在“分种类”和“分段式”管理现象，农产品的追溯管理部门较多。针对这种现象，建立顶层设计具有重要的意义，设置主管部门后，要划清各部门的权责和监管的界限，真正实现多部门协调配合，填补农产品质量安全监管的漏洞，保障农产品追溯行业健康地发展。在各部门和社会团体的配合下，加大贵州“食品安全云”建设，为全省各特色农业品种、农产品生产企业提供质量追溯技术服务。当农产品在某个环节出现危害健康的安全性问题时，特定部门按照农产品原料生产、加工至成品、最终消费过程中各个环节所必须记录的信息，追踪产品流向，召回问题食品，切断源头，消除危害，最终实现农产品的安全风险管理。

B15

贵州苹果生产企业发展报告

李春艳　杨　华

摘　要： 贵州省的企业名称中带有“苹果”字样存续且经营范围与“苹果”相关的企业共有437家。其中，黔南州地区共有192家苹果企业，毕节市共有147家苹果企业，黔西南州共有33家苹果企业，安顺市有20家苹果企业，遵义市有12家，贵阳市有10家，六盘水市和黔东南州各有8家苹果企业，铜仁市有7家。此外，在贵州省现有的437家苹果相关企业当中，共有农民专业合作社、个人独资企业和有限责任公司这3种类别。其中，农民专业合作社的数量最多，总共有231家；有限责任公司的数量最少，仅有30家；个人独资企业的数量是176家。

关键词： 贵州苹果；生产企业；现状分析

一、贵州苹果生产企业总体情况分析

苹果可以适应多种气候，我国河北、辽宁、甘肃、陕西、山西、四川、山东、云南、贵州、西藏等地常见苹果栽培。贵州凭借其得天独厚的自然资源优势和独具特色的人文历史条件逐渐发展成为苹果种植大省，通过大规模种植苹果为地方脱贫做出了突出贡献。贵州各地区也开始出现不同类型的苹果企业，推动了贵州苹果产业的发展。

通过统计贵州苹果企业相关信息发现，贵州省的企业名称中带有“苹果”字样存续且经营范围与“苹果”相关的企业共有437家。其中苹果企业数量超过100家的地区有两个，分别为黔南州和毕节市，黔南州地区共有 192 家苹果企业，毕节市的苹果企业共有 147 家。黔西南州的苹果企业共有 33 家，安顺市有 20 家，遵义市有 12 家，贵阳市有 10 家，六盘水市和黔东南州各有 8 家苹果企业，铜仁市有 7 家。具体的数量统计见表 15-1。

表 15-1　贵州省各地区苹果企业数量分布

地区	黔南州	毕节市	黔西南州	安顺市	遵义市	贵阳市	六盘水市	黔东南州	铜仁市
数量 / 家	192	147	33	20	12	10	8	8	7

资料来源：作者依据企业统计年鉴汇总所得，http://stjj.guizhou.gov.cn/。

贵州省各地区的苹果企业数量分布差距较大，其中黔南州的企业数量位居全省第一。毕节市的苹果企业数量位居全省第二。这两个地区的苹果企业数量均多于 100 家。安顺市、遵义市、贵阳市的苹果企业数量在全省依次排名第三、第四和第五。而六盘水市、黔东南州和铜仁市的苹果企业数量均少于 10 家。

对于贵州省现有的 437 家苹果相关企业，按照企业性质分类，可以将其划分为农民专业合作社、个人独资企业和有限责任公司这 3 种类别，每个种类的公司数量均有不同。其中，农民专业合作社的数量最多，总共有 231 家，有限责任公司的数量最少，仅有 30 家；而个人独资企业的数量是 176 家。虽然公司类别各有不同，但是它们都为贵州苹果产业的发展做出了突出贡献。对于不同类别的贵州省苹果企业数量划分情况具体见表 15-2。

表 15-2　不同类别的贵州苹果企业数量分布汇总

企业名称	农民专业合作社	个人独资企业	有限责任公司	合计：437
数量 / 家	231	176	30	

资料来源：作者依据企业统计年鉴汇总所得，http://stjj.guizhou.gov.cn/。

通过统计数据发现，在这 437 家贵州苹果企业当中，农民专业合作社的数量占比约 53%，贵州省各地区通过大力发展基层力量，为贵州苹果产业的发展奠定了坚实的基础。个人独资企业的占比约 40%，这说明苹果产业在带动地方经济发展方面的积极作用发挥较好，有很多中小企业纷纷加入贵州苹果发展队伍中来。但是有限责任公司的占比为 7% 左右，在 3 类不同性质的企业当中占比最少，这说明贵州苹果目前的发展仍然以小规模为主，缺乏实力强的大型企业发挥带动引领作用。关于农民专业合作社、个人独资企业与有限责任公司的占比情况具体如图 15-1 所示。

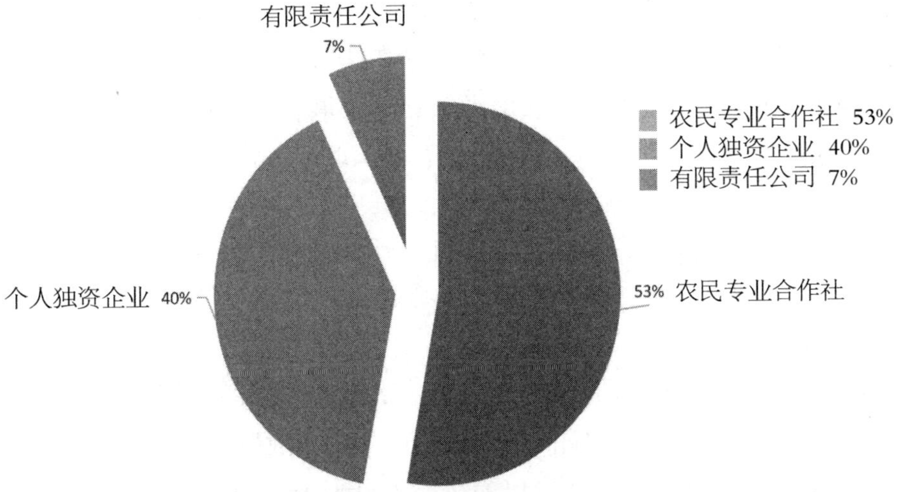

图 15-1 不同类别的贵州苹果企业数量占比

资料来源：作者依据企业统计年鉴汇总所得，http://stjj.guizhou.gov.cn/。

为了带动农村脱贫致富，提高农民种植苹果的积极性，贵州省各地区纷纷成立了多个生产苹果的农民专业合作社，在目前贵州省内成立的农民专业合作社中，毕节市的数量位居全省第一，有 107 家。黔南州的农民专业合作社数量次之，有 89 家。黔西南州地区的农民专业合作社位居全省第三，共有 18 家。遵义市和黔东南州地区的农民专业合作社数量相同，都为 4 家。六盘水市和铜仁市的农民专业合作社数量相同，均为 3 家。安顺市有两家，而贵阳市只有一家。关于贵州省不同地区的农民专业合作社数量分布情况具体见表 15-3。

表 15-3 贵州省不同地区的农民专业合作社数量统计

地区	毕节市	黔南州	黔西南州	遵义市	黔东南州	六盘水市	铜仁市	安顺市	贵阳市
数量 / 家	107	89	18	4	4	3	3	2	1

资料来源：作者依据企业统计年鉴汇总所得，http://stjj.guizhou.gov.cn/。

贵州省各地区的农民专业合作社数量差距悬殊较大，数量超过 100 家的地区只有毕节市，数量为 50~100 的地区是黔南州，遵义市、黔东南州、六盘水市、铜仁市、安顺市和贵阳市的数量均低于 5 家，这说明农民专业合作社在各地区的分布主要聚集在毕节市和黔南州，黔西南州正在展现出快速发展的趋势，但是仍然处于发展初期阶段，其余几个地区在农民专业合作社的发展方面仍然还有很长的路要走。

个人独资企业在贵州苹果的发展过程中发挥着重要作用。贵州省不同地区的个人独资企业发展现状各有不同，就其数量而言，个人独资企业的地区分布数量差距较大。其中，黔南州的个人独资企业数量最多，有 91 家。毕节市的个人独资企业数量次之，有 36 家。安顺市有 18 家个人独资企业，数量排名位居全省第三。贵阳市、黔西南州、遵义市的企业数量相同，均为 7 家。铜仁市和黔东南州的企业数量相同，均为 4 家。六盘水市的个人独资企业数量仅为 2 家（见表 15-4）。

表 15-4 贵州省不同地区的个人独资企业数量汇总

地区	黔南州	毕节市	安顺市	贵阳市	黔西南州	遵义市	铜仁市	黔东南州	六盘水市
数量 / 家	91	36	18	7	7	7	4	4	2

资料来源：作者依据企业统计年鉴汇总所得，http://stjj.guizhou.gov.cn/。

在个人独资企业的数量统计中发现，个人独资企业数量多于 50 家的地区只有黔南州，数量为 20~50 的地区只有毕节市。贵阳市、黔西南州、遵义市、铜仁市、黔东南州、六盘水市 6 个地区的个人独资企业数量均少于 10 家。这说明个人独资企业的发展主要聚集在黔东南州地区，毕节市和安顺市在发展个人独资企业方面正处于从初步发展到快速发展的过渡期，个人独资企业数量较其他地区有所增长，但是和黔南州地区相比差距仍然较大。

在贵州省苹果产业的发展过程中，有限责任公司相比于农民专业合作社和个人独资企业而言数量最少，目前仅有 30 家。其中黔南州的有限责任公司数量最多，有 12 家。黔西南州的数量次之，有 8 家。毕节市、六盘水市和贵阳市的数量依次为 4 家、3 家和 2 家，除此之外，遵义市仅有 1 家有限责任公司。各个地区具体的有限责任公司数量分布统计情况见表 15-5。

表 15-5 贵州省各地区有限责任公司数量统计

地区	黔南州	黔西南州	毕节市	六盘水市	贵阳市	遵义市
数量 / 家	12	8	4	3	2	1

资料来源：作者依据企业统计年鉴汇总所得，http://stjj.guizhou.gov.cn/。

与农民专业合作社、个人独资企业相比，贵州省各地区的有限责任公司数量差距较小，其中数量超过 10 家的企业仅有黔南州地区，数量为 5~8 家的只有黔西南地区，毕节市、六盘水市、贵阳市、遵义市的有限责任公司数量均小于 5 家。相比于农民专业合作社、个人独资企业而言，有限责任公司的发展尚不成熟，各个地区的有限责任公司数量都较少，并且在发展有限责任公司方面仍然有很大的进步空间。

二、贵州省各地区有限责任苹果企业概况分析

有限责任公司在贵州各地区的分布状况各不相同，本报告将从企业名称、企业负责人、统一社会信用代码、企业类型、企业注册资本、企业住址、企业经营范围 7 个方面对贵州省各地区的有限责任苹果公司进行统计分析。

首先，在黔南州的 12 家有限责任公司中，注册资本最多（3000 万元）的是位于贵州省黔南州长顺县长寨镇城关长发西路的贵州雄雁农业综合开发有限公司，该公司主要业务为种植和销售苹果、有机稻谷、板栗、

杨梅等。贵州独山苹果山庄农业发展有限公司和贵州凤汝农业科技有限公司的注册资本相同，均为1000万元，前者主要种植和销售果蔬和蔬菜，后者主要销售苹果、冬桃等农作物。平塘县金禾农业发展有限公司和长顺县了扬农业发展有限公司的注册资本均为500万元。在黔南州所有的有限责任公司当中，长顺县瑞丰源农业发展有限公司和贵州省长顺县钦平苹果有限公司的注册资本是最少的，均为10万元。关于黔南州地区所有的有限责任公司概况具体见表15-6。

表15-6 黔南州有限责任公司概况汇总

序号	企业名称	企业负责人	统一社会信用代码	企业类型	资本/万元	企业住址	经营范围
1	贵州独山苹果山庄农业发展有限公司	陆英	915227260989552341	有限责任公司	1000	贵州省黔南州独山县百泉镇河亭村巴银组	蔬菜、果树等种植、销售；农产品初加工、销售
2	贵州省长顺县钦平苹果有限公司	陈萍	91522729314340147E	有限责任公司	10	长顺县长寨镇龙滩寨	水果种植、销售
3	长顺县贵宏茶叶有限公司	罗伯江	91522729308831230G	有限责任公司	50	长顺县长寨镇民主路文体广电局对面	茶叶、苹果、核桃、柑橘、林木、药材种植
4	贵州雄雁农业综合开发有限公司	黄晓明	91522729308775910F	有限责任公司	3000	贵州省黔南州长顺县长寨镇城关长发西路	有机稻谷、杨梅、板栗、苹果等种植、销售
5	平塘县金禾农业发展有限公司	姜兴乾	91522727MA6DJF4A14	有限责任公司	500	贵州省黔南州平塘县平舟镇新舟泊岸御都	牛、马、羊养殖销售；葡萄、桃子、苹果种植与销售
6	贵州凤汝农业科技有限公司	刘永付	91522726MA6DK8EH9K	有限责任公司	1000	贵州省黔南州独山县百泉镇凤汝村	冬桃、苹果种植与销售；农业大棚制作及销售
7	长顺县江汇养殖有限公司	刘正勇	91522729MA6DTN0J6J	有限责任公司	120	贵州省黔南州长顺县广顺镇移民安置点	鸡的饲养、销售；苹果种植与销售
8	长顺县瑞丰源农业发展有限公司	梁金华	91522729MA6DKRK26D	有限责任公司	10	贵州省黔南州长顺县代化镇纳傍村哨上组	苹果种植；绿壳蛋鸡养殖；黄牛养殖
9	长顺县千里宏升种植有限公司	陈明菊	91522729MA6EGXKJ0K	有限责任公司	100	贵州省黔南州长顺县广顺镇新寨社区	苹果、中药材种植与销售；农产品种植技术培训等
10	贵州阿里鸿农业开发有限公司	蒲睿	91522729MA6DKJLM4X	有限责任公司	100	贵州省黔南州长顺县长征大道长寨镇	苹果、葡萄、中药材种植；农业休闲观光及旅游等
11	贵州省黔顺山货贸易有限公司	石广义	91522729MA6E6DH155	有限责任公司	200	贵州省黔南州长顺县鼓扬镇幸福社区B5号	高钙苹果、食用油、蜂蜜、面条、生鲜制品等销售

续表

序号	企业名称	企业负责人	统一社会信用代码	企业类型	资本/万元	企业住址	经营范围
12	长顺县了扬农业发展有限公司	杨锋	91522729MA6HWPKM39	有限责任公司	500	贵州省黔南州长顺县长寨镇祥顺花园D2栋	鸡、猪养殖、销售；苹果、葡萄、中药材种植等

资料来源：作者依据企业统计年鉴汇总所得，http://stjj.guizhou.gov.cn/。

在黔西南州的8家有限责任公司当中，位于白碗窑镇白陶厂的贵州益生福农业开发有限责任公司的注册资本最多，为2550万元，该企业主要负责种植、销售苹果，以及对农产品进行贮藏、运输的相关工作。位于贵州省黔西南州兴义市黄草办七星路37号的黔西南州白龙农业科技有限公司与位于贵州省兴仁市城南街道办事处李关村的贵州优康农业科技有限公司的注册资本相同，均为100万元。此外，位于兴仁市波阳镇新寨村新寨一组的贵州省玉秀绿色食品有限公司的注册资本在所有黔西南地区最少，仅为50万元。关于黔西南州有限责任公司的具体概况见表15-7。

表15-7 黔西南州有限责任公司概况汇总

序号	企业名称	企业负责人	统一社会信用代码	企业类型	资本/万元	企业住址	经营范围
1	黔西南州红苹果生鲜销售有限公司	令狐克俊	91522300MA6E87N189	有限责任公司	100	兴义市马岭镇龙井村兴龙果蔬批发市场	农产品、蔬菜、水果等的仓储、销售及配送服务
2	兴仁县精诚农业开发有限责任公司	邓勇	91522322308761279B	有限责任公司	500	兴仁市回龙镇	鸡的饲养及销售；苹果、葡萄的种植及销售
3	贵州益生福农业开发有限责任公司	肖云亮	91522301MA6DMYKMXL	有限责任公司	2550	白碗窑镇白陶厂	苹果种植销售；农产品销售、加工、贮藏、运输等
4	贵州峰峡溪谷度假旅游有限公司	周平德	91522322MA6H3XYJ1E	有限责任公司	1000	兴仁市城南办事处杨泗屯苹果基地	高钙苹果种植、园林、花卉、盆景培植与销售等
5	贵州省玉秀绿色食品有限公司	田玉秀	91522322MA6DY6AQ89	有限责任公司	50	兴仁市波阳镇新寨村新寨一组	种植核桃、薏仁米、无籽刺梨、高钙苹果、烤烟
6	贞丰县纳尧山地农业综合种植有限责任公司	左绍昉	91522325MA6DNDXL2E	有限责任公司	210	贵州省黔西南布依族苗族自治州贞丰县珉谷街道纳尧村纳尧组	苹果、椪柑、蓝靛、生姜等的种植及销售；生态鸡和生态猪饲养及销售

续表

序号	企业名称	企业负责人	统一社会信用代码	企业类型	资本/万元	企业住址	经营范围
7	黔西南州白龙农业科技有限公司	王渴培	91522301MA6E4MN25M	有限责任公司	100	贵州省黔西南州兴义市黄草办七星路37号	苹果种植及销售；农资销售；苗木培育及销售等
8	贵州优康农业科技有限公司	王克平	91522322MA6HMAXY90	有限责任公司	100	贵州省兴仁市城南街道办事处李关村	农业科技开发及推广；苹果、茶叶种植及销售

资料来源：作者依据企业统计年鉴汇总所得，http://stjj.guizhou.gov.cn/。

毕节市有4家有限责任公司，在这4家公司当中，位于威宁县黑石头镇河坝村的贵州宝峰冰心苹果开发有限公司的注册资本高达5000万元，位于贵州省毕节市威宁县扶贫办办公楼的贵州威宁鼎峰果业有限公司注册资本有2000万元，位于黔西县驮煤河移民城的黔西县友聚生态农业科技有限责任公司注册资本也是高达2000万元。此外，位于威宁县雪山镇锅底村的威宁良忠农业科技有限公司的注册资本最少，仅有10万元。关于毕节市有限责任公司的具体概况见表15-8。

表15-8 毕节市有限责任公司概况汇总

序号	企业名称	企业负责人	统一社会信用代码	企业类型	资本/万元	企业住址	经营范围
1	贵州宝峰冰心苹果开发有限公司	许如奎	91520526MA6DJ1TY9P	有限责任公司	5000	威宁县黑石头镇河坝村	苹果种植与销售；苗木培育；农产品加工及销售
2	贵州威宁鼎峰果业有限公司	翁大平	91520526598350290W	有限责任公司	2000	贵州省毕节市威宁县扶贫办办公楼内	苹果种植；果品销售；园林绿化工程建设等
3	威宁良忠农业科技有限公司	王良忠	91520526MA6DT1RC0H	有限责任公司	10	威宁县雪山镇锅底村	种植苹果、养殖、苗木出售
4	黔西县友聚生态农业科技有限责任公司	谢群	91520522MA6ECN8D6Q	有限责任公司	2000	黔西县驮煤河移民城四栋一单元501	苹果、葱、蔬菜经济林木的种植和收购与销售；农副产品的加工销售等

资料来源：作者依据企业统计年鉴汇总所得，http://stjj.guizhou.gov.cn/。

六盘水市有关苹果的有限责任公司有3家，在这3家公司当中，位于六盘水市盘州市双凤镇鄢家庄村二组的盘州市顺益种养殖有限公司的注册资本高达160万元，位于贵州省六盘水市钟山区保华镇双营村十组的六盘水云哥鲜果自酿酒有限公司的注册资本有 30 万元，位于贵州省六盘水市盘州市水塘镇铁厂村一组的盘州市水塘红苹果种植有限责任公司的注册资本有 10 万元。关于这 3 家公司的具体概况见表 15-9。

表 15-9　六盘水市有限责任公司概况汇总

序号	企业名称	企业负责人	统一社会信用代码	企业类型	资本/万元	企业住址	经营范围
1	盘州市水塘红苹果种植有限责任公司	钱波	91520222MA6GGRG568	有限责任公司	10	贵州省六盘水市盘州市水塘镇铁厂村一组	水果种植及销售
2	盘州市顺益种养殖有限公司	张雕	91520222MA6J59HJ05	有限责任公司	160	六盘水市盘州市双凤镇鄢家庄村二组	苹果、桃树的种植与销售；餐饮服务
3	六盘水云哥鲜果自酿酒有限公司	龙怀云	91520201MA6J7AY58K	有限责任公司	30	贵州省六盘水市钟山区保华镇双营村十组	销售和酿制：野生猕猴桃、苹果、梨、桃等果酒

资料来源：作者依据企业统计年鉴汇总所得，http://stjj.guizhou.gov.cn/。

贵阳市有两家有限责任公司，其中位于贵阳市白云区沙文镇高坡占补平衡坡改梯的贵州飞星金苹果农林科技有限公司规模较大，有 200 万元的注册资本。位于流长乡冒井村四组的清镇市恒顺永发蔬果种植有限公司有 170 万元的注册资本。这两家公司均属于规模较大且发展态势较好的代表。关于两家公司的具体情况见表 15-10。

表 15-10　贵阳市有限责任公司概况汇总

序号	企业名称	企业负责人	统一社会信用代码	企业类型	资本/万元	企业住址	经营范围
1	贵州飞星金苹果农林科技有限公司	金海鹰	91520113308706229P	有限责任公司	200	贵阳市白云区沙文镇高坡占补平衡坡改梯	苗木、果树种植与销售；农作物种植销售等
2	清镇市恒顺永发蔬果种植有限公司	蒙永	91520181MA6DM93X3J	有限责任公司	170	流长乡冒井村四组	种植鱼腥草、樱桃、苹果、核桃、晚熟李子

资料来源：作者依据企业统计年鉴汇总所得，http://stjj.guizhou.gov.cn/。

遵义市的有限责任公司的数量最少，仅有一家企业（见表 15-11），该企业是位于贵州省遵义市遵义县三合镇冷水村前丰组的遵义心梦园农业开发有限公司，该企业注册资本800万元，主要种植、销售苹果、板栗、杨梅、车厘子、樱桃等。

表 15-11 遵义市有限责任公司概况汇总

序号	企业名称	企业负责人	统一社会信用代码	企业类型	资本/万元	企业住址	经营范围
1	遵义心梦园农业开发有限公司	崔小兵	91520321MA6DL9Y3X7	有限责任公司	800	贵州省遵义市遵义县三合镇冷水村前丰组	车厘子、杨梅、板栗、樱桃、苹果种植与销售等

资料来源：作者依据企业统计年鉴汇总所得，http://stjj.guizhou.gov.cn/。

三、贵州省各地区个人独资苹果企业概况分析

个人独资企业在贵州各地区的数量和分布各不相同，本报告仍然从企业名称、企业负责人、统一社会信用代码、企业类型、企业注册资本、企业住址、企业经营范围7个方面对贵州省各地区的个人独资苹果企业进行统计分析。

首先，六盘水市有两家个人独资企业，位于贵州省六盘水市水城县木果镇新丰村四组的水城县昌富达养殖场拥有15万元的注册资本，该公司主要种植、销售苹果，以及养殖、销售猪。位于贵州省水城县玉舍镇俄脚村转山组的水城县先科百果园种植场的注册资本有10万元，该公司主要种植、销售苹果和樱桃。关于六盘水市的个人独资企业概况具体见表15-12。

表 15-12 六盘水市个人独资企业概况汇总

序号	企业名称	企业负责人	统一社会信用代码	企业类型	资本/万元	企业住址	经营范围
1	水城县昌富达养殖场	陈永江	91520221MA6DUFJL7W	独资	15	贵州省六盘水市水城县木果镇新丰村四组	养殖与销售：猪；种植与销售：苹果
2	水城县先科百果园种植场	汪崇先	91520221MA6E80PB3N	独资	10	贵州省六盘水市水城县玉舍镇俄脚村转山组	樱桃、苹果种植及销售

资料来源：作者依据企业统计年鉴汇总所得，http://stjj.guizhou.gov.cn/。

铜仁市总共有4家个人独资企业，其中位于贵州省铜仁市石阡县河坝场乡瓮坪村的石阡县河坝岩上苹果、桃种植场的注册资本有15万元，该公司主要种植、销售苹果和桃子。位于贵州省铜仁市碧江区坝黄镇龙井村凯芒上组的铜仁市碧江区杨姣苹果种植园的注册资本有10万元，该公司主要负责种植、销售苹果。关于铜仁市的个人独资企业概况具体见表15-13。

表 15-13 铜仁市个人独资企业概况汇总

序号	企业名称	企业负责人	统一社会信用代码	企业类型	资本/万元	企业住址	经营范围
1	石阡县河坝岩上苹果、桃种植场	罗明仁	91520623055017539M	独资	15	贵州省铜仁市石阡县河坝场乡瓮坪村	苹果、桃种植与销售
2	铜仁市碧江区杨姣苹果种植园	杨姣	91520602MA6E997L0Q	独资	10	贵州省铜仁市碧江区坝黄镇龙井村凯芒上组	苹果种植与销售
3	松桃寨英牛塘坡水果种植园	罗国富	92520628MA6HGLTF5Y	独资	—	松桃苗族自治县寨英镇凯牌村	苹果种植与销售
4	思南县宽坪乡金山琴缘种养农场	陈文国	92520624MA6ECGE92X	独资	0.0105	贵州省铜仁市思南县宽坪乡良田坝村新田坎组	杨梅、苹果种植与销售，鸡、牛养殖与销售

资料来源：作者依据企业统计年鉴汇总所得，http://stjj.guizhou.gov.cn/。

在黔东南州的4家个人独资企业当中，黄平县纸房乡金河村五组的黄平县纸房乡光华苹果、桃种植基地的注册资本有10万元，该企业主要种植、销售苹果、桃子和脐橙。位于贵州省黔东南州黄平县野洞河的春晖苹果、桃种植场注册资本有5万元，该公司主要种植水果，其中苹果是其主营水果。关于这4家个人独资公司的概况具体见表15-14。

表 15-14 黔东南州个人独资企业概况汇总

序号	企业名称	企业负责人	统一社会信用代码	企业类型	资本/万元	企业住址	经营范围
1	黄平县野洞河春晖苹果、桃种植场	陈文刚	9152262259936458XM	独资	5	贵州省黔东南州黄平县野洞河	水果种植
2	黄平县纸房乡光华苹果、桃种植基地	郭光华	91522622MA6E5J0D66	独资	10	黄平县纸房乡金河村五组	苹果、桃、脐橙种植与销售

续表

序号	企业名称	企业负责人	统一社会信用代码	企业类型	资本/万元	企业住址	经营范围
3	岑巩县小苹果鲜果食杂店	何正发	92522626MA6HBP7E0D	独资	—	岑巩县中心市场外街王家私宅门面	鲜水果，预包装食品、乳制品
4	凯里市杨长美水果批发部	杨长美	92522601MA6J26KE4Q	独资	—	凯里市银田农产品物流园A区3栋1号	苹果、香蕉批零兼营

资料来源：作者依据企业统计年鉴汇总所得，http://stjj.guizhou.gov.cn/。

在黔西南州的7家个人独资企业当中，贵州省黔西南州兴义市鲁布格镇发玉村阿珠寨组的兴义市云峰果蔬种植场、兴仁市百德镇的兴仁县百德镇昌胜种植园、兴仁市百德镇彭家田组的兴仁县百德镇国祥种植基地、兴仁市百德镇百屯居委会彭家田组的兴仁晓峰种植基地4家企业的注册资本均为10万元，并且这4家企业均以种植、销售苹果为主营业务。关于这7家企业的具体概况见表15-15。

表15-15 黔西南州个人独资企业概况汇总

序号	企业名称	企业负责人	统一社会信用代码	企业类型	资本/万元	企业住址	经营范围
1	兴义市木子李苹果园	李兴彪	92522301MA6E7J1E1W	独资	—	贵州省黔西南州兴义市白碗窑镇海子村场坝组	鲜果批零兼营
2	兴仁市苹果便民店	曾孔兵	92522322MA6H5HHK94	独资	—	兴仁市东湖街道办事处东湖社区科教路	水果、乳制品
3	兴义市云峰果蔬种植场	顾生丽	915223013224498710Q	独资	10	贵州省黔西南州兴义市鲁布格镇发玉村阿珠寨组	苹果、中药材种植与销售
4	兴仁县百德镇昌胜种植园	张国军	91522322MA6DJM8048	独资	10	兴仁市百德镇	苹果
5	兴仁县百德镇国祥种植基地	张国祥	91522322MA6DJNWN84	独资	10	兴仁市百德镇彭家田组	苹果种植
6	兴仁县百德镇王英种植园	张朝刚	91522322MA6DJNXQ9Y	独资	10	兴仁市百德镇	苹果种植
7	兴仁晓峰种植基地	吴贤平	91522322MA6E6DEAXX	独资	10	兴仁市百德镇百屯居委会彭家田组	种植（苹果）

资料来源：作者依据企业统计年鉴汇总所得，http://stjj.guizhou.gov.cn/。

在遵义市的7家个人独资企业当中，桐梓县官仓镇楠木村的红苹果种植基地和桐梓县高桥镇的天发精品苹果基地都有50万元的注册资本，是遵义市较为杰出的个人独资企业代表。此外，桐梓县九坝镇天池村大沟组的九坝镇苹果养殖场的注册资本有 3330.8 元人民币，贵州省遵义市娄山关镇杉坪村钟家山组的桐梓县杉坪村苹果种植场有 10 万元注册资本。这些企业均在贵州苹果产业的发展过程中做出重要贡献。关于遵义市各个人独资企业的具体概况见表 15-16。

表 15-16 遵义市个人独资企业概况汇总

序号	企业名称	企业负责人	统一社会信用代码	企业类型	资本/万元	企业住址	经营范围
1	桐梓县高桥镇天发精品苹果基地	曹天发	91520322053301819Y	独资	50	贵州省遵义市桐梓县	苹果种植与销售
2	桐梓县杉坪村苹果种植场	王刚	91520322080698196R	独资	10	贵州省遵义市娄山关镇杉坪村钟家山组	苹果种植与销售
3	桐梓县九坝镇苹果养殖场	覃克均	91520322051910821T	独资	0.33308	桐梓县九坝镇天池村大沟组	母猪、商品猪、鱼的养殖及销售；果树的种植与销售
4	桐梓县红苹果种植基地	谢芳	91520322078460533A	独资	50	桐梓县官仓镇楠木村	水果种植与销售
5	余庆县大乌江镇老渡苹果桃种植基地	李治国	91520329598354478W	独资	0.083	贵州省遵义市余庆县大乌江镇街上	果树种植
6	播州区穆大勇种植场	穆大勇	92520321MA6H44WJ58	独资	—	播州区芶江镇钩江居青杠组	苹果、柿子、板栗种植
7	播州区蒋尚贤种植场	蒋尚贤	92520321MA6H44YF5G	独资	—	播州区芶江镇钩江居河山组	脆红李、梨、苹果种植

资料来源：作者依据企业统计年鉴汇总所得，http://stjj.guizhou.gov.cn/。

在贵阳市的 7 家个人独资企业中，位于贵州省贵阳市息烽县西山镇猪场村三背田组的息烽云上梯田种植场的注册资本高达 100 万元，是贵阳市规模最大、实力最强的苹果种植、销售基地。贵州省贵阳市开阳县米坪乡伍寨村的开阳县九龙洞苹果桃李种植园、贵州省贵阳市花溪区石板镇物流园果蔬交易大库二层的贵阳花溪果多美水果经营部这两家企业的注册资本均为 10 万元。关于这 7 家企业的具体概况见表 15-17。

表 15-17 贵阳市个人独资企业概况汇总

序号	企业名称	企业负责人	统一社会信用代码	企业类型	资本/万元	企业住址	经营范围
1	开阳县九龙洞苹果桃李种植园	邹德龙	91520121347074658Q	独资	10	贵州省贵阳市开阳县米坪乡伍寨村	水果种植与销售
2	贵阳花溪果多美水果经营部	刘志福	92520111MA6F5EMM7T	独资	10	贵州省贵阳市花溪区石板镇物流园果蔬交易大库二层	苹果、梨销售
3	贵阳市观山湖区红苹果果蔬店	宁左文	92520115MA6E3RB35G	独资	—	贵州省贵阳市观山湖区金华镇金华社区二组	零售：果蔬
4	息烽云上梯田种植场	周训国	91520122MA6EB55J16	独资	100	贵州省贵阳市息烽县西山镇猪场村三背田组	苹果、刺梨的种植销售；鸡、鹅养殖销售等
5	贵阳花溪黄霞水果经营部	黄霞	92520111MA6FLPM20N	独资	—	贵州省贵阳市花溪区地利农产品物流园果蔬交易大厅二层	西瓜、苹果销售
6	息烽县聂少国种植场	聂少国	92520122MA6DYHX36J	独资	—	贵州省贵阳市息烽县青山苗族乡大林村黄家湾组	苹果种植
7	开阳茗尧种植场	彭显利	92520121MA6J3PMY80	独资	—	贵州省贵阳市开阳县城关镇顶方村马家店组	苹果的种植与销售

资料来源：作者依据企业统计年鉴汇总所得，http://stjj.guizhou.gov.cn/。

通过统计在安顺市 18 家个人独资企业的基本数据发现，安顺市的个人独资企业均以小规模企业为主，注册资本最高的是位于安顺市西秀区东屯乡的安顺市西秀区东屯乡大坡顶农庄，该农庄的注册资本是 20 万元。位于岗乌镇新发村四组的关岭金龙种植场、位于安顺市西秀区杨武乡补董村补董组的安顺市西秀区民众高钙苹果种植场、位于贵州省安顺市平坝区乐平乡下院村的平坝县乐平乡宋国珍种植场以及位于贵州省安顺市西秀区黄腊乡八寨村汪洞组的安顺市西秀区沿航原生态桃园种植场这 4 家企业注册资本均为 10 万元。关于安顺市 18 家个人独资企业的具体概况见表 15-18。

表 15-18 安顺市个人独资企业概况汇总

序号	企业名称	企业负责人	统一社会信用代码	企业类型	资本/万元	企业住址	经营范围
1	关岭金龙种植场	刘金龙	915204245907840783	独资	10	岗乌镇新发村四组	黄金梨、王母仙桃、苹果
2	安顺市西秀区民众高钙苹果种植场	张伍妹	91520402MA6EDL076A	独资	10	安顺市西秀区杨武乡补董村补董组	苹果种植
3	平坝县乐平乡宋国珍种植场	宋国珍	915204210610000984	独资	10	贵州省安顺市平坝区乐平乡下院村	苹果树、桃子树、梨树种植与销售
4	安顺市西秀区明李苹果种植场	朱明李	91520402MA6EDLN99J	独资	—	安顺市西秀区杨武乡补董村补董乡组	苹果种植
5	安顺市平坝区红苹果水果店	吴宜莲	92520421MA6FNJWQ5Y	独资	—	贵州省安顺市平坝区安平街道办事处社保局楼下门面	水果零售
6	安顺市西秀区东屯乡大坡顶农庄	罗井长	91520402MA6DNMPM4F	独资	20	安顺市西秀区东屯乡	苹果、核桃等水果种植
7	安顺市西秀区沿航原生态桃园种植场	李顶忠	91520402MA6DN0MR6N	独资	10	贵州省安顺市西秀区黄腊乡八寨村汪洞组	桃子、苹果种植
8	安顺市西秀区智茂种植场	田茂英	91520402MA6EDNE38A	独资	—	安顺市西秀区杨武乡补董村云盘组	苹果种植
9	安顺市西秀区文芝种植场	冯文芝	91520402MA6EDLWM2B	独资	—	安顺市西秀区杨武乡补董村毛栗坡	苹果种植
10	安顺市西秀区兴林种植园	郑焕忠	91520402MA6EDNQE42	独资	—	安顺市西秀区杨武乡猛邦村歇气关大院	苹果、花红、辣椒种植
11	安顺市西秀区三姐妹种植场	杨晓林	91520402MA6EDKT43A	独资	—	安顺市西秀区杨武乡补董村云盘组	苹果种植
12	安顺市西秀区班荣付种植园	班忠海	91520402MA6EDLJW1N	独资	—	安顺市西秀区杨武乡猛邦村水塘大岩浪	苹果、辣椒种植
13	安顺市西秀区贞敏种植场	韦贞敏	91520402MA6EDNLR96	独资	—	安顺市西秀区杨武乡猛邦村水塘坝	苹果、辣椒种植
14	安顺市西秀区智富种植场	郭学智	91520402MA6EDL56XW	独资	—	安顺市西秀区杨武乡补董村云盘组	苹果种植
15	安顺市西秀区杨梅香种植场	杨梅	91520402MA6EDNAB8U	独资	—	安顺市西秀区杨武乡补董村补董组	苹果种植
16	安顺市西秀区进奇种植园	雷进奇	91520402MA6EDNDM74	独资	—	安顺市西秀区杨武乡猛邦村猛邦坝	苹果、辣椒种植
17	安顺市西秀区胜忠海种植场	王胜忠	91520402MA6EDLJ18G	独资	—	安顺市西秀区杨武乡补董村云盘组	苹果种植
18	安顺市西秀区海兰种植场	刘海	91520402MA6EDLCM5R	独资	—	安顺市西秀区杨武乡补董村红岩	苹果种植

资料来源：作者依据企业统计年鉴汇总所得，http://stjj.guizhou.gov.cn/。

毕节市总共有36家个人独资苹果企业，这36家个人独资企业的发展规模各不相同。其中，位于龙场镇河块村的威宁县龙场镇鑫磊糖心苹果基地的注册资本最高，有159万元，该基地是毕节市发展规模最大的个人独资企业。位于麻乍镇坝海村的威宁县麻乍镇坝海村精苹果种植基地的注册资金有15万元，位于贵州省毕节市赫章县卸旗村红卫组的赫章县塔山苹果种植基地、位于贵州省毕节市赫章县可乐乡高枧村的赫章县红富士苹果种植园、位于威宁县黑石头镇河坝村的威宁县蒙山苹果种植场、位于贵州省威宁县黑石头镇河坝村的威宁县黑石联谊苹果种植场等企业注册资本均为10万元。虽然毕节市的个人独资企业均以小规模企业为主，但是这些企业都是以苹果为唯一业务的专业型企业，这些个人独资企业的发展为贵州苹果的发展做出突出贡献。关于毕节市个人独资企业的具体概况见表15-19。

表15-19 毕节市个人独资企业概况汇总

序号	企业名称	企业负责人	统一社会信用代码	企业类型	资本/万元	企业住址	经营范围
1	赫章县塔山苹果种植基地	张为良	91520527082782359Q	独资	10	贵州省毕节市赫章县卸旗村红卫组	苹果
2	赫章县红富士苹果种植园	吉永贤	91520527337371907W	独资	10	贵州省毕节市赫章县可乐乡高枧村	苹果种植
3	威宁县蒙山苹果种植场	邓仕兵	9152052605907352X3	独资	10	威宁县黑石头镇河坝村	苹果种植
4	威宁县黑石镇家园苹果基地	藏文聪	915205265993805204	独资	10	威宁县黑石镇河坝村	苹果种植
5	威宁县黑石联谊苹果种植场	余松良	91520526055020463U	独资	10	贵州省威宁县黑石头镇河坝村	苹果种植
6	威宁县麻乍镇坝海村精苹果	赵庆	91520526MA6DMQ5X27	独资	15	麻乍镇坝海村	苹果种植与销售
7	黔西县定新乡苹果种植基地	刘允	91520522308899374N	独资	10	黔西县定新乡青海村	苹果种植与销售
8	赫章县古基乡元宝村红富士苹果种植基地	曾荣琴	9152052759937178XD	独资	10	贵州省毕节市赫章县古基乡元宝村	红富士苹果种植与销售
9	纳雍县百兴镇胡敏苹果种植基地	何伟	91520525MA6DPP311M	独资	10	贵州省毕节市纳雍县百兴镇新街村街上组	苹果种植与销售
10	威宁县瑞琦苹果水产养殖基地	王龙亏	9152052609994609XU	独资	—	威宁县草海镇银龙村	水产养殖、苹果树种植与销售
11	威宁县黑石镇利丰种植场	江米云	9152052659938063 5A	独资	10	威宁县黑石镇河坝村五组	苹果种植

续表

序号	企业名称	企业负责人	统一社会信用代码	企业类型	资本/万元	企业住址	经营范围
12	大方县凤山乡蔡金龙水果种植园	蔡金龙	91520521078493896K	独资	10	贵州省毕节市大方县凤山乡杉坪村	梨子、苹果种植
13	威宁县龙场镇鑫磊糖心苹果基地	李贤刚	91520526MA6DN5M841	独资	159	龙场镇河块村	苹果种植与销售
14	威宁县黑石头镇金苹果果园	朱勋本	91520526MA6E0RKT9G	独资	10	威宁县黑石头镇黑石村街上组	苹果种植与销售、蔬菜种植与销售
15	威宁县黑石头镇金贵苹果园	张鹏	91520526MA6E0TGG2N	独资	10	威宁县黑石头镇黑石村街上组	苹果种植与销售、核桃种植与销售
16	威宁县中水镇林峰种植园	马电成	915205260610083562	独资	10	威宁县中水镇中河村四组	经果林种植（苹果树、核桃树）
17	威宁县财旺种养殖基地	刘斌	91520526347030954E	独资	10	威宁县羊街镇交河村田坝组	肉牛、野兔饲养初加工；苹果种植与销售
18	贵州省威宁县中水镇亚丰种植场	王文亚	91520526MA6DKYE86W	独资	10	威宁县中水镇友光村	经果林（苹果树、梨树、核桃树）种植
19	威宁县黑石头镇树云苹果种植	朱树云	92520526MA6EADLUXQ	独资	—	贵州省毕节市威宁县黑石头镇采基村卯纳委组	苹果种植与销售
20	黔西县苹果水果行	彭苹果	92520522MA6GD1380N	独资	—	贵州省毕节市黔西县茨园路农贸市场	水果批发
21	威宁县黑石头镇毛保才苹果园	毛保才	92520526MA6EACJA0T	独资	—	贵州省毕节市威宁县黑石头镇毛家坪村向阳组	苹果种植与销售
22	威宁县黑石头镇孙佳能苹果园	孙佳能	92520526MA6EAAQAX8	独资	—	贵州省毕节市威宁县黑石头镇毛家坪村独树组	苹果种植
23	威宁县黑石头镇毛艳忠苹果园	毛艳忠	92520526MA6EAAUB3R	独资	—	贵州省毕节市威宁县黑石头镇毛家坪村坪营组	苹果种植与销售
24	威宁县黑石头镇毛阳省苹果园	毛阳省	92520526MA6EACUT61	独资	—	贵州省毕节市威宁县黑石头镇毛家坪村向阳组	苹果种植与销售
25	威宁县黑石头镇李永华苹果园	李永华	92520526MA6EADM35B	独资	—	贵州省毕节市威宁县黑石头镇毛家坪村向阳组	水果种植与销售
26	威宁县黑石头镇文田村永惠养殖场	陶永筛	91520526MA6E2TY58W	独资	15	威宁县黑石头镇文田村小河口组	牛的饲养与销售；蔬菜、苹果种植与销售
27	威宁县黑石头镇冬旭果园	尤冬旭	91520526MA6EA8LG1M	独资	10	威宁县黑石头镇坝口村坝口组	苹果种植与销售
28	赫章县民茂源种植园	文明	91520527MA6E3CK4XF	独资	10	赫章县妈姑镇寨子村	香椿树、苹果、中药材等种植与产品销售

续表

序号	企业名称	企业负责人	统一社会信用代码	企业类型	资本/万元	企业住址	经营范围
29	威宁县雪山枫超种植园	何江旭	91520526MA6GX93B6Y	独资	—	威宁县雪山镇鱼塘村	苹果种植与销售
30	威宁县绿水塘种养殖场	赵银全	92520526MA6GUAN266	独资	—	威宁县观风海镇塘房村	苹果、木瓜种植；鱼、鸡、獭兔养殖与销售
31	威宁县牛棚镇红红种养殖场	马敏红	92520526MA6ENDYN62	独资	—	贵州省毕节市威宁彝族回族苗族自治县牛棚镇黑田村	牛的饲养；苹果种植
32	威宁县迤那镇胡才亮种植场	胡才亮	92520526MA6EBU8J9A	独资	—	贵州省毕节市威宁彝族回族苗族自治县迤那镇新田村	花椒、辣椒、苹果种植
33	威宁县黑石头镇秀香种植场	薛秀香	92520526MA6E92R31E	独资	—	贵州省毕节市威宁县黑石头镇黑石村街上组	苹果种植与销售
34	威宁县黑石头镇冬旭种植场	尤冬旭	92520526MA6EA3B70Y	独资	—	贵州省毕节市威宁县黑石头镇坝口村坝口组	苹果种植与销售
35	威宁县黑石头镇秀兰种植场	王秀兰	92520526MA6EAC9B58	独资	—	贵州省毕节市威宁县黑石头镇院子村青木组	苹果种植与销售
36	赫章县大丰收采摘乐园	何吉昌	92520527MA6GNQKM6M	独资	—	贵州省赫章县可乐乡丰收村丰收组	蔬菜、桃子、杨梅、草莓、苹果的种植与销售等

资料来源：作者依据企业统计年鉴汇总所得，http://stjj.guizhou.gov.cn/。

黔南州的个人独资企业数量最多，这些小型个人独资企业均是专门以苹果为主营业务的独立型公司。注册资本最多的是位于长顺县广顺镇外环大道七组的长顺县东平种养殖场，该养殖场主要以养殖鸭子、鸡，以及种植苹果为主。位于独山县基长镇阳地村茶山片区的独山县绿佳果园的注册资本有 60 万元。关于黔南州不同个人独资企业的具体概况见表 15-20。

表 15-20　黔南州个人独资企业概况汇总

序号	企业名称	企业负责人	统一社会信用代码	企业类型	资本/万元	企业住址	经营范围
1	长顺县广顺镇兴翠苹果园	郑祖翠	91522729314297660X	独资	10	贵州省黔南布依族苗族自治州长顺县广顺镇景云关	苹果种植
2	长顺县鑫鑫苹果种植基地	薛婷	91522729082770681X	独资	10	贵州省黔南布衣族苗族自治州长顺县种获乡长江村泡木山组	苹果种植

续表

序号	企业名称	企业负责人	统一社会信用代码	企业类型	资本/万元	企业住址	经营范围
3	长顺县杨柳冲苹果种植园	陈燕	9152272932219109XG	独资	10	长顺县广顺镇	苹果种植
4	长顺县广农明顺高钙苹果基地	赵明	91522729314294662E	独资	10	贵州省长顺县广顺镇广顺茶果场	苹果种植
5	惠水县亲河苹果种植基地	龙华玉	91522731065768678Y	独资	16	惠水县甲戎乡青河村	苹果种植与销售
6	长顺县广顺镇兴亭苹果园	陈兴	91522729078491647E	独资	0.083	长顺县广顺镇南场赵家坝	苹果种植
7	惠水县启芬苹果种植基地	罗启芬	91522731322002885D	独资	10	贵州省黔南布依族苗族自治州惠水县好花红镇枇杷村	苹果种植与销售
8	惠水县江连苹果种植基地	龙清菲	915227313088995267	独资	10	贵州省黔南布依族苗族自治州惠水县好花红镇河坝村中寨组	苹果种植与销售
9	长顺县杨兴国苹果种植基地	杨兴国	91522729347069920M	独资	10	长顺县广顺镇杜鹃湖龙滩云	苹果种植与销售
10	长顺县杨明乙苹果种植基地	杨明乙	91522729347069867R	独资	10	长顺县广顺镇杜鹃湖村龙滩云	苹果种植与销售
11	惠水县卢锡红苹果种植基地	卢锡红	91522731065767122K	独资	16	贵州省黔南布依族苗族自治州惠水县甲戎乡枇杷村拉贡组	苹果种植与销售
12	惠水县兴雄苹果种植基地	罗兴雄	91522731314396634E	独资	10	贵州省黔南布依族苗族自治州惠水县断杉镇摆惹村上摆组	苹果种植与销售
13	惠水县诺希苹果种植基地	陈德美	91522731322310167T	独资	10	惠水县好花红镇枇杷村	苹果种植与销售
14	惠水县大土苹果种植园	喻西国	91522731MA6DYRG78Q	独资	30	惠水县好花红镇枇杷村岩脚组	苹果种植与销售
15	惠水县连杉苹果种植基地	罗应美	91522731MA6DKHU06T	独资	10	贵州省黔南布依族苗族自治州惠水县好花红镇枇杷村	苹果种植与销售
16	长顺县赵刚苹果种植基地	赵刚	91522729MA6DLM8EXD	独资	10	长顺县广顺镇景云关苹果种植园	苹果种植与销售
17	长顺县葫芦坡苹果种植基地	卢国芬	91522729MA6DMMPT6F	独资	10	长顺县广顺镇广农社区葫芦坡	苹果种植
18	独山家园苹果桃种植基地	吴发堂	91522726MA6DM4QH5J	独资	10	独山县百泉镇百泉湖村	水果种植与销售
19	长顺县下坝仁军苹果种植园	罗仁军	91522729MA6E6UKD9E	独资	10	长顺县广顺镇花红村下坝组	苹果种植与销售
20	长顺县广顺镇顺明高钙苹果园	吴吉顺	91522729314372368L	独资	10	长顺县广顺镇景云关	苹果种植与销售

续表

序号	企业名称	企业负责人	统一社会信用代码	企业类型	资本/万元	企业住址	经营范围
21	长顺县长阳坡安辉苹果种植基地	鲍安辉	91522729MA6DM45027	独资	10	贵州省黔南布依族苗族自治州长顺县摆所镇城伍村长阳坡	苹果种植与销售
22	惠水县卢江苹果种植基地	卢锡江	91522731MA6DKHUH59	独资	10	贵州省黔南布依族苗族自治州惠水县好花红镇枇杷村	水果种植与销售
23	惠水县卢啊宝苹果种植基地	卢文全	91522731337456011B	独资	10	惠水县好花红镇河坝村	果树种植与销售
24	长顺县开刚种植基地	方开刚	9152272931437462X1	独资	—	贵州省黔南布依族苗族自治州长顺县新寨乡安乐村大猛一组	苹果种植
25	长顺县广顺镇长林高钙苹果种植基地	舒长林	91522729314366566Y	独资	10	贵州省黔南布依族苗族自治州长顺县广顺镇北场村一组	水果、蔬菜、大米种植与销售
26	长顺县杜鹃红果树种植场	何林	915227290760200755	独资	0.083	长顺县种获乡生联村	苹果种植
27	长顺县广顺镇龙祥种植基地	刘红平	915227293221216499	独资	10	贵州省黔南州长顺县马路乡花红村一组	苹果种植
28	长顺县石俊水果种植园	石俊	91522729347065997M	独资	10	贵州省黔南布依族苗族自治州长顺县长寨镇种获沙子关	苹果种植与销售
29	长顺县广顺农场陶兴茶果场	陶兴琼	915227293222382062	独资	10	贵州省黔南布依族苗族自治州长顺县广顺镇广农社区	高钙苹果与种植
30	长顺县砍材坡种养殖基地	景和光	91522729MA6GHEJ048	独资	10	长顺县广顺镇核子村腊蓬组	种植苹果；养殖
31	长顺县自力种植基地	陈元芬	915227293470653722	独资	10	贵州省黔南布依族苗族自治州长顺县广顺镇南场村二组	苹果种植与销售
32	长顺县新寨陈刚种养殖基地	陈刚	91522729078456163W	独资	0.083	贵州省黔南布依族苗族自治州长顺县新寨乡杜鹃湖村龙滩营组	苹果种植与销售
33	长顺县摆所程丽经果林种植基地	程丽	91522729076006767X	独资	0.083	长顺县摆所镇城伍村	苹果种植与销售
34	长顺县下坝苹果种植园	刘明芳	91522729MA6DYHEP5Y	独资	—	长顺县广顺镇花红村下坝一组	苹果种植与销售
35	惠水县小寨种植养殖基地	班正学	915227315983679303	独资	20	惠水县好花红镇枇杷村	家禽养殖；花椒、苹果种植
36	独山县绿佳果园	陆永武	91522726322442442B	独资	60	独山县基长镇阳地村茶山片区	苹果、核桃种植与销售

续表

序号	企业名称	企业负责人	统一社会信用代码	企业类型	资本/万元	企业住址	经营范围
37	长顺县熊贵英苹果种植基地	熊贵英	91522729MA6EEWTH8C	独资	10	贵州省长顺县广顺镇麦西村麦西坝组	苹果种植及销售
38	长顺县凯佐魏文龙种养殖场	魏文龙	915227293221891684	独资	10	贵州省长顺县广顺镇硐口村硐口组	养牛；苹果种植与销售
39	长顺县四寨东风苹果种植基地	陈国兴	91522729MA6E4P9C6Y	独资	10	贵州省黔南布依族苗族自治州长顺县广顺镇四寨村	苹果种植；旅游观光；住宿、餐饮服务
40	长顺县卫兰水果种植园	黄卫兰	91522729347039633P	独资	10	贵州省黔南州长顺县广顺镇新寨社区鼠场村摆机哨组	苹果、刺梨、种植与销售
41	长顺县胡清益苹果种植基地	胡清益	91522729MA6EEW0A6B	独资	—	长顺县广顺镇北场村二组	苹果种植与销售
42	长顺县华翠种植养殖场	黎华翠	91522729322005357X	独资	10	长寨镇新民村望城坡	苹果种植；绿壳蛋鸡养殖
43	长顺县杨间冲苹果种植基地	李兴良	91522729MA6GMT2X41	独资	/	长顺县广顺镇南场社区五组	苹果种植与销售
44	长顺县青苗关种养殖场	程孝明	91522729347107915R	独资	10	贵州省黔南布依族苗族自治州长顺县长寨镇龙潭组	苹果种植；鸡、猪养殖与销售
45	长顺县凯佐伍贵方种养殖场	伍贵方	91522729322301498M	独资	10	贵州省长顺县广顺镇硐口村小寨组	养牛；苹果种植与销售
46	长顺县长冲关高钙苹果种植基地	李志学	91522729MA6DJW262J	独资	—	长顺县长寨街道办长冲关	苹果种植与销售
47	长顺县长阳坡高钙苹果种植基地	陈明付	91522729MA6DJW5C0K	独资	10	长寨镇桐笋村坟山组	苹果种植与销售
48	长顺县杨柳种植基地	陈正辉	91522729356337894H	独资	10	贵州省黔南州长顺县广顺镇新寨社区安乐村杨柳冲组	苹果种植与销售；中药材种植
49	长顺县利润种植基地	鲍丽	91522729347146148G	独资	10	贵州省黔南布依族苗族自治州长顺县新寨乡安乐村杨柳冲组	苹果种植与销售；中药材种植
50	长顺县御水金湾生态农业观光园	程景	91522729347129540L	独资	10	长顺县摆所镇尅炳村	种植高钙苹果、桃、梨；养殖绿壳蛋鸡、鹅等
51	长顺县夫妻农场	王木珍	92522729MA6F5GJ2XK	独资	—	贵州省黔南布依族苗族自治州长顺县种获乡生联村高汪组	高钙苹果果树种植与销售
52	长顺县摆所镇智丰家庭农场	唐英志	92522729MA6G3LNY0D	独资	—	贵州省黔南州长顺县摆所镇城伍村长冲组长冲关	生猪饲养、肉牛饲养、苹果种植
53	长顺县玮琪种养殖场	詹凤鹏	91522729MA6DNFK89U	独资	50	贵州省黔南布依族苗族自治州长顺县广顺镇安乐村龙井组	苹果种植与销售

续表

序号	企业名称	企业负责人	统一社会信用代码	企业类型	资本/万元	企业住址	经营范围
54	长顺县东平种养殖场	刘东东	91522729MA6DWGCX40	独资	100	长顺县广顺镇外环大道七组	鸡、鸭、鹅养殖与销售；苹果种植与销售
55	长顺县慧雨种养殖场	王慧	91522729MA6DNF1K6P	独资	10	广顺镇新寨社区鼠场村鼠场组	苹果种植与销售；土鸡养殖与销售
56	长顺县良农水果种植园	马明红	91522729MA6E61X06L	独资	20	贵州省长顺县白云山镇思京村大思京组	水果种植（苹果）与销售
57	长顺县思乡种养殖场	赵兴	91522729MA6DQJU98C	独资	20	贵州省黔南州长顺县广顺镇北场社区八耳洞	苹果、梨等种植与销售；鸡、鹅、猪饲养与销售等
58	长顺县联信种养殖基地	罗贵友	91522729MA6DK29NXA	独资	10	贵州省长顺县广顺镇南场社区大思刚组	绿壳蛋鸡、羊养殖与销售；高钙苹果种植与销售等
59	长顺县光龙山庄	金光龙	91522729MA6DP49471	独资	36	贵州省黔南布依族苗族自治州长顺县广顺镇海马村建厂组	水产养殖与销售；苹果、蔬菜种植与销售
60	长顺县蓉辉种养殖场	黄丽蓉	91522729MA6E4T0YXB	独资	80	长顺县广顺镇马路社区	苹果、葡萄种植与销售；牛的饲养与销售
61	长顺县子翔种植园	何小波	91522729MA6DNBJT39	独资	—	贵州省黔南布依族苗族自治州长顺县长寨镇磨油村匡家关组	苹果种植与销售
62	长顺县红英种植园	郑新华	91522729MA6DNGDU7E	独资	10	长顺县广顺镇立木村新寨组	苹果种植与销售
63	长顺县黄土果园	龚兴江	91522729MA6DNYTTXG	独资	10	长顺县广顺镇鼠场村琵琶庆组	苹果种植与销售
64	长顺县龙滩云种植园	胡小方	91522729MA6E6U9A43	独资	10	贵州省黔南州长顺县广顺镇杜鹃湖村龙滩云组	苹果种植与销售
65	长顺县明菊财源种养殖基地	陈明菊	91522729MA6DL3U2XT	独资	—	贵州省黔南布依族苗族自治州长顺县广顺镇安乐村杨柳组	苹果种植与销售
66	长顺县詹正和种养殖场	詹正和	91522729MA6DPA6T98	独资	50	贵州省黔南布依族苗族自治州长顺县广顺镇南场社区一组	猪、狗、鸡的饲养与销售；苹果种植与销售
67	长顺县唐江河种养殖场	唐小江	91522729MA6H3HFCXW	独资	—	长顺县广顺镇立木村屯脚组	黄鳝、鱼鳅、兔的养殖与销售；苹果种植与销售
68	长顺县胜江种植园	周胜江	91522729MA6E3MGN7X	独资	15	贵州省黔南州长顺县广顺镇杜鹃湖村龙滩云组	苹果种植与销售

续表

序号	企业名称	企业负责人	统一社会信用代码	企业类型	资本/万元	企业住址	经营范围
69	长顺县小冲关口种植园	简小虎	91522729MA6DNBK7XU	独资	15	贵州省黔南布依族苗族自治州长顺县长寨镇磨油村染红一组	苹果种植与销售
70	长顺县克海果园	陈克海	91522729MA6DK69U8B	独资	10	长顺县广顺镇洞口村凯佐三组	苹果种植与销售
71	长顺县宏达源种植基地	吴永法	91522729MA6DNB5G8L	独资	10	贵州省黔南州长顺县广顺镇新寨社区立木村牛场组	苹果种植与销售
72	长顺县宏鑫园水果种植基地	任高	91522729MA6DJWDP85	独资	—	贵州省黔南布依族苗族自治州长顺县广顺镇广农社区	梨、苹果种植与销售
73	长顺县鼎强种养殖基地	林强	91522729MA6GQGRQ27	独资	—	贵州省黔南州长顺县广顺镇小冷坝组	苹果的种植与销售；猪的饲养与销售
74	长顺县春平种养殖场	陈春平	91522729MA6H23BR36	独资	—	长顺县长寨街道办中塘村下生联组	葡萄、苹果、苗木种植与销售；家禽饲养与销售
75	长顺县志向果园	程顺发	91522729MA6DMT5518	独资	10	贵州省黔南布依族苗族自治州长顺县长寨街道桐笋村拉绕组	苹果种植与销售
76	长顺县加伟种植园	简小伟	91522729MA6DNBHA59	独资	13	贵州省黔南布依族苗族自治州长顺县长寨镇磨油村染红一组	苹果种植与销售
77	长顺县胡乔种养殖场	陈胡桥	91522729MA6H23C335	独资	—	贵州省长顺县	苹果、葡萄种植与销售；家禽饲养与销售
78	长顺县万丰种植园	刘德中	91522729MA6DJQD66G	独资	—	贵州省黔南布依族苗族自治州长顺县广顺镇广农社区新庄组	苹果种植与销售
79	长顺县长龙种植基地	詹凤鹏	91522729MA6DKQJP53	独资	—	贵州省黔南州长顺县广顺镇新寨社区安乐村龙井二组	苹果种植与销售
80	长顺县阿云种植园	陈云生	91522729MA6GW1EY71	独资	—	长顺县广顺镇朝摆村翁井组	苹果种植
81	长顺县金小满水果种植园	金小满	91522729MA6HB9U92E	独资	—	贵州省长顺县广顺镇猛坑村龙潭云组	苹果种植与销售
82	长顺县华燕种养殖场	汪海燕	91522729MA6DJW3W1U	独资	—	贵州省长顺县长寨街道威远社区付家院村平王组	苹果、枇杷种植与销售；绿壳蛋鸡养殖与销售等
83	长顺县农春种植园	刘兴亚	91522729MA6GG8650R	独资	—	贵州省黔南州长顺县广顺镇石洞村大坝组	苹果的种植与销售

续表

序号	企业名称	企业负责人	统一社会信用代码	企业类型	资本/万元	企业住址	经营范围
84	独山县舒心果园	勾于富	91522726MA6DNQYH1G	独资	20	独山县麻万镇拉林村拉线组	苹果、寿桃等水果种植与销售
85	独山县姚宏果林种植园	赵承瑕	91522726MA6GRLUJ3Q	独资	—	独山县上司镇上司村拉角组	苹果种植与销售
86	长顺县运合种养殖场	张惠敏	91522729MA6DQT4G7P	独资	8	贵州省长顺县长寨街道威远社区光明七组	葡萄、苹果种植与销售；农副产品加工与销售等
87	长顺县农惠种植场	沈贵权	91522729MA6HXKM089	独资	—	贵州省黔南州长顺县广顺镇广农社区葫芦坡组	苹果、桃子种植与销售
88	长顺县生联种植园	刘栋兴	91522729MA6HL88Y9C	独资	—	贵州省长顺县长寨街道种获社区沙子关生联组	苹果种植与销售
89	长顺县兴妹种植园	朱兴国	91522729MA6HMH1J18	独资	—	贵州省长顺县广顺镇南场社区八组	苹果、苗木种植
90	都匀市毛尖镇胜哥种养殖场	李承胜	92522701MA6E8XT76Y	独资	—	贵州省黔南布依族苗族自治州都匀市毛尖镇江洲村二组	养鸡、鱼，种植苹果树
91	长顺县普秀种植园	罗普秀	92522729MA6HWNHGXY	独资	—	长顺县广顺镇北场社区小东坡水厂旁	苹果种植与销售

资料来源：作者依据企业统计年鉴汇总所得，http://stjj.guizhou.gov.cn/。

四、贵州省各地区苹果农民专业合作社概况分析

对于贵州省各地区农民专业合作社的分析，本报告依然从企业名称、企业负责人、统一社会信用代码、企业类型、注册资本、企业住址、经营范围等方面进行分析。首先，毕节市的农民专业合作社当中，注册资本达1000万元的农民专业合作社有2家，分别是红露苹果种植专业合作社和赫章县德卓乡中营村惠民农民专业合作社。黔南州有1家农民合作社的注册资本达1000万元，即长顺县康红高钙苹果农民专业合作社。黔西南州农民专业合作社注册资本达到和超过100万元的有13家。遵义市有1家农民专业合作社的注册资本超过100万元。 黔东南州有2家农民专业合作社的注册资本超过100万元。六盘水市有2家农民专业合作社注册资本超过100万元，其中有1家的注册资本高达3000万元。铜仁

市有 1 家农民专业合作社的注册资本达 100 万元，安顺市有 1 家农民专业合作社的注册资本超过 100 万元。贵阳市有 1 家农民专业合作社的注册资本达 100 万元。关于贵州省各个地区的农民专业合作社具体概况见表 15-21。

表 15-21 贵州省各地区农民专业合作社（微企）名单

毕节市

序号	企业名称	企业负责人	统一社会信用代码	企业类型	资本/万元	企业住址	经营范围
1	贵州省威宁县乌蒙精品苹果产销专业合作社	王进忠	93520526MA6GH6PJ6Y	农民专业合作社	500	贵州省威宁县雪山镇锅底村小河组	苹果种植；开展与苹果有关的培训、交流
2	威宁县红苹果种植专业合作社	翁旭	93520526MA6EG6TU46	农民专业合作社	168	威宁县中水镇小寨村	收购农产品；种子、种苗生产及销售等
3	威宁县牛棚镇阳光苹果种植专业合作社	王仝	93520526MA6DTGUJ82	农民专业合作社	100	威宁县牛棚镇	收购、销售农产品；苹果种植等
4	威宁县哲觉镇方伟苹果种养殖专业合作社	刘方伟	93520526MA6E0RAM8Y	农民专业合作社	20	威宁县哲觉镇新营村瓦厂组	农业种植、牲畜养殖；引讲新技术、新品种
5	威宁县黑石头镇开厂村野猫梁子苹果专业合作社	熊毅	93520526MA6DMFQ65D	农民专业合作社	200	威宁县黑石头镇开厂村新华组	组织种植、养殖、收购、销售农产品、畜牧产品等
6	威宁县黑石头镇开厂村精品苹果种植专业合作社	曾小贤	93520526MA6E4DQ89C	农民专业合作社	350	威宁县黑石头镇开厂村新华组	农业种植；组织收购、销售农产品；引进新技术、新品种等
7	威宁县黑石头镇博鑫苹果种养殖专业合作社	许海蓉	93520526MA6E8EGW6G	农民专业合作社	500	黑石头镇采基村	农业种植、销售；引进新技术、新品种等
8	威宁县黑石头镇官房唐氏精品苹果种植专业合作社	唐小国	93520526MA6E8P184H	农民专业合作社	200	贵州省毕节市威宁县黑石头镇开厂村官房组	组织种植；收购、销售农产品；引进新技术、新品种等
9	大方县忠群蔬果种植专业合作社	谢成忠	93520521MA6EGACJ7B	农民专业合作社	80	贵州省毕节市大方县双群村一组	蔬菜的种植；苹果、葡萄的种植与销售
10	红露苹果种植专业合作社	吉学军	93520527MA6EBDT788	农民专业合作社	1000	赫章县可乐乡高枧村	为成员种植苹果提供服务；苹果销售等
11	威宁黑石河坝苹果专业合作社	辛昌云	93520526MA6EFUNF30	农民专业合作社	60	黑石头镇河坝村五组	收购、销售农产品；引进新技术、新品种

续表

序号	企业名称	企业负责人	统一社会信用代码	企业类型	资本/万元	企业住址	经营范围
12	威宁县玉龙镇桐钱桉种养殖专业合作社	段天权	93520526MA6DN1GU58	农民专业合作社	360	玉龙镇营寨村	苹果、梨等种植；牛、羊、鸭、鹅养殖等
13	威宁县铭扬种养殖专业合作社	杨超	9352052607201361XU	农民专业合作社	100	威宁自治县新发乡联合村	种植核桃、马铃薯、苹果；养殖牛、猪等
14	黔西县定新乡新海种养殖专业合作社	吴龙均	93520522MA6DL6U1X1	农民专业合作社	500	黔西县定新乡新海村	养殖畜、禽；种植红富士苹果、中药材
15	威宁县三江源核桃种植专业合作社	林世兴	93520526MA6GGHU07X	农民专业合作社	160	贵州省威宁县牛棚镇新龙村沙田组	核桃树、苹果树、玉米种植与初加工
16	织金县猫场镇风顺果蔬种植农民专业合作社	谢孟	93520524MA6GGPAW3C	农民专业合作社	800	贵州省毕节市织金县猫场镇齐心村	核桃、苹果及其他农作物的种植与销售等
17	威宁县炉山镇平源种植农民专业合作社	黄训光	93520526MA6GKMA48Q	农民专业合作社	360	威宁县炉山镇新丰村	苹果、大蒜种植与销售；畜禽养殖与销售等
18	黔西县金碧镇杨家店村勋汉种养殖农民专业合作社	苟勋汉	93520522MA6DLXCY92	农民专业合作社	100	黔西县金碧镇杨家店村	种植：苹果、花椒、梨、桃、草莓；养殖：鱼、牛、鸡、鸭
19	威宁县贵旺种养殖专业合作社	崔乖乖	93520526MA6EGEL345	农民专业合作社	200	威宁县牛棚镇水源村	牛、羊、猪的养殖；草籽、苹果树种植
20	威宁县玉龙镇新兴种养殖专业合作社	徐坤义	93520526MA6DL5CA6G	农民专业合作社	200	玉龙镇新寨村	蔬菜、苹果、樱桃种植；畜禽养殖与销售等
21	威宁县玉龙乡龙吟种养殖专业合作社	岳会分	93520526587297404U	农民专业合作社	320	玉龙镇飞蛾村	蔬菜、苹果、梨等种植；畜禽养殖与销售等
22	威宁县玉龙镇模范种养殖专业合作社	王怀应	93520526MA6DYH8K67	农民专业合作社	200	玉龙镇和平村	苹果、梨、鲜花等种植；畜禽养殖与销售等
23	威宁县宏盛种养殖专业合作社	胡常恩	93520526MA6EGYEK34	农民专业合作社	110	玉龙镇沙田社区山顶组	苹果、梨、蔬菜等种植；畜禽养殖与销售等
24	七星关区乡情经果林种植专业合作社	周礼军	93520502MA6H0UQ19A	农民专业合作社	240	贵州省毕节市七星关区杨家湾镇	桃子、苹果、樱桃种植；畜禽养殖与销售等
25	威宁县路路种养殖专业合作社	王超	93520526MA6DKGF753	农民专业合作社	50	威宁县哈喇河镇闸塘村	种植、销售及初加工黄梨、苹果、经果林等
26	威宁县炉山镇富民种养殖农民专业合作社	蔡定光	93520526587253524P	农民专业合作社	50	威宁县炉山镇明河村	大蒜、苹果、党参等种植、加工与销售

续表

序号	企业名称	企业负责人	统一社会信用代码	企业类型	资本/万元	企业住址	经营范围
27	赫章县可乐乡高原生态种养殖专业合作社	林早言	93520527MA6EC43P04	农民专业合作社	480	可乐乡银光村	为成员养殖畜禽、种植苹果等提供服务
28	赫章县可乐乡明珠农民专业合作社	沈曾明	93520527MA6E8Q7XXC	农民专业合作社	100	贵州省赫章县可乐乡沈家沟	为成员养殖畜禽、种植苹果等提供服务
29	威宁县观风海镇果化村富民种养殖专业合作社	刘昌威	93520526MA6E7FY228	农民专业合作社	450	贵州省毕节市威宁县观风海镇果化村	苹果、烤烟、苦荞等种植；畜禽养殖
30	威宁县牛棚镇金茂盛养殖专业合作社	朱举雄	93520526MA6HCDT688	农民专业合作社	50	威宁县牛棚镇鱼塘村	畜禽养殖；蔬菜、苹果、板栗种植与销售等
31	赫章县可乐乡夜郎绿色生态种养殖专业合作社	费天友	93520527MA6EBCWP17	农民专业合作社	600	赫章县可乐乡海子村	为成员养殖畜禽、种植苹果等提供服务
32	威宁县大寨果蔬产业专业合作社	王云	93520526MA6EGF9A8H	农民专业合作社	7.5	威宁县玉龙乡大寨村	苹果、梨、中药材等种植；畜禽养殖
33	威宁县炉山镇丰益种养殖农民专业合作社	李大兵	93520526MA6E3TPR65	农民专业合作社	200	威宁县炉山镇茶园村	苹果、党参、花椒种植、加工及销售等
34	赫章县德卓乡中营村惠民农民专业合作社	徐涛	93520527MA6E73E73D	农民专业合作社	1000	贵州省赫章县德卓镇中营村大元组	为成员养殖畜禽、种植苹果等提供服务
35	威宁金泰种养殖专业合作社	蒋俊维	93520526MA6DMJHP4R	农民专业合作社	600	贵州省毕节市威宁县秀水镇新河村	花卉、苹果树种植；畜禽养殖等
36	赫章县城关镇鑫吉种植专业合作社	钟兆仁	93520527MA6DLQA5XY	农民专业合作社	60	贵州省毕节市赫章县城关镇下街村	为种植昭通苹果、梨提供服务与销售等
37	威宁县利民种养殖专业合作社	马进	93520526MA6GH0DJ3H	农民专业合作社	180	威宁县牛棚镇红旗村	牛、羊、兔子养殖，苹果种植
38	赫章县辅处乡拖二村种养殖专业合作社	郑江湖	93520527MA6E7ARR9K	农民专业合作社	25	贵州省赫章县辅处乡拖二村	为畜禽养殖，种植苹果、板栗提供服务等
39	赫章县德卓乡元角村种养殖专业合作社	谢跃	93520527MA6E75WC4K	农民专业合作社	22	贵州省赫章县德卓乡元角村四方组	为畜禽养殖，苹果、桃种植提供服务等
40	威宁县玉龙镇中鸿种养殖专业合作社	曾太	93520526MA6DLG841K	农民专业合作社	200	贵州省毕节市威宁县玉龙镇中营村	苹果、樱桃、中药材等种植；畜禽养殖
41	威宁县迤那镇忠荣富民种养殖专业合作社	卯明辉	93520526MA6E57GC79	农民专业合作社	800	威宁县迤那镇青山村	烤烟、魔芋、苹果种植；牛、羊、猪养殖
42	赫章县德卓乡炉元村甘河种养殖专业合作社	沈楚军	93520527MA6E79978U	农民专业合作社	21	赫章县德卓镇炉元村	为畜禽养殖，经果林种植与销售等提供服务

续表

序号	企业名称	企业负责人	统一社会信用代码	企业类型	资本/万元	企业住址	经营范围
43	赫章县可乐乡利民种植养殖农民专业合作社	禄安旭	93520527MA6EF06K4P	农民专业合作社	110	赫章县可乐乡高坪村	为畜禽养殖，苹果及花椒种植与销售提供服务
44	威宁县秀水镇新荣种养殖专业合作社	杨光	93520526MA6E7M420R	农民专业合作社	100	贵州省毕节市威宁县秀水镇田坝村	蔬菜、苹果种植；牛、猪、鸡养殖与销售等
45	威宁县盛达种植专业合作社	刘振飞	93520526MA6GYTB829	农民专业合作社	114	威宁县迤那镇中心村	苹果、蔬菜、核桃、花椒种植与销售
46	赫章县金满地种植养殖农民专业合作社	岳朝喜	93520527MA6HED1M12	农民专业合作社	10	贵州省毕节市赫章县哲庄镇边沿村	为种植苹果、梨，畜禽养殖提供服务等
47	威宁县秀水镇安全种养殖专业合作社	马安群	93520526MA6E096DXD	农民专业合作社	600	秀水镇中海村水塘组	核桃、苹果、蔬菜、中药材种植
48	赫章县野支阁种植养殖农民专业合作社	徐朝举	93520527MA6H0RGU41	农民专业合作社	100	赫章县达依乡元地村	为南瓜、矮化苹果种植与销售提供服务
49	威宁县牛棚镇白碗窑种养殖专业合作社	陈刚	93520526MA6EB0M78F	农民专业合作社	500	威宁县牛棚镇手工村	花椒、苹果、花卉种植；畜禽养殖与销售等
50	威宁县迤那镇新跃进种养殖专业合作社	杨跃	93520526MA6EBRYA2P	农民专业合作社	190	迤那镇中海村	核桃、苹果、蔬菜种植；畜禽养殖与销售
51	威宁县牛棚镇白沙种养殖专业合作社	胡天义	93520526MA6E72HR3B	农民专业合作社	150	威宁县牛棚镇中寨村	辣椒、苹果、核桃种植；畜禽养殖与销售等
52	赫章县兴盎然种植养殖农民专业合作社	沈善立	93520527MA6HELWHXG	农民专业合作社	10	贵州省毕节市赫章县哲庄镇麻塘村	为高粱、苹果、大蒜种植与销售提供服务
53	赫章县昌鑫贵种植养殖农民专业合作社	郭琰鑫	93520527MA6H99BH6J	农民专业合作社	100	赫章县达依乡龙塘村营盘组	为畜禽养殖，种植苹果、花椒种植与销售提供服务
54	威宁县迤那镇创新种养殖专业合作社	李井龙	93520526MA6ECKA55N	农民专业合作社	160	迤那镇中海村	核桃、苹果、蔬菜种植；畜禽养殖销售等
55	赫章县丰园种植养殖农民专业合作社	沈庆军	93520527MA6HEC0X2G	农民专业合作社	10	赫章县哲庄镇坝子村田坝组	为畜禽养殖，高粱、苹果种植与销售提供服务
56	赫章县昌农种植养殖农民专业合作社	李荣富	93520527MA6HDP6K46	农民专业合作社	100	贵州省毕节市赫章县可乐乡新民村	为畜禽养殖，苹果、核桃种植与销售提供服务
57	威宁县玉龙镇德洪种养殖专业合作社	张德洪	93520526MA6DKX4B4K	农民专业合作社	200	威宁县玉龙镇新民村	蔬菜、苹果、板栗、辣椒、中药材等种植

续表

序号	企业名称	企业负责人	统一社会信用代码	企业类型	资本/万元	企业住址	经营范围
58	赫章县富实种植养殖农民专业合作社	周遵化	93520527MA6HEJBG2W	农民专业合作社	10	赫章县哲庄镇雄都村下坝组	为畜禽养殖，高粱、苹果种植与销售提供服务
59	威宁县迤那镇刘昌银种养殖专业合作社	刘昌银	93520526MA6DLH9Y6T	农民专业合作社	200	威宁县迤那镇五星村	蔬菜、苹果、梨、土豆等种植；畜禽养殖
60	威宁县迤那镇连启种养殖专业合作社	苏田田	93520526MA6ECKNB77	农民专业合作社	150	威宁县迤那镇中海村	核桃、苹果、蔬菜等种植；畜禽养殖与销售
61	威宁县秀水镇中海种养殖专业合作社	张广平	93520526MA6E3CM34P	农民专业合作社	500	秀水镇中海村	核桃、苹果、中药材种植；畜禽养殖等
62	威宁县牛棚镇三合种养殖专业合作社	马勋佩	93520526MA6E48KNX8	农民专业合作社	200	威宁县牛棚镇三河村	鱼、牛、猪养殖；辣椒、苹果种植与销售
63	威宁县迤那镇永先种养殖专业合作社	刘永先	93520526MA6EBNYD6H	农民专业合作社	160	威宁县迤那镇中海村	核桃、苹果、蔬菜种植；畜禽养殖与销售
64	威宁县牛棚镇盛兴种养殖专业合作社	崔庆林	93520526MA6DMEHC4H	农民专业合作社	130	威宁县牛棚镇水源村	苹果、核桃、樱桃种植；畜禽养殖等
65	赫章县古基乡金鑫种植养殖农民专业合作社	孙大宣	93520527MA6GLKJ96W	农民专业合作社	10	赫章县古基乡中寨村竹林组	为种植核桃、苹果等，养殖畜禽提供服务与销售
66	威宁县秀水镇丰达种养殖专业合作社	赵英群	93520526MA6DKQPRX7	农民专业合作社	200	贵州省威宁县秀水镇大寨村结乐组	畜禽养殖；苹果、梨、板栗、辣椒等种植
67	威宁县迤那镇仓营种养殖专业合作社	李桥乖	93520526MA6EBTLF6P	农民专业合作社	160	威宁县迤那镇中寨村	核桃、苹果、蔬菜等种植；畜禽养殖与销售
68	赫章县哲明丰园种植养殖农民专业合作社	叶鹏	93520527MA6HEACA5U	农民专业合作社	10	赫章县哲庄镇哲庄社区西街组	为畜禽养殖，高粱、苹果种植与销售提供服务
69	威宁县迤那镇鑫旺种养殖专业合作社	黄向	93520526MA6EBRQ18Y	农民专业合作社	150	迤那镇中海村	核桃、苹果、蔬菜等种植；畜禽养殖与销售
70	威宁县牛棚镇裕丰三河种养殖专业合作社	罗章银	93520526MA6DT59D5X	农民专业合作社	300	威宁县牛棚镇三河村	苹果、核桃、板栗、中药种植；畜禽养殖
71	威宁县迤那镇汇丰种养殖专业合作社	邓昌雨	93520526MA6EBXHU4J	农民专业合作社	160	迤那镇中海村	核桃、苹果、蔬菜等种植；畜禽养殖与销售
72	威宁县迤那镇永顺种养殖专业合作社	张关顺	93520526MA6EBH0N59	农民专业合作社	190	威宁县迤那镇中海村	核桃、苹果、蔬菜种植；畜禽养殖与销售等

续表

序号	企业名称	企业负责人	统一社会信用代码	企业类型	资本/万元	企业住址	经营范围
73	威宁县观风海镇英兰种养殖专业合作社	赵英兰	93520526MA6DMC0X2X	农民专业合作社	120	观风海镇	花卉、苹果种植；牛、羊、鸡、鱼等养殖
74	威宁县迤那镇林场种养殖专业合作社	苏志科	93520526MA6EBG5R7P	农民专业合作社	160	威宁县迤那镇中海村	核桃、苹果、蔬菜种植；畜禽养殖与销售
75	威宁县迤那镇顺发种养殖专业合作社	刘文才	93520526MA6EBP1T25	农民专业合作社	160	迤那镇中海村	核桃、苹果、蔬菜种植；畜禽养殖与销售
76	赫章县坪欣种植养殖农民专业合作社	郎学文	93520527MA6HEBJP5J	农民专业合作社	10	赫章县哲庄镇坪子社区坪子组	为高粱、苹果、大蒜种植与销售提供服务
77	威宁县迤那镇志金祥泰种养殖专业合作社	邓志金	93520526MA6ECKDDXA	农民专业合作社	160	贵州省毕节市威宁县迤那镇中海村	核桃、苹果、蔬菜种植；畜禽养殖销售等
78	赫章县红色传承种植养殖农民专业合作社	陈祖军	93520527MA6HEARW0Q	农民专业合作社	10	哲庄镇山脚社区农林组	为高粱、苹果、大蒜种植与销售提供服务
79	威宁县牛棚镇众兴种养殖专业合作社	马显虎	93520526MA6E7RLW85	农民专业合作社	88	威宁县牛棚镇中寨村	蔬菜、核桃、苹果等种植；牲畜养殖与销售
80	威宁县牛棚镇新山种养殖专业合作社	苏红	93520526MA6E4LXT7P	农民专业合作社	40	威宁县牛棚镇新山村	玉米、核桃、苹果等种植；牛、羊养殖
81	赫章县硕满种植养殖农民专业合作社	周遵祥	93520527MA6HEJL05Q	农民专业合作社	10	赫章县哲庄镇瓦房村瓦房组	为高粱、苹果、大蒜等种植与销售提供服务
82	赫章县酒望种植养殖农民专业合作社	罗光辉	93520527MA6HEAJY6M	农民专业合作社	10	赫章县哲庄镇阿穴社区东岭组	为高粱、苹果、大蒜等种植与销售提供服务
83	赫章县团民聚种植养殖农民专业合作社	蒋运军	93520527MA6HEMLP8F	农民专业合作社	10	赫章县哲庄镇团结村大寨组	为高粱、苹果、大蒜等种植与销售提供服务
84	威宁县牛棚镇范家坡种养殖专业合作社联合社	宋尚银	93520526MA6E49XW9G	农民专业合作社	100	威宁县牛棚镇水源村	畜禽养殖；中药材、苹果、蔬菜种植与销售
85	威宁县迤那镇意丰种养殖专业合作社	王大卫	93520526MA6ECKJ1XA	农民专业合作社	150	威宁县迤那镇中海村	核桃、苹果、蔬菜种植；畜禽养殖与销售等
86	赫章县禾坪种植养殖农民专业合作社	朱敢顺	93520527MA6HEA7521	农民专业合作社	10	赫章县哲庄镇香坪村	为高粱、苹果、大蒜等种植与销售提供服务
87	威宁县迤那镇丰利种养殖专业合作社	王浪	93520526MA6EBX8282	农民专业合作社	160	迤那镇中海村	核桃、苹果、蔬菜种植；畜禽养殖与销售等

续表

序号	企业名称	企业负责人	统一社会信用代码	企业类型	资本/万元	企业住址	经营范围
88	赫章县祥年种植养殖农民专业合作社	孙军	93520527MA6HEC90X9	农民专业合作社	10	赫章县哲庄镇发达社区南岸组	为高粱、苹果、大蒜等种植与销售提供服务
89	威宁县迤那镇齐心种养殖专业合作社	王美情	93520526MA6ECDT22R	农民专业合作社	150	迤那镇中海村	核桃、苹果、蔬菜种植；畜禽养殖与销售等
90	威宁县迤那镇兄弟种养殖专业合作社	黄应宗	93520526MA6EBXU36Q	农民专业合作社	180	贵州省毕节市威宁县迤那镇中海村	核桃、苹果、蔬菜种植；畜禽养殖与销售等
91	威宁县迤那镇兴隆种养殖专业合作社	李文祥	93520526MA6EBLCP9G	农民专业合作社	150	威宁县迤那镇中海村	核桃、苹果、蔬菜种植；畜禽养殖与销售等
92	赫章县民兴种植养殖农民专业合作社	刘松国	93520527MA6HEE8U4G	农民专业合作社	10	赫章县哲庄镇者块村	为高粱、苹果、大蒜等种植与销售提供服务
93	赫章县万利种植养殖农民专业合作社	主元辉	93520527MA6HEKJW7P	农民专业合作社	10	赫章县哲庄镇三友村五乐组	为高粱、苹果、大蒜等种植与销售提供服务
94	威宁县牛棚镇富农种植专业合作社	洪华	93520526MA6HLFMA0K	农民专业合作社	150	威宁县牛棚镇鱼塘村	苹果树、蔬菜种植；牛、羊、猪养殖与销售
95	赫章县力合种植养殖农民专业合作社	刘吉云	93520527MA6HEB4W7E	农民专业合作社	10	赫章县哲庄镇新前村院子组	为高粱、苹果、大蒜等种植与销售提供服务
96	威宁县迤那镇和胜养殖专业合作社	马永林	93520526MA6HQTRP06	农民专业合作社	100	威宁县迤那镇芙蓉王社区	苹果、核桃、花椒等种植；畜禽养殖与销售
97	威宁县观风海镇塘房种植专业合作社	赵万	93520526MA6HRMDG4T	农民专业合作社	100	威宁县观风海镇塘房村	花椒、苹果、梨、板栗等种植；畜禽养殖
98	赫章县同达养殖种植农民专业合作社	毛虎	93520527MA6HUMH80T	农民专业合作社	150	赫章县达依乡营庄社区坪子组	种植与销售李子、苹果等，畜禽养殖与销售
99	威宁县观风海镇野鸡河种植专业合作社	陈志兵	93520526MA6HRMWD0G	农民专业合作社	100	威宁县观风海镇野鸡社区	花椒、樱桃、苹果、梨等种植；畜禽养殖
100	威宁县观风海镇沙子种植专业合作社	陆林	93520526MA6HRMGE73	农民专业合作社	100	威宁县观风海镇沙子村	花椒、苹果、梨、核桃等种植；畜禽养殖
101	赫章县春乐种植养殖农民专业合作社	王兵	93520527MA6HM7DEXG	农民专业合作社	400	贵州省赫章县可乐乡春乐村营盘组	种植玉米、苹果等，畜禽养殖与销售
102	威宁县大军山养殖农民专业合作社	阮金友	93520526MA6HQXQL29	农民专业合作社	120	威宁县中水镇石板河村二组	牛的饲养、苹果、烤烟种植

续表

序号	企业名称	企业负责人	统一社会信用代码	企业类型	资本/万元	企业住址	经营范围
103	赫章县嘉穗种植养殖农民专业合作社	孙成品	93520527MA6HECQK1B	农民专业合作社	10	贵州省毕节市赫章县哲庄镇还山村	为种植高粱、苹果等，畜禽养殖与销售提供服务
104	威宁县迤那镇茨营养殖专业合作社	马勋伟	93520526MA6HQYUC7Q	农民专业合作社	100	威宁县迤那镇茨营村	苹果、板栗、花椒种植；牛、羊养殖与销售
105	威宁县迤那镇三星养殖专业合作社	陈洪权	93520526MA6HQUG41R	农民专业合作社	100	威宁县迤那镇三星社区	苹果、蔬菜等种植销售；畜禽养殖与销售
106	赫章县丰禾种植养殖农民专业合作社	安喜	93520527MA6HEEN12Y	农民专业合作社	10	赫章县哲庄镇中心村新忠组	为种植高粱、苹果等，畜禽养殖与销售提供服务
107	赫章县农丰种植养殖农民专业合作社	李绪	93520527MA6HEMAW5J	农民专业合作社	10	贵州省毕节市赫章县哲庄镇新益村	为种植高粱、苹果等，畜禽养殖与销售提供服务

黔南州

序号	企业名称	企业负责人	统一社会信用代码	企业类型	资本/万元	企业住址	经营范围
1	长顺县景云关苹果种植农民专业合作社	罗勇	935227293373996864	农民专业合作社	105	长顺县广顺镇景云关	苹果种植与销售
2	长顺县向园高钙苹果种植农民专业合作社	姚冬发	93522729MA6GH5P16L	农民专业合作社	3	长顺县同笋村大树脚组	苹果种植与销售；水果、坚果加工
3	长顺县江红苹果种植农民专业合作社	金小保	93522729MA6DK45J7K	农民专业合作社	30	长顺县广顺镇核子村	苹果、葡萄种植
4	长顺县长江苹果种植农民专业合作社	代大刚	93522729MA6GGNTL9M	农民专业合作社	3	长顺县种获社区长江村	苹果、核桃种植与销售
5	都匀市小围寨青苹果种养殖专业合作社	邓思叶	93522701MA6DK9L07P	农民专业合作社	50	贵州省黔南州都匀市小围寨办事处	畜牧养殖；蔬菜瓜果、经果林种植与销售
6	长顺县长阳红苹果种植农民专业合作社	唐英志	93522729MA6DJJ97XG	农民专业合作社	240	长顺县长寨镇长冲关	高钙苹果种植与销售
7	长顺县生联苹果种植农民专业合作社	陈光敏	93522729MA6GHC3U24	农民专业合作社	3	贵州省黔南州长顺县生联村中院组	苹果、核桃种植与销售
8	长顺县大树脚高钙苹果农民专业合作社	姚海华	93522729MA6GH9YP0D	农民专业合作社	3	长顺县长寨镇桐笋村	苹果种植与销售；水果、坚果加工等

续表

序号	企业名称	企业负责人	统一社会信用代码	企业类型	资本/万元	企业住址	经营范围
9	长顺县红杜鹃种养殖农民专业合作社	杨明乙	93522729MA6GH1KY3M	农民专业合作社	70	贵州省黔南州长顺县广顺镇新寨社区	苹果种植与销售
10	惠水县新白龙苹果种植农民专业合作社	罗思章	93522731MA6H4N7Y0R	农民专业合作社	100	贵州省黔南州惠水县岗度镇新摆村	苹果种植、加工及销售
11	惠水县旺泉塘苹果种植农民专业合作社	冯大政	93522731MA6H4M881L	农民专业合作社	100	贵州省黔南州惠水县岗度镇宁旺村	苹果种植、加工及销售
12	惠水县本石柏苹果种植农民专业合作社	王林学	93522731MA6H4LN09D	农民专业合作社	100	贵州省黔南州惠水县岗度镇石烧村	苹果种植、加工及销售
13	惠水县芦格绕苹果种植农民专业合作社	许光权	93522731MA6H4WBH1H	农民专业合作社	100	贵州省黔南州惠水县芦山镇芦山村	苹果种植、加工与销售
14	惠水县硐地摆寨苹果种植农民专业合作社	李登发	93522731MA6H50C23B	农民专业合作社	100	贵州省黔南州惠水县雅水镇摆亚村	苹果种植、加工与销售
15	惠水县泉明坝上苹果种植农民专业合作社	韦传银	93522731MA6H50B272	农民专业合作社	100	贵州省黔南州惠水县濛江街道办事处	苹果种植、加工与销售
16	惠水县甘冗兴苹果种植农民专业合作社	石俊杰	93522731MA6H52PN3W	农民专业合作社	100	贵州省黔南州惠水县涟江街道大兴村	苹果种植、加工与销售
17	惠水县摆新瓮苹果种植农民专业合作社	唐国祥	93522731MA6H5Q5547	农民专业合作社	100	贵州省黔南州惠水县摆金镇瓮金村	苹果种植、加工与销售
18	惠水县阳光度苹果种植农民专业合作社	王恩宇	93522731MA6H4NF46Y	农民专业合作社	100	贵州省黔南州惠水县岗度镇岗度村	苹果种植、加工与销售
19	惠水县冉星水苹果种植农民专业合作社	罗小文	93522731MA6H4M2673	农民专业合作社	100	贵州省黔南州惠水县王佑镇冉告村	苹果种植、加工与销售
20	惠水县播摆西路苹果种植农民专业合作社	黎应才	93522731MA6H50J870	农民专业合作社	100	贵州省黔南州惠水县雅水镇摆俄村	苹果种植、加工与销售
21	惠水县新葡摆街苹果种植农民专业合作社	岑超福	93522731MA6H53586Q	农民专业合作社	100	贵州省黔南州惠水县雅水镇葡林村	苹果种植、加工与销售
22	惠水县花毛谷苹果种植农民专业合作社	杨昌方	93522731MA6H58T31F	农民专业合作社	100	贵州省黔南州惠水县摆金镇花厂村	苹果种植、加工与销售
23	惠水县腾龙祥苹果种植农民专业合作社	杨通顺	93522731MA6H3MLU9D	农民专业合作社	100	贵州省黔南州惠水县濛江街道办事处	苹果种植、加工、储藏与销售等

续表

序号	企业名称	企业负责人	统一社会信用代码	企业类型	资本/万元	企业住址	经营范围
24	惠水县龙兴雅道苹果种植农民专业合作社	杨老华	93522731MA6H50U95X	农民专业合作社	100	贵州省黔南州惠水县摆金镇大龙村	苹果种植、加工与销售
25	长顺县冗雷懂报种养殖农民专业合作社	吴继泽	93522729MA6EGCCX7U	农民专业合作社	10	贵州省黔南州长顺县长寨镇	绿壳蛋鸡养殖；高钙苹果种植
26	长顺县康红高钙苹果农民专业合作社	陈永昌	93522729MA6EA1WNXM	农民专业合作社	1000	长顺县广顺镇石板村马拜洞	水果种植与销售；绿壳蛋鸡养殖与销售等
27	惠水县三高水清苹果种植农民专业合作社	班代标	93522731MA6H633U92	农民专业合作社	100	贵州省黔南州惠水县好花红镇清水村	苹果种植、加工与销售
28	惠水县董新翁苹果种植农民专业合作社	罗景权	93522731MA6H58P52K	农民专业合作社	100	贵州省黔南州惠水县断杉镇八大村	苹果种植、加工与销售
29	贵州省长顺县安乐种植农民专业合作社	班顶祥	93522729337421433W	农民专业合作社	70	贵州省黔南州长顺县新寨乡安乐林场	苹果、蔬菜种植与销售；中药材种植
30	惠水县水头苹果种植农民专业合作社	李大吉	93522731MA6H1W4W34	农民专业合作社	100	贵州省黔南州惠水县雅水镇雅水村	农作物种植与销售，水果种植与销售
31	长顺县民建生态种养殖农民专业合作社	程明建	93522729MA6GH07R0U	农民专业合作社	100	贵州省黔南州长顺县长寨街道办	蔬菜、苹果种植；绿壳鸡蛋、肉牛养殖等
32	瓮安县新兴果树种植农民专业合作社	孙廷万	93522725067739811Y	农民专业合作社	240	贵州省瓮安县中坪镇	苹果、桃、樱桃农产品的种植与销售等
33	长顺县富华种养殖农民专业合作社	郑培林	93522729MA6DK7L60C	农民专业合作社	60	贵州省黔南州长顺县山镇思京村	苹果种植；山羊、鸡养殖
34	长顺县宏远茶叶农民专业合作社	甘泉	93522729MA6GGUKE39	农民专业合作社	110	贵州省长顺县长寨镇民主路9号	茶叶、桃子、苹果种植；肉牛、鸡养殖
35	长顺县星宇种养殖农民专业合作社	范顺学	93522729MA6DME0B8T	农民专业合作社	100	贵州省黔南州长顺县广顺镇安乐村	苹果种植、销售；猪的养殖与销售
36	长顺县联发种养殖农民专业合作社	江玉坤	93522729MA6DMJG465	农民专业合作社	500	贵州省黔南州长顺县广顺镇安乐村	鱼的养殖销售与蔬菜、苹果种植与销售
37	长顺县诚鸿种养殖农民专业合作社	郭学书	93522729MA6DJYPD16	农民专业合作社	120	贵州省长顺县广顺镇石洞村一组	苹果种植、销售；鸡的养殖与销售
38	长顺县贵晨种植农民专业合作社	肖应吉	93522729MA6DJLWF7Y	农民专业合作社	80	贵州省黔南州长顺县山镇猛秋村	刺梨、苹果种植与销售

续表

序号	企业名称	企业负责人	统一社会信用代码	企业类型	资本/万元	企业住址	经营范围
39	长顺县云实农业农民专业合作社	范育铭	93522729MA6DMGQT6T	农民专业合作社	100	贵州省长顺县广顺镇安乐村龙井组	苹果种植与销售
40	长顺县多红种植农民专业合作社	黎多富	93522729MA6DJKR859	农民专业合作社	60	长顺县山镇改尧社区改尧场组	刺梨、苹果种植与销售
41	长顺县秋虹种养殖农民专业合作社	柏秋绿	93522729MA6GTJRR59	农民专业合作社	100	长顺县广顺镇青山村	苹果、桃子等种植与销售；畜禽养殖与销售等
42	长顺县照军种植养殖农民专业合作社	罗照军	93522729MA6DP55F4D	农民专业合作社	50	贵州省黔南州长顺县广顺镇核子村	苹果、核桃种植销售；兔、鸡养殖与销售等
43	长顺县新惠种植农民专业合作社	金馨龙	93522729MA6DK8KH7Y	农民专业合作社	10	贵州省黔南州长顺县山镇烂山村	苹果种植与销售
44	都匀市百蜜源种养植专业合作社	何孝应	93522701MA6DXYQ402	农民专业合作社	200	贵州省黔南州都匀市河阳乡包阳组	蜜蜂养殖；苹果、核桃种植与销售等
45	长顺县四季果园水果种植农民专业合作社	丁茹	93522729MA6E1U7292	农民专业合作社	20	长顺县广顺镇广农社区葫芦坡	苹果种植与销售
46	贵定县运达种养殖农民专业合作社	田福琴	93522723MA6DUC6P9M	农民专业合作社	420	贵州省贵定县昌明镇都六乡良田村	畜、禽养殖与销售；苹果、蔬菜种植与销售等
47	长顺县罗杨种养殖农民专业合作社	罗贵友	93522729MA6DNWBU8N	农民专业合作社	15	贵州省长顺县广顺镇南场社区	高钙苹果、葡萄的种植与销售；畜禽养殖
48	长顺县腊蓬种养殖农民专业合作社	景富文	93522729MA6H3DP8X3	农民专业合作社	60	长顺县广顺镇核子村腊蓬组	畜禽养殖与销售；莲藕、苹果等种植与销售
49	惠水县启雄种养殖农民专业合作社	罗启雄	93522731MA6HQ47U62	农民专业合作社	100	贵州省黔南州惠水县岗度镇本底村	果树、苹果种植与销售；牲畜饲养与销售等
50	惠水县正辉种养殖农民专业合作社	陈正辉	93522731MA6HQ47L2E	农民专业合作社	100	贵州省黔南州惠水县岗度镇本底村	苗木、苹果种植销售；牲畜饲养与销售等
51	惠水县和鑫种养殖农民专业合作社	罗应保	93522731MA6HQ4CL41	农民专业合作社	100	贵州省黔南州惠水县岗度镇岗度村	果树、苹果等种植与销售；畜禽养殖与销售等
52	惠水县辰波种养殖农民专业合作社	陈波	93522731MA6HQ4BU19	农民专业合作社	100	贵州省黔南州惠水县岗度镇新摆村	苗木、苹果种植与销售；牲畜饲养与销售等
53	惠水县岗度本底种养殖农民专业合作社	王华	93522731MA6HQ1E4XK	农民专业合作社	100	贵州省黔南州惠水县岗度镇本底村	苗木、苹果等种植与销售；畜禽养殖与销售等
54	惠水县志昌种养殖农民专业合作社	吴志昌	93522731MA6HQ48H6D	农民专业合作社	100	贵州省黔南州惠水县岗度镇新摆村	苗木、苹果种植与销售；牲畜饲养与销售等

续表

序号	企业名称	企业负责人	统一社会信用代码	企业类型	资本/万元	企业住址	经营范围
55	惠水县应斌种养殖农民专业合作社	陈应兵	93522731MA6HQ47J6Q	农民专业合作社	100	贵州省黔南州惠水县岗度镇新摆村	苗木、苹果种植与销售；牲畜饲养与销售等
56	惠水县黔庭种养殖农民专业合作社	彭乾庭	93522731MA6HQ4B9XD	农民专业合作社	100	贵州省黔南州惠水县岗度镇新摆村	苗木、苹果等种植与销售；畜禽养殖与销售
57	惠水县应彪种养殖农民专业合作社	陈应彪	93522731MA6HQ4BE0Q	农民专业合作社	100	贵州省黔南州惠水县岗度镇摆新村	苗木、苹果等种植与销售；牲畜饲养与销售
58	惠水县继隆种养殖农民专业合作社	罗继龙	93522731MA6HQ47D7N	农民专业合作社	100	贵州省黔南州惠水县岗度镇龙塘村	苗木、苹果等种植与销售；牲畜饲养与销售
59	惠水县继学种养殖农民专业合作社	罗继学	93522731MA6HQ4954G	农民专业合作社	100	贵州省黔南州惠水县岗度镇新摆村	苗木、苹果等种植与销售；牲畜饲养与销售
60	惠水县通贵种养殖农民专业合作社	汪通贵	93522731MA6HQ49A5Q	农民专业合作社	100	贵州省黔南州惠水县岗度镇新摆村	苗木、苹果等种植与销售；牲畜饲养与销售
61	惠水县韦辉种养殖农民专业合作社	韦辉	93522731MA6HQ4890J	农民专业合作社	100	贵州省黔南州惠水县岗度镇本底村	苗木、苹果等种植与销售；牲畜饲养与销售
62	惠水县光永种养殖农民专业合作社	杨光勇	93522731MA6HQ4A77H	农民专业合作社	100	贵州省黔南州惠水县岗度镇新摆村	苗木、苹果等种植与销售；牲畜饲养与销售
63	惠水县启信种养殖农民专业合作社	朱启信	93522731MA6HQ49N1Q	农民专业合作社	100	贵州省黔南州惠水县岗度镇龙塘村	苗木、苹果等种植与销售；牲畜饲养与销售
64	惠水县应忠种养殖农民专业合作社	陈应忠	93522731MA6HQ1AB1D	农民专业合作社	100	贵州省黔南州惠水县岗度镇龙塘村	苗木、苹果等种植与销售；牲畜饲养与销售
65	惠水县思权种养殖农民专业合作社	罗思权	93522731MA6HQ1AYXP	农民专业合作社	100	贵州省黔南州惠水县岗度镇新摆村	苗木、苹果等种植与销售；牲畜饲养与销售
66	惠水县黔义种养殖农民专业合作社	陈义	93522731MA6HQ1D35J	农民专业合作社	100	贵州省黔南州惠水县岗度镇岗度村	苗木、苹果等种植与销售；牲畜饲养与销售
67	惠水县黔舜种养殖农民专业合作社	彭乾顺	93522731MA6HQ48R8U	农民专业合作社	100	贵州省黔南州惠水县岗度镇新摆村	苗木、苹果等种植与销售；牲畜饲养与销售
68	惠水县全明种养殖农民专业合作社	童全明	93522731MA6HQ1EG8Y	农民专业合作社	100	贵州省黔南州惠水县岗度镇新摆村	苗木、苹果等种植与销售；牲畜饲养与销售
69	惠水县廷林种养殖农民专业合作社	韦廷林	93522731MA6HQ47E5H	农民专业合作社	100	贵州省黔南州惠水县岗度镇本底村	苗木、苹果等种植与销售；牲畜饲养与销售

续表

序号	企业名称	企业负责人	统一社会信用代码	企业类型	资本/万元	企业住址	经营范围
70	惠水县继赢种养殖农民专业合作社	罗继云	93522731MA6HQ4C881	农民专业合作社	100	贵州省黔南州惠水县岗度镇龙塘村	苗木、苹果等种植与销售；牲畜饲养与销售
71	惠水县春营种植业农民专业合作社	向春营	93522731MA6HQ1C20C	农民专业合作社	100	贵州省黔南州惠水县岗度镇岗度村	苗木、苹果等种植与销售；牲畜饲养与销售
72	惠水县仁志种养殖农民专业合作社	王锡仁	93522731MA6HQ1CX4L	农民专业合作社	100	贵州省黔南州惠水县岗度镇岗度村	苗木、苹果等种植与销售；牲畜饲养与销售
73	惠水县绿森种养殖农民专业合作社	王国森	93522731MA6HQ1EP1G	农民专业合作社	100	贵州省黔南州惠水县岗度镇岗度村	苗木、苹果等种植与销售；牲畜饲养与销售
74	惠水县志忠种养殖农民专业合作社	王锡志	93522731MA6HQ1FN15	农民专业合作社	100	贵州省黔南州惠水县岗度镇岗度村	苗木、苹果等种植与销售；牲畜饲养与销售
75	惠水县正五种养殖农民专业合作社	陈正武	93522731MA6HQ47431	农民专业合作社	100	贵州省黔南州惠水县岗度镇本底村	苗木、苹果等种植与销售；牲畜饲养与销售
76	长顺县山野地带种养殖农民专业合作社	付朝琴	93522729MA6HB94U9X	农民专业合作社	80	长顺县广顺镇杜鹃湖村龙滩云组	苹果种植与销售；猪、牛、羊的饲养与销售
77	惠水县上本底种养殖农民专业合作社	韦隆华	93522731MA6HQ1YH3B	农民专业合作社	100	贵州省黔南州惠水县岗度镇本底村	苗木、苹果等种植与销售；牲畜饲养与销售
78	惠水县隆忠种养殖农民专业合作社	韦隆忠	93522731MA6HQ1F70J	农民专业合作社	100	贵州省黔南州惠水县岗度镇本底村	苗木、苹果等种植与销售；牲畜饲养与销售
79	惠水县顺祥种养殖农民专业合作社	王顺祥	93522731MA6HQ49T0R	农民专业合作社	100	贵州省黔南州惠水县岗度镇新摆村	苗木、苹果等种植与销售；牲畜饲养与销售
80	惠水县兴惠种养殖农民专业合作社	潘兴会	93522731MA6HQ1D94M	农民专业合作社	100	贵州省黔南州惠水县岗度镇岗度村	苗木、苹果等种植与销售；牲畜饲养与销售
81	惠水县和创种养殖农民专业合作社	陈亮	93522731MA6HQ1RE4Y	农民专业合作社	100	贵州省黔南州惠水县岗度镇岗度村	苗木、苹果等种植与销售；牲畜饲养与销售
82	惠水县福康种养殖农民专业合作社	罗思勇	93522731MA6HQ1T613	农民专业合作社	100	贵州省黔南州惠水县岗度镇岗度村	苗木、苹果等种植与销售；牲畜饲养与销售
83	惠水县本底小班种养殖农民专业合作社	王显锋	93522731MA6HQ1DL2T	农民专业合作社	100	贵州省黔南州惠水县岗度镇本底村	苗木、苹果等种植与销售；牲畜饲养与销售
84	惠水县世勇种养殖农民专业合作社	李世勇	93522731MA6HQ48587	农民专业合作社	100	贵州省黔南州惠水县岗度镇新摆村	苗木、苹果等种植与销售；牲畜饲养与销售

续表

序号	企业名称	企业负责人	统一社会信用代码	企业类型	资本/万元	企业住址	经营范围
85	惠水县应辉种养殖农民专业合作社	王应辉	93522731MA6HQ1CE9L	农民专业合作社	100	贵州省黔南州惠水县岗度镇新摆村	苗木、苹果等种植与销售；牲畜饲养与销售
86	惠水县小正种养殖农民专业合作社	韦小正	93522731MA6HQ47A24	农民专业合作社	100	贵州省黔南州惠水县岗度镇本底村	苗木、苹果等种植与销售；牲畜饲养与销售
87	惠水县刚刚种养殖农民专业合作社	陈刚	93522731MA6HQ4A344	农民专业合作社	100	贵州省黔南州惠水县岗度镇新摆村	苗木、苹果等种植与销售；牲畜饲养与销售
88	长顺县惠丰种养殖农民专业合作社	周维登	93522729MA6HLMG18G	农民专业合作社	10	长顺县广顺镇石板村新寨组	茶叶、苹果种植与销售；鱼、胡峰养殖与销售等
89	长顺县白云山镇果蔬茶业协会	金帼倡	51522729MJT128014D	农民专业合作社	—	长顺县白云山镇烂山村马井组	种植与销售无公害苹果、蔬菜、茶叶等

黔西南州

序号	企业名称	企业负责人	统一社会信用代码	企业类型	资本/万元	企业住址	经营范围
1	兴义市水晶苹果种植农民专业合作社	李兴科	93522301MA6DRDNP35	农民专业合作社	680	兴义市白碗窑镇大水井村	水果、蔬菜的种植与销售等
2	兴仁县隆兴生态种养殖农民专业合作社	王发隆	93522322MA6GGUKB9Y	农民专业合作社	120	兴仁县城南街道办事处大山脚村六组	苹果、树莓、枇杷、辣椒种植与销售等
3	兴仁县百卡中正生态种养殖农民专业合作社	杜忠正	93522322MA6GHBX21R	农民专业合作社	281	兴仁市巴铃镇咔嘎寨村大寨组	苹果、树梅、枇杷、辣椒的种植与销售等
4	兴仁县薏明珠科技种植农民专业合作社	潘旌鹏	93522322MA6EGCCU2G	农民专业合作社	210.5	兴仁县屯脚镇鲤鱼村脉伦一组	苹果、树梅、枇杷、辣椒的种植与销售等
5	兴仁县鹧鸪园生态农产品开发农民专业合作社	岑彬	93522322MA6EGAKB29	农民专业合作社	110	贵州省黔西南州兴仁县李关乡鹧鸪园	无籽刺梨、苹果种植与销售；农产品开发等
6	兴仁市马家屯驭龙种养殖农民专业合作社	孔令贵	93522322MA6DJNXF9F	农民专业合作社	200	贵州省黔西南州兴仁市真武山街道办	树莓、白茶、高钙苹果种植与销售等
7	兴仁县叁村种养殖农民专业合作社	朱威	93522322MA6DJKY63K	农民专业合作社	150	贵州省黔西南州兴仁县真武山办事处	养殖鸡、牛、猪；种植高钙苹果与销售
8	兴义市森富源种养殖农民专业合作社	肖云亮	93522301MA6DMYKR0Q	农民专业合作社	900	贵州省黔西南州兴义市白碗窑镇林场	苹果种植及销售；畜禽养殖与销售等

续表

序号	企业名称	企业负责人	统一社会信用代码	企业类型	资本/万元	企业住址	经营范围
9	贞丰县明美原生态水果专业合作社	张益美	93522325MA6E08FLXG	农民专业合作社	50	者相镇这艾村江纳组	苹果、桃子及其他农产品种植与销售
10	兴仁市新寨明波种养殖农民专业合作社	刘明波	93522322MA6HUAJEX7	农民专业合作社	200	贵州省黔西南州兴仁市波阳镇新寨	苹果、何首乌、三七等种植；畜禽养殖
11	贞丰县纳尧村山地农业综合种植专业合作社	左绍昉	93522325MA6DLFWE3E	农民专业合作社	200	贵州省黔西南州贞丰县纳尧村	高钙苹果、油菜、碰柑等种植；畜禽养殖
12	兴仁市新寨三地种养殖农民专业合作社	刘松	93522322MA6J0L6U63	农民专业合作社	200	贵州省黔西南州兴仁市波阳镇左家弯	苹果、重楼、三七等种植与销售；畜禽养殖
13	晴隆县绿园种植农民专业合作社	刘金毅	93522324MA6HJEK7XR	农民专业合作社	10	晴隆县长流乡凤凰村郎电岩组	苹果、育苗种植与销售；家禽牲畜养殖与销售
14	普安县万家富种养殖农民专业合作社	黄定洪	93522323MA6GX6CU07	农民专业合作社	20	普安县龙吟镇硝洞村民委员会	烤烟、苹果等种植与销售，畜禽养殖与销售
15	普安县河洋移民安置点种养殖专业合作社	罗刚	93522323MA6DMA0074	农民专业合作社	30	普安县龙吟镇城阳村河洋组	苹果、桃子、梨子、金果等种植与销售
16	兴仁市鹏锦种养殖农民专业合作社	韩杰	93522322MA6J13KH5C	农民专业合作社	150	贵州省黔西南州兴仁市百德镇林家寨	苹果、梨等种植与销售；畜禽养殖与销售
17	兴仁市大田角科农种养殖农民专业合作社	黎元敏	93522322MA6J2DDE9K	农民专业合作社	100	贵州省黔西南州兴仁市波阳镇大田角	高粱、苹果等种植与销售；畜禽养殖与销售
18	兴仁市李家松种养殖农民专业合作社	李家松	93522322MA6J0NNUXK	农民专业合作社	50	贵州省黔西南州兴仁市百德镇百屯村	畜禽养殖与销售；苹果、蔬菜等种植与销售

遵义市

序号	企业名称	企业负责人	统一社会信用代码	企业类型	资本/万元	企业住址	经营范围
1	遵义旺康苹果种植专业合作社	夏开勇	93520303MA6DN4LL1C	农民专业合作社	350	贵州省遵义市汇川区芝麻镇大坪村	苹果种植；猪、牛、羊、畜禽养殖
2	贵州省仁怀市廷元果品发展专业合作社	赵温琼	93520382MA6E27HL03	农民专业合作社	100	五马镇街道社区为民组	苹果、李子的种植与销售，农副产品购销
3	余庆县瑜群果林种植农民专业合作社	张瑜	93520329MA6GWL901Q	农民专业合作社	100	贵州省遵义市余庆县构皮滩镇太平村	脐橙、葡萄、苹果种植与销售及加工等
4	桐梓县木瓜镇果蔬协会	周吉发	91520322050834409E	农民专业合作社	10	贵州省遵义市桐梓县木瓜镇西山村	苹果、蔬菜种植

黔东南州

序号	企业名称	企业负责人	统一社会信用代码	企业类型	资本/万元	企业住址	经营范围
1	黄平县纸房乡金河农种养殖农民专业合作社	李清华	93522622MA6DLJ8FX8	农民专业合作社	163	黄平县纸房乡金河村三组	畜禽养殖；种植苹果、桃、橘；林业经营等
2	黄平县纸房乡向心村盛源种养殖农民专业合作社	邹光培	93522622MA6DLJ3052	农民专业合作社	265	黄平县纸房乡向心村六组	畜禽养殖与销售；种植苹果、桃、橘、橙、核桃等
3	天柱社学龙塘种养殖专业合作社	蒋声义	93522627MA6DNKPGXD	农民专业合作社	50	贵州省黔东南州天柱县社学街道	苹果、草莓等种植与销售；畜禽养殖与销售等
4	天柱联香种养殖专业合作社	杨先炜	93522627MA6DNKU78R	农民专业合作社	50	贵州省黔东南州天柱县社学街道	苹果、蔬菜等种植与销售；畜禽养殖与销售

六盘水市

序号	企业名称	企业负责人	统一社会信用代码	企业类型	资本/万元	企业住址	经营范围
1	盘州市翰林小冲农业专业合作社	张启通	93520222308757982X	农民专业合作社	3000	盘州市翰林街道办事处	经果林、苹果、中药材的种植及销售等
2	六盘水市钟山区彝家旭瑶种养殖农民专业合作社	王义江	93520201MA6GJGCY40	农民专业合作社	500	贵州省六盘水市钟山区大河镇渔塘村四组26号	种植：蔬菜、板栗、梨子、苹果；养殖：鹅、猪、羊、牛等
3	水城县德良盛裕种植农民专业合作社	熊清德	93520221MA6HDE7C5G	农民专业合作社	60	贵州省六盘水市水城县坪寨乡播落村	种植中药材、花椒、苹果、蔬菜

铜仁市

序号	企业名称	企业负责人	统一社会信用代码	企业类型	资本/万元	企业住址	经营范围
1	德江县鹿溪苹果种植专业合作社	王治传	93520626MA6GGUTJ1M	农民专业合作社	100	贵州省铜仁市德江县高山乡	—
2	德江县钱家钱丰果蔬专业合作社	杨忠华	93520626MA6GGT7704	农民专业合作社	0.0169	贵州省铜仁市德江县钱家乡沙坝村	梨子、苹果、橘子生产、加工、销售等
3	思南县张家寨果满园农场农民专业合作社	姜昊	93520624MA6DKNH34T	农民专业合作社	50	张家寨镇林家寨村长五间组	苹果树、车厘子、桃树、李子树种植等

安顺市

序号	企业名称	企业负责人	统一社会信用代码	企业类型	资本/万元	企业住址	经营范围
1	安顺市绿盛种养殖专业合作社	吴平	93520402MA6EGBYJX7	农民专业合作社	300	贵州省安顺市西秀区蔡官镇马官村	金刺梨、苹果、楠竹、桂花树种植与销售
2	安顺市平坝区凤玉吉经果林种植专业合作社	郭文莲	93520421MA6DN8955Y	农民专业合作社	100	贵州省安顺市平坝区羊昌乡龙海村	种植红富士苹果、雪梨、紫葡萄等

贵阳市

序号	企业名称	企业负责人	统一社会信用代码	企业类型	资本/万元	企业住址	经营范围
1	贵安新区湖潮乡绿翠园种植农民专业合作社	黄诗流	93520900MA6GYHRKXM	农民专业合作社	100	贵州省贵安新区湖潮乡平寨村桐木寨	苹果种植、加工与销售

资料来源：作者依据企业统计年鉴汇总所得，http://stjj.guizhou.gov.cn/。

B16

贵州苹果产业产业链发展报告

牟 琴 李发耀

摘 要： 贵州作为中国西南地区苹果主产地之一，在苹果产业发展过程中逐渐形成特有的产业链，与此同时苹果产业的发展也受到许多因素的制约。本报告分析了贵州苹果产业链条的构成，以及苹果产业发展过程中产业链条短、科研薄弱、价值链低、产业链条不健全等原因。基于制约贵州苹果产业链条的因素，对苹果产业链的延伸发展方向进行探讨，最后提出构建新型贵州苹果产业链的对策建议。

关键词： 贵州；苹果产业；产业链构建；产业链延伸

产业链主要是指产业在经济发展的过程中，各部门由于经济关系而产生的一系列联系。我国的国民经济就是由各个产业之间的产业链所形成的，产业链可以很好地体现企业发展过程中的集群现象。在产业链中，企业可更好地发挥企业集聚的作用，能够提高经济发展的集约化效应。农业产业链主要指的是实现对初级农产品的深加工，是在实现农产品深加工的过程中，所产生的一种集约化效应。农业产业链主要包括农产品的生产，以及为农业产业化链条提供运输和销售的部门。在农业产业链中，各个部门发挥着不同的作用，各部门对维持农业产业链的稳定运行发挥了替换的作用。

产业兴旺是产业提升的重点，是实现农村一、二、三产业深度融合发展的重要举措。因此，要坚持质量兴农、品牌强农，深化农业供给侧结构性改革，构建现代农业产业体系、生产体系、经营体系。新常态下，农村一、二、三产业融合，可以延伸农业产业链、价值链，构建产加销、贸工农一体化的现代农业产业体系，引领产业按照市场消费需求组织生产，增强产业体系竞争力。

一、贵州苹果产业链的构成

完整的农业产业链可以概括为农产品生产、加工、运输、销售等诸多环节，是农产品产前、产中、产后各部门、组织机构及关联公司以技术链、价值链、标准链、流通链、组织链等缔结的有机整体。在农业产业链中，每链条所体现出的价值是不同的，具体表现为种植和养殖这一链条价值最低，而产后的品牌化体现的价值最高。但种植和养殖是农业产业链的基础，没有这一基础则不存在上游和下游的增值活动与结果。我国为苹果种植大国和销量大国，其产业链的建设同样遵循上游与下游的规律。

贵州苹果产业链主要是由种植环节以及多个其他环节动态连接而成的系统，主要可以表现为上游种植生产、中游产品加工、下游产品流通与营销环节组成，如图 16-1 所示。其中，上游种植环节的核心技术点是“品种”，不同品种所需要的种植环境、水肥管理、病虫害防疫技术、园林设施投入品等有所不同，上游技术对产品的品质质量以及营销起着关键性的作用。苹果产业链的中游主要核心点是注重产品的“品质”，该品质与上游的种植技术以及品种选择密不可分，上游与中游的关键技术协同作用表征产品的安全、营养、感官等指标将会影响下游产品的营销和产品定位。下游的流通与营销的核心点主要受“品牌”影响，品牌的本质由上、中游的核心技术点支撑，消费者通过对产品的直接诉求，也逆向决定上、中游苹果核心点改良的方向。由此可见，苹果产业链的构成是一个多元化、复杂化的动态系统，苹果产业链应该经历螺旋式、曲折式的提升。

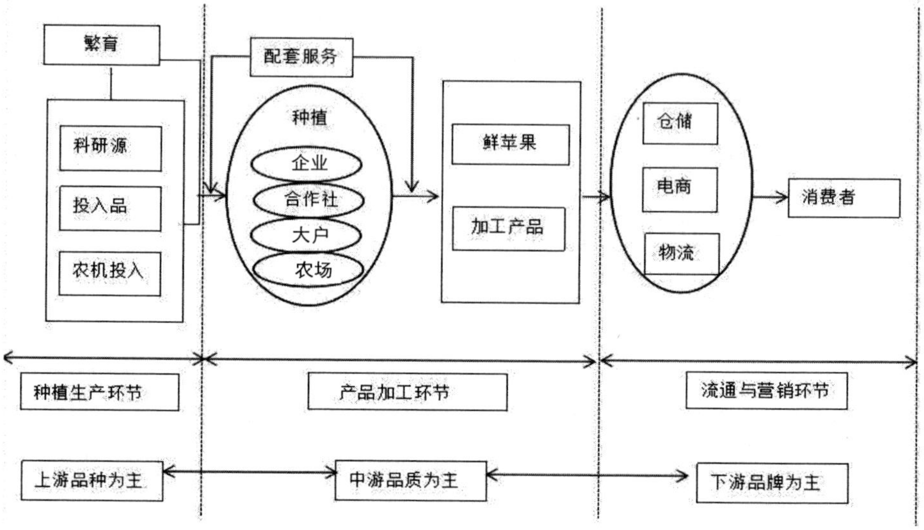

图 16-1 苹果产业链的环节构成

（一）苹果产业链的上游产业

苹果种源研发环节处于苹果产业链的前端，也属于苹果产业链的重要技术链之一，是整个产业链创新能力的源泉，另外，种源研发对整个产业链条具有很大的导向作用，为整个苹果产业链的技术链提供有力的支撑，包括高校、科研单位、部分企业的研发部门。

苹果产业链以种植环节为核心，以苹果种植企业为主导。种植企业属于产业链的上游企业，对上游苹果种植企业来说，苹果挂果收获后的主要任务就是迅速把产品卖出去，减少产品储存、变质等造成的产品损失，并及时回笼资金。因此种植技术、贮藏技术的技术链对于上游企业至关重要。首先，种植技术作为产业链前端的重要节点，其关键控制点主要体现在贵州苹果品种的选择、种植期间土壤和水肥的管理以及病虫害防治等技术。其次，贮藏这个环节为实现平衡生产、合理安排销售、稳定供应市场、满足消费者需求等各方面提供坚实的技术保障，是果品全产业链上不可缺少的一环，可以实现水果错季销售，在很大程度上解决采摘季同质水果大量上市、市场积压的问题，大大减少供应链上的损耗。

（二）苹果产业链的中游产业

苹果加工生产处于产业链的中游，包括对贵州苹果产品进行粗加工和精深加工，加工成品具有较高的附加值。这一环节是上游技术研发的生产实现，是构建贵州苹果产业链的关键环节。初加工环节包括苹果鲜果、干果等食用产品的分拣加工生产。精深加工环节包括苹果原汁、苹果饮料、苹果醋、果酒等相关发酵食品，以及苹果糖制品和果脯、果酱、苹果保健品等多种苹果产品的加工生产。

（三）苹果产业链的下游产业

从事苹果及其加工产品的储存、运输和销售，是整个产业链价值实现的环节。包括流通、消费环节。由仓储、物流、批发、零售、电商等部门构成。苹果产业链中的流通链将苹果物流、信息流和流通服务进行整合拓展，促进产业链各节点原材料流动，从而为苹果生产企业提供高品质原料，降低信息不对称壁垒，降低交易成本。贵州在苹果流通链建设中应该利用各县区电子商务产业园的信息优势，以公共平台作为信息搜集和发布的载体，为贵州苹果产业上、中、下游各主体提供信息服务，同时利用现代物流体系为各主体原材料的流通提供支持。具体来说，政府应重点扶持本地区信息平台建设，以某一地区的电子商务产业园作为重点扶持对象，打造大型农产品交易集散中心，将农产品物流、交易、信息等进行融合，实现各主体的信息共享和紧密融合。

二、贵州苹果产业链的问题分析

（一）产业链条短

一般来说，随着产业链的延伸，链条越长产品的综合利用越高，产生附加值也越大。中国是世界苹果生产大国，多年来国内的苹果产业始终“大而不强”，现阶段我国苹果产业种植面积广泛，加工环节也处于由粗加工向精深加工迈进之中。虽然随着对苹果功能性价值的开发，其综合利用程度越来越高，但是苹果产品涉及范围还较为狭小。产业链短而不强，导致了整个苹果产业链短且附加值较低。

整个产业链条的平衡性决定其效率以及安全等多个因素，贵州苹果产业链短主要表现为：首先，苹果产前农民在发展中主要以农业种植为主，对鲜苹果的销售问题主要基于去年或者历史的大概经验，对市场没有进行系统的深入研究。因此，当苹果大量上市时，苹果将会出现滞销的情况；当市场出现供不应求时，企业又盲目进行生产。苹果产业链的上游企业将会显得十分被动。

其次，目前许多苹果种植企业主要与农业加工企业签订协议，但农业加工企业同时受到市场经济波动和产业前景的影响，许多农业加工企业中途夭折，苹果种植业受阻，苹果产业链的延伸也同时遇到障碍。

（二）产业链各环节衔接不紧密

产业链以种植环节为核心，以苹果种植企业为主导。种植企业属于产业链的上游企业，对上游苹果种植企业来说，苹果挂果收获后的主要任务就是迅速把产品卖出去，减少产品储存、变质等造成的产品损失，并及时回笼资金。至于苹果加工的最终产品是什么，有哪些品牌，通过哪些物流渠道，以什么方式在市场上销售，最终销售给了哪些目标顾客，都不是种植企业所关心的事情。产业链内的种植企业、加工企业、销售企业彼此之间是割裂的，没有形成紧密的利益联结链条，只是通过产品的自然流通单纯地把不同产业环节的企业连接在一起。产业链内的企业各自为政，以自己企业的利润实现为最终目的，不顾及产业内其他企业的利益和发展，导致了产业环境遭到破坏，产业链条断裂，产业成长缓慢等问题。因此，这样的产业链条是非常脆弱的，产业链上的企业被动地将产品从上游环节推向下游环节，不同环节上的企业之间是相互竞争的利益对立关系，各个企业各自为政，根本不会考虑整个产业链条的利益。

相对来说，龙头企业对产业链各环节具有黏合功能。龙头企业是产业链中资源的支配者，可以通过交易的内部化来降低产业链各环节之间的交易成本，对紧密联系产业链上、下游发挥着至关重要的作用。目前贵州省苹果相关企业较多，但缺乏能整合多个环节的龙头企业，现有企业难以承载产业链的核心组织作用，导致产业链各环节之间组织较为松散。

（三）价值链低

现阶段贵州苹果生产经营主体生产优质精品意识尚不够强，产品分级包装等商品化处理水平不高，导致优质精品比例偏低，产品价值低下。一些规模基地特色不明显，主导品种不突出，同质化竞争现象较为普遍。苹果品牌小、散、弱，缺少有影响力的知名品牌，影响市场竞争力。另外，苹果产业组织化、产业化程度依然较低，产销信息不对称，抵御市场风险能力薄弱。在全国苹果大生产、大市场、大流通的环境下，市场竞争日益剧烈，品牌价值低下的苹果产品销售压力和生产风险正在加大。

（四）产业链条不健全

从企业链角度来看，贵州苹果产业链技术链短，信息链断裂，导致上、下游企业间联系不紧密，交易成本较高。从供需链角度来看，苹果产业各环节发展不均衡。如加工环节由于建设周期短，进入门槛相对较低，发展迅速，加工生产能力出现过剩；而市场销售环节尚处于培育发展阶段，销售渠道狭窄。从空间链角度来看，贵州苹果产业空间发展不平衡。整个产业主要集中在威宁、长顺以及兴义，其中，威宁占了绝大部分。从价值链角度来看，贵州苹果产品整体层次只能满足市场的中低端需求。市场需求的多层次性，决定了满足需求的产业链的多层次性。由于苹果不是主粮，消费需求和水平不高，产品技术含量低，产业增值程度有限。

三、贵州苹果产业链构建延伸

产业链的延伸是在既定的链条基础上在上游和下游拓展，主要延伸点注重于基础环节、技术环节以及市场环节。苹果产业链的延伸具有重要的作用和意义，其优势主要体现为：第一，延长产业链不仅可以提高产品的经济附加值和深加工层次，还可以提高产业的经济效益，是一个地区资源优势转化为经济优势的重要途径。第二，提升当地产业构成和发展的多元化，减少废弃物的排放，促进生态、经济、社会的共同发展。第三，大大提高对市场的适应能力，扩大就业。第四，促进多个相关产业的共同发展和提高，提升整个地区的经济发展水平。

（一）种植环节延伸

在种植环节建立绿色的贵州苹果种植链，首先从贵州苹果种子、种苗、投入品、病虫害等农资供应链抓起，加大对苹果的研发资金投入，大力推广种植高质量种苗。建立科学施肥，施用生物有机肥料，改善土壤性状，增加土壤的有机质含量，为果实提供充足营养。在种植链中推广多种标准化管理的技术，并通过施用有机肥、疏花疏果、蜂蜜授粉、物理生物防治等绿色的贵州苹果生产技术，达到提高优果率、绿色有机无污染的种植目的。采用国际先进的矮砧密植技术，引进先进的滴管设施，引进高端苹果分级洗选生产线，打造一条全新的精品苹果产业链条，这是贵州苹果发展的方向，是我们走出目前苹果产业发展的困局，发展现代果业的必经之路。

贵州苹果种植环节向上游进一步延伸，首先是种子产业链，包括育种、制种、销售三个环节，其中育种环节是种子产业的核心部分。从种子行业的产业链来看，上游环节是种子育种环节，也是种子产业的核心部分，根据种子对不同化肥、农药以及病虫害的特征研制出技术含量较高的种子，是种子行业中话语权最高的环节；中游环节为制种环节，是不同类别的种子由研发到产成品的过程，种子终端产品属于中游生产的产成品。下游环节为销售环节，种子的销售主要面临两类群体，分别为经销商和零售商，然后再散发到广大农民手中。种子产业链可进一步向研发环节延伸，如种子研发、关键设备研发和相关配套农资的开发等。

其次是育苗产业链，包括种苗繁育、种植推广、技术服务等环节。

需要对贵州苹果种苗的优选优育、种苗产地适应性、种苗生产技术革新等方面提供技术服务和平台支撑。包括基地建设、配套农资、种苗注册认证、品牌销售等环节，以提供贵州苹果种苗为载体，为贵州苹果全产业链服务。

随着人民生活水平的提高，人们对农作物的种植要求从单纯追求产量开始转向提高安全和品质。由于良种、良苗对提高单产、降低农药用量等方面作用显著，种植业需求的转变对种子、种苗环节提出了更高要求，未来贵州苹果种子、种苗环节将面临高产、高普适性和抗病（虫）性强的优良品种的市场需求。

（二）加工环节延伸

随着产业的发展壮大，苹果种植技术的提升，需要对产业链构成进一步升级优化，鲜果供应的同时应该打造以加工环节为核心，加工企业为主导的产业链。

当前，由于研发不够、品种类别少、市场开发滞后等原因，贵州苹果产业链条短、产业环节少、与相关产业联系不紧密。因此构建贵州苹果产业链，应跳出仅从各单个地区、单个企业考虑的局限，避免各自为政、无序竞争的发展形态，从维护贵州苹果可持续发展的全局出发，将贵州苹果产业的前、后向的纵向关联延伸、横向的跨产业融合和贵州苹果产业的结构调整、产品品种调整、空间布局调整等发展模式有机结合，实现贵州苹果产业链的系统整合和贵州苹果产业的发展壮大。

在以加工企业为主导的产业链构造过程中，产品加工企业是链条构造的组织者和实施者。作为产业链条主导的加工企业要根据市场需求特点和需求规模来决定对产品进行初级加工还是深加工，并根据最终消费者的需求变化趋势以及顾客信息反馈来优化产业链，并进一步改善需求环境。并利用自身行业影响力建立物流中心、信息中心和管理中心，同时企业发出供货指令，确保下游企业都能获得数量合适、质量合格的贵州苹果，避免库存积压和成本上升。苹果核心企业的强大生产能力也会拉动产业上游企业的发展，尤其是种植企业的发展水平。在加工企业对苹果需求拉动下，种植企业必然在种植技术、种植规模、种苗培育、质量管理等方面做出努力，如标准化的种植和采摘、专业化的储藏分拣、专业化配送以及精细化分销，统一农产品种植、采摘、贮藏、分选、包装、物流的标准化建设等，保证把绿色、高质的苹果供应给加工企业，形成一条充足的供给链。中游加工企业的规模越大、行业影响力越强，对产业链的驱动力就会越大，就越能保证整个产业的平稳发展。

因此，贵州苹果产业链中游需要具有实力较强的龙头企业，制定苹果生产加工的高标准，开发对苹果产品精深加工的能力和高水平的管理技术，以先进和高新的技术作为引导，不仅能提高技术和产出率，还能提高加工产品的附加值，打造苹果产品自身的品牌，这样的领头羊才能带动贵州苹果种植生产乃至相关产业的发展。贵州苹果产业链在发展的过程中将研发、种植、加工、运输、销售等部分有机地结合起来，形成“风险共担、利益共享”的紧密产业链。龙头企业可以是收购环节主体、批发环节主体、零售环节主体。龙头企业通过提供技术指导、农资优惠、农机具补贴等形式的生产服务来稳定货源，绿色食品产业链的建设是壮大农产品加工业的客观要求，是新时期提升绿色发展优势的有效手段，也是提高农产品品质、降低农产品生产成本、提高农产品市场竞争力的重要途径。为实现绿色零污染，在初级加工阶段的商品化处理时使用国家标准允许范围内的可降解、可食用的绿色包装材料。在深加工链中辅以生态链的发展，建立可持续发展的、循环农业体系的绿色原料基地，实现附加产业的发展，如养殖业、果业、沼气等产业，在推动养殖业发展的同时也可拉动食用菌的兴起。

贵州苹果深加工是指以鲜苹果、干果、苹果的副产物为原料，采用相应的物理、化学和生物技术生产出含有苹果有效成分的新产品的加工过程。苹果中含有有机酸、果糖、果胶、维生素 A、维生素 C、多酚、黄酮类物质、纤维素、钾、镁等多种营养物质，通过研发和利用新技术，可以开发贵州苹果营养保健系列食品。如生产苹果保健饮料、苹果旅游小商品等更具高附加值的新产品，满足消费者营养、保健等多样化的需求。目前贵州对苹果的加工能力有限，仍以鲜果为主，加工产品处于起步阶段，加工环节不完善，产品的附加值不高，极大地制约了贵州苹果产业的发展。

（三）文旅方向延伸

目前贵州特色农业产业主要围绕“产业生态化、果园景区化、农旅一体化”的主题规划农业产业，使园区变景区、果园变公园、果山变金山，助推果企增效、果农增收、农村富美。加快推进农业特色产业和乡村旅游的发展，将乡村旅游、农业旅游、生态旅游有机结合，着力打造生态旅游新名片。因此，苹果产业链的发展可以朝文旅方向延伸，要把现有贵州苹果产业优势做强，通过与文化、旅游产业的结合，形成“以苹果促旅游，以旅游促苹果”的良性循环，以此拓宽和延长苹果产业链条，促进苹果产业链的核心价值创造和延伸型价值创造的实现。积极利用多种形式拓展苹果销售渠道，充分发挥龙头企业在市场促销工作中的作用，抢抓大数据产业发展先机，通过举办苹果花节、苹果采摘节等多项促销活动，带动农民持续增收、林果业持续增效，助力脱贫攻坚。

由于贵州苹果种植园基地处于生态环境优美的半山、高山区域，山野风光宜人，森林覆盖率高，是一道亮丽的“绿色走廊”和“天然氧吧”，利用自然的优势可以在苹果园内打造休闲旅游、康养旅游基地、苹果品尝旅游季，在适当地点修建有机食品小吃一条街、有机苹果品味一条街等休闲消费场所。游客可以在苹果园内游览欣赏苹果园美景，并提供一个了解农耕文化、民族文化、亲近自然、体验生活的天然场所，如体验采摘苹果的劳动乐趣，入驻苹果馆、苹果吧、游苹果街，既增加了苹果园的人流，又能实现部分苹果的即产即销，让游客在文化旅游活动中感受乡村旅游的淳朴，体味亲近大自然的惬意，展示当地生态休闲景色。

贵州少数民族较多，可加强少数民族的特色文化与贵州苹果文化的相互碰撞，将少数民族文化、苹果文化与旅游业相结合，让人们在欣赏美丽的自然风光与独特的少数民族文化的同时，激发人们对当地苹果产业的兴趣，不仅推动旅游业的发展，还有利于提升贵州苹果产业链内涵。打造以读贵州苹果文化，采摘、品尝贵州苹果鲜果为主的生态美景等以苹果为主的生态文化旅游观光精品。

打造“一乡一业、一村一品、多村一品”的特色产品体系，逐步扩大经营规模，发展产业群体，延伸产业链条，形成区域性主导产业和拳头产品，迅速形成区域主导产业，形成专业化、社会化的贵州苹果生产体系，实现苹果产业可持续发展模式。

（四）研发方向延伸

加强“产学研”链接，将院校、科研机构与贵州苹果加工企业等以产业为基础、企业为主体、市场为导向联合组织起来，进行资源开发、产品开发和技术开发，打造科技密集型苹果发展的新模式。通过强强联合、资源共享、优势互补，形成研发和产业化的互动，实现产品创新和市场创新的良性循环。积极推进农业院校、科研单位围绕贵州苹果产业化，开展贵州苹果贮藏、加工技术研究和技术推广。支持龙头企业建设研发中心。加强标准化栽培技术研究和推广。加强贵州苹果生产技术培训工作，提高农户生产技术水平。

加强对苹果果汁、复合苹果果汁、苹果罐头、苹果籽油、苹果块、非油炸苹果脆片、苹果醋、苹果酒、脱水苹果片、苹果粉、苹果脯等系列产品的开发。加强核心技术的研究，如苹果果汁褐变的问题、有效成分的高效提取。对各种加工技术进行深入研究，攻克技术缺陷，优化苹果产地采后商品化处理标准体系，同时应使加工企业与科研院所、农业院校实现技术对接，协同开发加工工艺与设备，保证技术创新，解决苹果加工机电一体化机械装备问题，提高原料和设备利用率。

（五）产业服务环节延伸

建立质量标准服务体系，依据主栽品种生物学特征、国家质量安全标准，制定生产操作技术规程，加快制定国家标准、地方标准、行业标准和企业标准，指导实施优质、有机、绿色食品生产。

建立信息服务体系，在“交易市场”内建立贵州苹果销售信息服务中心，乡镇、村建立贵州苹果信息服务站，建设市场销售信息网，并入全国销售信息网络，积极拓展销售渠道。贵州苹果协会与营销大户要建立自己的网站，不断扩大网上销售比重。

建立销售中介服务体系，乡镇林业站、农技推广站通过为果农提供技术承包、信息咨询等社会化服务，逐步发展成为功能齐全的综合服务实体，从农民急需的生产服务项目入手，逐步扩展乡村集体服务组织的服务内容。大力扶持、放手发展各种合作经济组织和民办服务组织，支持贵州苹果协会和中介服务组织开展工作，建设完备的贵州苹果信息服务网络。

建立多环节科技服务体系。贵州苹果生产阶段面临自然和市场双重风险，建立多环节科技服务体系，多方位降低系统风险，是减少价值链生产主体增值损失的重要保障。多环节科技服务包括产前灾害预防、技术培训、生产资料质量甄别、生产要素配置等方面的服务，产中果树修剪、花果管理、病虫害防治、施肥灌溉等方面的服务，产后包括预冷处理、杀菌储存、分级分拣、商品化处理、包装运输等服务，提高生产主体嵌入价值链高增值环节的能力。

四、贵州苹果产业链发展对策与建议

（一）激活核心企业活力

首先，贵州农村企业发展迅速，企业数量增长较快，规模逐渐扩大，但是企业的经营水平和管理效率还有待提高。必须加大对农村企业的资金扶持力度，解决农村企业融资难的问题。农业合作组织是苹果产业链培育的重要主体，是苹果产业链平稳运行的关键环节，应充分发挥农民合作组织的作用。

其次，由于种植和加工环节的相关企业长期处于分散种植、小农经营、小规模加工的状况，目前可承担苹果产业链构建的龙头企业微乎其微。由于新培育的一些地方龙头企业起步晚，贵州苹果产业整合能力不足，导致贵州苹果产业集约化、体系化、集团化经营程度低，还没有形成集土壤监测改良、良种良木培育、病虫害防治、产品研发创新、品牌整合传播于一体的苹果产业经营体系，苹果产业链条缺、短、窄的状况较为明显。

因此，苹果产业链培育过程中，要大力激发农业合作组织的活力，使之成为农业产业链的主力军之一，以及农业利益的代言人和农民利益的保护者。

（二）构建贵州苹果品牌体系

近些年来农村企业在发展中逐渐意识到提升产品附加值的重要性。贵州苹果主要销往北京、上海、南昌、贵阳等地。要充分发挥各地的地理、经济、人文优势，积极培育和精心打造一批著名的贵州苹果品牌，以加工端引领种植端、以品牌端带动加工端，逐渐形成全产业链加速发展格局。探索“品牌 + 商标 + 产品”模式，实现公用品牌和公用商标共建、共享、共管，建立“企业品牌保护、行业品牌保护、司法品牌保护”相结合的品牌管理机制。一是要强化技术创新和产品设计，推进品牌宣传、推介和形象建设，实施品牌联合战略等方式，逐步培育一批著名品牌；二是鼓励和支持现有品牌做大做强，逐步形成一批具有全国乃至世界影响力的知名品牌；三是品牌建设上建立起金字塔层级支撑体系，打造企业品牌、产业品牌、区域品牌、国家品牌、国际品牌体系；四是利用互联网、报刊、广播电视等媒介，加强贵州苹果产业发展的宣传推介，提高贵州苹果产业发展的影响力。

（三）提高产业链素质，加大创新引领

顺应供给侧结构性改革的要求，对苹果产业大力加入科学技术，实现创新引领苹果产业的发展；一要依靠现代科技手段对传统农业生产方式实行全面改造，通过选种育种改良品种，提高农产品品质。二要运用现代科学技术装备，纵深推进农业机械化，精耕细作，并且做好农业技术推广与服务。三要在农产品的存储和处理环节，加强现代科学技术的应用和信息化管理，针对农产品在采购和储运过程中保鲜难、货损大、

供需脱节等突出问题，努力完善农产品冷链物流及智能化管理，杜绝添加剂滥用，保障农产品及时供应并且优质、放心、可口。

加工主导型贵州苹果产业链受到贵州苹果产业创新能力的限制。在产业分工日益细化的背景下，产业链要不断向核心产品和核心技术的方向发展和延伸，这就要求提高整个产业的研发创新能力。对于加工产品一是要加强与科研院校联系，要坚持以科技为先导，加快推进“产学研”联合，加强技术创新、产品开发；二是运用最新技术改造传统设备、技术和工艺，加快产品的升级换代，提高贵州苹果产品的质量和附加值；三是要重视人才的培养和使用，为企业科技创新注入新的活力。

（四）推广标准化体系建设

农业标准化是农业现代化建设的一项重要内容，是“科技兴农”的载体和基础，包括农业标准体系，农业质量监测体系和农产品评价认证体系建设，对于促进科技成果转化为现实生产力，发展现代农业产业意义重大。农业标准化建设的核心工作是标准的实施与推广，最终实现生产的基地化和基地的标准化。通过标准的实施，把农业产前、产中、产后各个环节纳入标准化生产和标准化管理的轨道，促进品牌、名牌战略实施，达到高产、优质、高效的目的。

标准的制定与严格把控是高品质绿色食品从源头生产到餐桌的关键，是当前绿色食品产业链竞争力得以体现的关键步骤。因此，标准链的建设是整个绿色产业链建设的关键。目前小规模农户依然是农产品生产的主力军，限于技术水平、创新能力、应用能力及信息不对称等多方面原因，造成农产品质量差异大，绿色食品原材料在不同年份存在品质的差异，甚至不符合检测标准，直接影响到产业链价值度。因此应制定贵州苹果种植、加工、流通的相关标准。组织龙头企业和相关部门联合制定或完善贵州苹果质量标准及生产种植技术规范，努力做到贵州苹果生产标准化。健全质量监测体系。通过监测贵州苹果产业投入及加工品质，实现贵州苹果种植、加工、流通的质量监控管理。

B17

贵州苹果产业品牌建设专题报告

彭渊迪　朱忠琴

摘　要： 贵州苹果种植历史悠久，20世纪三四十年代各地就已经开始零星种植，因种植区特殊的地理资源、气候资源以及苹果种质资源和种植、管护技术等直接关联因素，经过70年代的探索种植，80年代的规模化种植发展，90年代的品质提升规范化种植发展，逐步形成了极具特色的三大地标性苹果品牌：威宁苹果、长顺高钙苹果、兴义苹果。这些地方苹果品牌在这一过程中逐渐集权形成贵州苹果这一大区域性品牌。贵州也因其出产的苹果品质突出、种植成规模、种质资源丰富等条件，成为南方地区苹果优势产区，在全国优势苹果产区占有一席之位。本报告关于贵州苹果产业品牌建设的前世今生以及所遇到的问题及政策制度做出一些汇总、整理和说明，并提出一些意见和建议，以期能对贵州苹果产业品牌建设发展给予一些帮助和指导。

关键词： 贵州苹果；品牌建设；产业发展

一、贵州苹果产业的品牌发展之路

（一）产业大背景

苹果作为我国超大宗型经济水果，其产量一直都稳居全国各类水果产量前三，甚至是世界前列，据2000—2008年的统计数据，我国的苹果产量已经位于世界第一位的水平。国际层面上苹果产量排名第一的殊荣离不开我国各地方苹果产业的蓬勃发展，也正是这样的大产业背景，更好地激发和支持了我国各地方苹果产业的系统发展。而地方性苹果品牌的诞生、创建和发展又正是建立在我国苹果产业稳定发展，苹果种植、管护技术不断革新的基础上。这其中贵州苹果产业的发展和品牌建设也正是依托在全国苹果产业欣欣向荣的基础上，依托在苹果种植技术不断革新和苹果种质资源不断提升的基础上。其中北方作为我国苹果传统优势产区，苹果种植经验丰富，种植技术成熟，苹果品牌也形成较早，这都为贵州苹果产业的发展和品牌建设奠定了一个坚实的基础、树立了一个参考目标，并不断向外输出其在种质资源上和种植技术上的先进经验和方法措施等。这对贵州苹果的产业发展及品牌建设都起到关键的指引作用。

（二）产业历史优势

据现存的大量历史文献记载，贵州苹果的种植历史可谓是源远流长，这其中如《（万历）铜仁府志》《（光绪）普安直隶厅志》《（道光）广顺州志》《（嘉靖）思南府志》《（嘉靖）贵州通志》《（道光）印江县志》《（光绪）平远州续志》《（嘉庆）黄平州志》《（咸丰）兴义府志》《（咸丰）安顺府志》《（道光）遵义府志》《（乾隆）毕节县志》《（道光）大定府志》《（弘治）贵州图经新志》等关于贵州的历史典籍中均记载了贵州地区物产有苹果，提供了贵州苹果种植历史悠久的客观存在依据。不仅如此，就苹果属植物资源的调查来看，苹果的种质资源分为野生种与栽培种。据不完全统计，被记录下的苹果属植物资源全球约有 35 个种类，这其中我国就占 27 个种类，是苹果属植物最大的基因中心。根据以李育农为代表的几代果树（苹果）研究工作者经过长时间的摸底、调研分析出的结论，在我国，贵州、云南、四川以及西藏的西南部是苹果属植物资源自然分布最多的地区，这四个地区的苹果属植物资源数量加起来占我国其他省（区、直辖市）苹果属植物资源数量的 50% 以上。这从侧面很直观地反映了贵州是苹果的适宜生产区，虽不及传统意义上的苹果产量大区，但其优势仍然十分明显，早在 20 世纪初就诞生了闻名全国的贵州知名苹果品牌——威宁苹果。

而后随着苹果市场的稳定发展，苹果种植、管护技术的革新与提高，苹果优良品种的选育与定种，政府政策的支持，贵州又先后诞生了长顺苹果、兴义苹果两大区域性苹果品牌。作为后起之秀的长顺苹果较之其他苹果含钙量高，因此长顺苹果被定位为高钙苹果，品牌名称和品牌形象也定位为长顺高钙苹果，其品质特色尽数凸显。而兴义苹果相对来说虽发展较晚，但却因科学的种植、管护技术以及政府规划、政策的支持，发展速度迅猛。因其亚热带季风气候，日照时常，日积温较高的种植环境，兴义苹果的品质也十分突出，市场反馈甚好。在这三大地标性苹果品牌之下贵州其他地区也进行苹果的种植生产，形成了一定市场知名度和种植规模，如安顺苹果、望谟苹果、六盘水苹果、独山苹果、遵义苹果等各地方性苹果品牌，只是和上述的威宁苹果、长顺苹果、兴义苹果三个苹果大地标相较而言，其发展时间、产品品质特色、种植规模等都稍显不足，但经过往后有效的品牌培育和产业规划，也必将发展成贵州知名的苹果品牌。共同助推贵州苹果在省级层面的产业和品牌建立。

（三）三大地标性苹果品牌

1. 威宁苹果

威宁苹果，贵州形成最早也是知名度最高的苹果品牌。威宁苹果的种植时间可追溯到 1904 年，距今已有 116 年，早在诞生之时威宁苹果就因其红脆、汁多鲜甜的品质而备受消费者和经销商的青睐。在 1975 年的全国苹果外销基地品鉴会上，威宁苹果就以其突出的品质在外形、颜色、肉质、口感（风味）四个评审项目上取胜，当时获 271.3 的评分，荣获全国优质苹果第二名。

威宁苹果能获得如此高的评价和市场知名度，并不是偶然，而是源于威宁县特殊的自然环境和人文历史关联因素。威宁自治县境内平均海拔 2200 m，高海拔、低纬度、高原台地的地理特征明显，气候温凉适宜，日夜温差大，光照时数长，被气象学界命名为“阳光城”，年平均气温 10 ~ 12℃，年均日照时数 1812 h，年均降水量 950 mm，无霜期 200 天左右，土质疏松，土壤有机质含量丰富，长时间的光照和温凉的气候有利于苹果碳素的同化和营养物质的积累，使得威宁苹果红脆、汁多、鲜甜。也正是因为这样的气候环境威宁自治县素来有“贵州苹果生产最大产区和最适产区”之说，还成就了威宁“南方落叶水果基地”的美誉。威宁苹果在当地悠久的种植历史使得威宁苹果自然演变成了当地文化的一种象征，人们把威宁苹果当作吉祥、如意纳福、喜获丰收的预兆之物，威宁苹果已经融入了当地人们的生活之中。

发展至今，截至 2019 年统计数据，威宁苹果的种植规模已达 50 万亩，种植品种丰富，涉及早熟、晚熟等多个品种，其中以嘎啦系列、金冠系列、烟富系列、长富系列为主要代表性品种。其苹果生产经营企业有 147 家，合作社有 107 家，是贵州省内苹果生产经营企业和合作社最多的地区，这进一步说明了威宁苹果作为贵州苹果中最突出的品牌，其发展规模和市场占有率都具有明显的优势。其中种植规模在一万亩以上的大型企业就有 4 家之多。以威宁彝族回族苗族自治县农业产业发展投资有限公司、威宁超越农业有限公司、威宁依超现代农业有限公司、威宁县乌蒙绿色产业有限公司等为代表的威宁苹果生产企业，依托威宁苹果这一地标性品牌，建立自己的企业小品牌，这是威宁苹果作为大地标产业发展的必然模式，企业能更快地建立销售渠道，相关市场监管部门也能更好地开展监督管理，最重要的是这是威宁苹果产业发展和品牌建设所必需的模式。

历经岁月的见证，凭借老百姓的口碑所建立起来的“威宁苹果”这一知名苹果品牌，其产业发展及品牌建设已经有了坚实的基础。威宁县委、县政府及相关部门也对威宁苹果产业发展及其规划相当重视，先后成立了“威宁彝族回族苗族自治县农业区划中心”“威宁彝族回族苗族自治县水果产业发展中心”，对威宁苹果产业的种植技术、品牌建设、产业发展进行规范化地有效管理。从 2015 年开始统计，威宁县委、县政府每年都围绕威宁苹果产业出台相关的产业发展规划，如《关于 2016 年苹果产业发展的实施方案意见》（威府发〔2015〕14 号）、《中共威宁自治县委威宁自治县人民政府关于加快发展苹果产业的意见》（威委

〔2015〕69号）、《威宁自治县2016—2017年苹果产业发展的实施方案》（威党办发〔2016〕115号）、《关于对2017年全县苹果产业基地建设的补充通知》（威党办发〔2017〕59号）、《威宁自治县2017—2018年苹果产业发展实施方案》（威党办发〔2017〕211号）、《2018年全县新建苹果园、猕猴桃园验收工作方案》（威府办通〔2018〕110号）、《威宁自治县2018—2019年经果林产业发展实施方案》（威党办发〔2018〕190号）、《威宁自治县2018—2019年苹果产业发展实施方案》（威党办发〔2018〕183号）、《威宁自治县2019—2020年特色水果产业发展实施方案》（威党办发〔2019〕125号）、《关于印发2019年度苹果、猕猴桃、软籽石榴、大黄梨苗木综合验收督查工作实施方案的通知》（威党办发〔2019〕20号）等，全面规划和支持威宁苹果产业的发展以及威宁苹果品牌的建设。政府政策的支持是产业发展以及品牌建设所必需的，尤其是像威宁苹果这样的地标性、区域性品牌，是需要借由政府以及相关职能部门，由其作为牵头部门，联合相关企业及合作社，对其种植品种，种植、管护技术，品质管理，产品销售，产业规模，采收、储运等相关方面进行一个全方位的统筹及监督管理，共同发展和打造威宁苹果这一地标性、区域性苹果品牌，在威宁苹果这一地标性、区域性苹果品牌之下，各企业和合作社发展各自的自有品牌。

围绕威宁苹果这一地标性、区域性苹果品牌的打造。截至2020年，威宁苹果已获得中华人民共和国地理标志产品保护（原质检总局2017年第117号批准公告认证）、农产品地理标志保护（原中华人民共和国农业部公告第2578号批准公告认证）、地理标志证明商标保护（国家知识产权局商标局地1650期商标公告登记注册），共同助力、规范威宁苹果的产业发展，并提升威宁苹果的质量和市场知名度。不仅如此，威宁县政府以政策和资金支持，以“威宁彝族回族苗族自治县水果产业发展中心”作为工作牵头部门，将威宁彝族回族苗族自治县农业产业发展投资有限公司、威宁超越农业有限公司、威宁依超现代农业有限公司、威宁县乌蒙绿色产业有限公司等5家企业，共5万亩的威宁苹果的绿色食品认证纳入今年的苹果产业规划，提升威宁苹果的品质质量，改进威宁苹果种植、管护技术，建立威宁苹果现代农产品绿色生态发展态势。

威宁苹果作为贵州苹果的领头者，在种植、管护技术、种植经验、产业规划以及品牌推广上都累计了相当丰富的经验、掌握了相当成熟的技术，是贵州苹果的表率。在此基础上，威宁彝族回族苗族自治县水果产业发展中心作为牵头部门和主要起草单位联合各大区域性苹果生产企业和合作社共同制定了《贵州苹果栽培技术规程》《贵州苹果病虫害绿色防控技术》《贵州苹果采摘技术规范》《贵州苹果贮运技术规范》《贵州苹果质量标准》5大团体标准体系，规范化贵州苹果的标准化生产，使贵州苹果的生产及监督管理有据可依。这也是贵州苹果产业发展及品牌建设的必要措施，通过综合标准体系的标准化生产指导，贵州苹果的品质有了技术保证、贵州苹果的种植有了监管措施，贵州苹果的品牌建设有了质量作为基石，这就意味着三大贵州苹果品牌——威宁苹果、长顺高钙苹果、兴义苹果其突出的品质特色有了标准化的管理和保证，对其品牌特征的打造和提升起到至关重要的作用。

2. 长顺高钙苹果

长顺高钙苹果，是贵州苹果品牌中的后起之秀，虽起步较晚，但其品牌定位清晰，品牌打造方向明确，从其名称就可以看出，长顺苹果突出的特征是其苹果的钙含量，长顺高钙苹果钙含量丰富，经检测长顺高钙苹果的钙含量在46.42 mg/100g，是同类产品的2倍以上，在现代新饮食习惯和饮食模式的影响下，突出其特有的营养价值，是其品牌打造的有效手段，也是其品牌区别于同类品牌的差异化特征，有利于在消费者心中形成明显的差异化品牌认识度。

长顺县属中亚热带季风湿润气候区，雨热同季，冬无严寒，夏无酷暑，年均气温15.5℃，年极端最低气温为零下4.3℃，极端最高气温为33.9℃。相对湿度81%。无霜期295天，年降水量1347 mm。长顺县境内为特殊的喀斯特地貌，总面积1543平方公里（231.45万亩），其中耕地面积21.164万亩（水田约8.82万亩、旱地12.344万亩），林地面积124.43万亩，草地面积50万亩。长顺高钙苹果种植基地的区域环境中（长寨街道办、广顺镇、白云山镇），通过对2079个样点进行土壤检测，长顺高钙苹果产业发展区域土壤pH酸碱度平均值为5.49；有机质平均值为41.2 g/kg；全氮含量平均值为2.235 g/kg；碱解氮平均值为173.62 mg/kg；有效磷平均值为14.74 mg/kg；缓效钾平均值为154.58 mg/kg；速效钾平均值136 mg/kg。曾于2009年被农业部授予“全国农产品加工基地示范县”、2011年被农业部授予“全国农产品生产基地建设示范县”。这都为长顺高钙苹果这一产业发展和品牌建设提供了坚实的基础，也是其产品突出的特色品质的必要关联因素。

2002年，长顺县通过贵州红樱桃果业有限公司引进乔化和矮化两大苹果品种体系在长顺县广顺镇进行示范种植，其以先进技术为依托，在经过果树专家多次的品种试验和先进的培育技术之下，成功培育出适宜长顺县生长的，且具有长顺县突出品质特征的苹果。并同时总结出一套实用的长顺苹果优质、高产栽培技术。经过多年的培育生长后，长顺苹果的品质特性得以稳定，而最终因其出产的苹果，果形较好、着色漂亮、可溶性固形物含量高（均在17.5%以上）、水分足、钙含量丰富（46.42 mg/100g），酸甜适口，口感爽脆，被最终定名为长顺高钙苹果。

长顺高钙苹果的种植品种主要为“乔化”“矮化”和“授粉”三大品系，其中，“乔化”品系主要有烟富3号、烟富6号、烟富8号、富士2001、黔选1号等，“授粉”品系主要有太平洋嘎啦、皇家嘎啦、丽嘎啦等；“矮化”品系主要有天红1号、长富2号等。通过分析发现，长顺高钙苹果品种主要以中、晚熟苹果为主。中熟类苹果于每年八九月份开始采收，届时可以很好地填补苹果市场的需求，借此占据市场份额，扩大长顺高钙苹果在消费者心中的品牌辨识度；而晚熟类的长顺高钙苹果也能在10月到12月持续为市场提供苹果的供给，而这时时值春节前期，是采购苹果的高峰时期，而长顺高钙苹果作为知名的苹果品牌也成为苹果礼品采购的优质选择。

目前，长顺高钙苹果种植面积达7.27万亩，产值约为1.08亿元，长顺高钙苹果种植区域涉及长顺县所辖的长寨街道、广顺镇和白云山镇3个乡（镇、街道），37个行政村。其中，广顺镇的种植面积占据了长顺苹果种植总面积的1/2。为了打造长顺高钙苹果产业，从2007年开始统计，长顺县委、县政府先后出台了《关于落实科学发展观推进农业化加快构建现代农业经济支撑体系的实施意见》（长党发〔2007〕9号）、《关于推进农业产业化发展进程的实施方案》（长政字〔2007〕31号）、《关于大力实施“5582”工程扎实推进农村经济发展的意见》（长党发〔2015〕1号）、关于印发《长顺县现代高效农业园区招商引资优惠扶持政策（试行）》（长党办发〔2016〕45号）、《关于印发2017年长顺县特色农业保险工作实施方案的通知》（长府办发〔2017〕15号）、关于印发《长顺县强化扶持鼓励创业就业实施办法的通知（试行）》（长府办发〔2017〕20号）等长顺高钙苹果产业政策措施。并通过长顺县委常委会、县政府常务会议研究审定，制定了《长顺县“十三五”农业发展规划》，该规划明确了长顺高钙苹果产业发展思路、目标、规划布局及措施。预计2020年，全县高钙苹果种植面积达10万亩，挂果面积达6万亩，并依托长顺高钙苹果种植产业发展规划建设全省山地农业“接二连三”先行示范区，实现长顺高钙苹果产业年总产值达6亿元以上。2015年冬至2020年春新增发展苹果种植4万亩，其中长寨街道一万亩、广顺镇一万九千亩、白云山镇一万一千亩。

有了这样的基础，长顺县农业农村局和长顺县市场监督管理局牵头，于2014年制定并发布了《长顺“高钙”苹果质量标准》（DB522700/T 045.2—2014），而后于2018年制定了《长顺苹果无公害种植技术规程》（DB5227/T 045—2018），实现了长顺高钙苹果品牌建设的质量保证。

负责长顺高钙苹果生产的主要企业和合作社有长顺县广顺优质水果专业合作社、贵州长顺晶源生态农业发展有限公司、长顺康红高钙苹果农民专业合作。其中贵州长顺晶源生态农业发展有限公司生产的“贵山贵果”牌长顺高钙苹果已经进行绿色食品认证，并获得产地环境和产品质量的绿色食品检测合格证书。这为长顺高钙苹果的产业发展和品牌建设增添了又一品牌质量助推之力。在长顺县委、县政府以及相关部门的倾力打造之下，长顺高钙苹果的品牌实现了包装统一、品牌名称统一的发展态势，这为长顺高钙苹果的产业发展及品牌建设提升发展优势。

3. 兴义苹果

兴义苹果，作为贵州苹果中另一大苹果品牌分支，只有13年的种植历史，其品牌知名度较威宁苹果和长顺高钙苹果略有不及，却有后发赶超之势。

兴义苹果在苹果市场占有明显的市场优势，这源于兴义地区独有的自然环境气候优势。兴义地理位置为东经104°51′～104°55′、北纬24°38′–25°23′。市区境内的地势东南低、西北高、河流纵横、山峦起伏。此外，该地拥有良好发育的喀斯特地貌形态，在全市地域形态分布当中，喀斯特地貌占据71.5%，平坝占据7.2%，丘陵占据20.5%，河流、村庄占据0.8%，该市的地形地貌特征被地质学家称为中国第二个“金三角”。属于热带山地季风湿润气候，日照充足、雨量充沛、冬无严寒、夏无酷暑。雨热同季，年降水量在1300～1600 mm，无霜期在275～334天，年平均气温在13～15℃，一月平均温度为7.1℃，七月平均温度为22.2℃，白天最高温度在28～30℃，晚间最低温度在13～15℃，昼夜温差在20℃左右。兴义苹果种植区阳光充足，气候干燥，年积温高达3590℃，昼夜温差大，清晨应形成露水和大雾气候。受这样得天独厚的小气候影响，兴义苹果品质突出。加之土壤条件也适合苹果种植，兴义苹果比云南昭通种植的同品种苹果采摘期提前了15天左右，比北方地区种植的同品种苹果采摘期更是提前了一个月左右，成为兴义苹果在苹果市场的一个绝对优势，也是其品牌打造的突出特点。

目前，兴义苹果已发展建设苹果园2000多亩，其中发展成熟的果园已经有200多亩。兴义苹果的主要栽培品种有德国红星、英国皇家嘎啦、长富2号等。其中长富2号是兴义苹果主要栽培品种，面积多达40多亩，且种植时间长，以进入丰产期，2016年出产兴义苹果多达80万斤左右，目前全市的兴义苹果基本已经进入稳产时期。并还在进行兴义苹果的扩大化种植。

兴义苹果主要产区位于兴义市所辖的白碗窑镇，该镇与“川滇古陆”相邻，位于北纬24°58′44″～25°06′32″、东经104°43′75″～104°49′28″。包含13个行政村（社区），全镇森林覆盖率近30%，该镇地形崎岖，地势起伏，高度相差 890 m，正好位于七舍高原与乌沙岔江底热河谷的过渡地带，海拔处于 1110~2000 m，气候温暖、湿润，是苹果生长的理想之地，兴义苹果在该地区的种植历史也很悠久，种植资源也很丰富，兴义市政府选择其作为兴义苹果的主要种植基地，是自然环境和人文历史关联因素之下的必选之地。

兴义市白碗窑镇落水洞林场的兴义苹果基地所出产的兴义苹果产量已达到 13000 斤，亩经济价值有 17000 元。兴义苹果凭借肉质细、鲜甜爽脆，多汁、色泽亮丽，口感香甜的品质特色被消费者所认可和青睐，可达到 5 ~ 8 元一个。并于 2014 年，在云南昭通苹果展销会上取得口感评价第一名的优异成绩。使得兴义苹果品牌知名度大幅提升。

兴义苹果的品牌建设和威宁苹果以及长顺高钙苹果有些许不一样，前两个品牌是地标性、区域性苹果品牌带动和助推企业品牌的诞生和发展，而兴义苹果则是依靠企业品牌的建设和发展来带动和提高兴义苹果这一地标性、区域性苹果品牌知名度和品牌竞争力。其中生产兴义苹果的贵州益生福农业开发有限责任公司已经获得一千五百亩的绿色食品认证。这是兴义苹果品牌建设及产业发展比较优秀的企业之一，为兴义苹果品牌的知名度提升和市场占有率贡献了坚实的力量。

二、贵州苹果产业的品牌发展之策

（一）问题所在

根据上述贵州苹果所囊括的三大苹果品牌：威宁苹果、长顺高钙苹果、兴义苹果，在其产业发展及品牌建设的过程中，影响其产业发展及品牌建设的问题主要表现如下。

（1）品牌辨识度不高。这主要体现在威宁苹果和兴义苹果的品牌打造方面。其中威宁苹果的包装尤其不符合产业品牌形象，大部分威宁苹果所采用的包装不仅没有突出“威宁苹果”四字，就连“苹果”二字都不甚明显，这不仅不能提高其品牌知名度，还容易让消费者对威宁苹果这一地标性、区域品牌的知名度产生了混乱的品牌认知。

（2）缺乏品牌可视化系统。贵州苹果虽然有较悠长的种植历史，其品质特色突出且优质，但由于贵州的地理位置以及历史成因，贵州苹果在其品牌推广上尤为弱势，缺乏一套具有各自地域特色的苹果品牌形象。

（3）综合标准体系的建设力度不足。标准化种植是现代农业发展的必要模式，也是产业发展和品牌建设所依靠的技术力量，目前贵州苹果已经建立了《贵州苹果栽培技术规程》《贵州苹果病虫害绿色防控技术》《贵州苹果采摘技术规范》《贵州苹果贮运技术规范》《贵州苹果质量标准》5 大团体标准体系，其实施力度不足，针对各地域性苹果品牌的标准也还是空白。

（二）发展之策

1. 地理标志保护及运用

党的十九大指出，农业农村农民问题是关系国计民生的根本性问题，必须始终把解决好“三农”问题作为全党工作的重中之重。2019 年 2 月，《中共中央国务院关于坚持农业农村优先发展做好“三农”工作的若干意见》明确，支持建设一批特色农产品优势区。创新发展具有民族和地域特色的乡村手工业， 大力挖掘农村能工巧匠，培育一批家庭工场、手工作坊、乡村车间。健全特色农产品质量标准体系，强化农产品地理标志和商标保护，创响一批“土字号”“乡字号”特色产品品牌。地理标志产品保护恰好能成为其有利的推手，符合我国关于特色农产品发展方向与政策。是助力扶贫攻坚、发展绿色生态农业的得力举措。

特色农产品品牌建设是农业现代化的标志之一，也是乡村振兴战略的有机组成部分。可见，实施地理标志项目不仅符合政策发展需要，更是给贵州苹果一次焕发生机的机会。

（1）加强贵州各地域苹果品牌作为地理标志产品保护工作的宏观统筹。将地理标志保护工作融入地方经济社会发展大局，积极争取地方党委政府的重视支持，将地理标志工作纳入政府绩效考核体系。将地理标志保护作为“十四五”知识产权发展规划前期预研重点

（2）加大贵州各地域苹果品牌获批地理标志产品保护政策扶持力度。将地理标志保护工作作为强区创建重点之一。

（3）推进地理标志保护工作多方参与。相关部门加强工作沟通和协调，实现政策协同、业务联动和信息共享。建立地理标志信息公共服务平台，将地理标志保护相关信息归集、共享和查询检索等纳入地理标志信息公共服务平台。鼓励建立以龙头企业等为主导的行业协会，规范各类地理标志行业协会发展。进一步发挥地理标志服务机构专业优势，搭建交流合作平台，共同推动地理标志产业集群发展。

（4）完善地理标志产业化惠农机制。面向地理标志企业积极培育一批优势企业和示范企业，引领地理标志产业发展。发挥地理标志龙头企业对农户的带动作用，将农户纳入地理标志产业体系。鼓励和支持发展地理标志产业化联合体，以地理标志为纽带，通过信息互通、技术共享、品牌共创、增信融资等方式，与农户形成稳定的利益共同体。

（5）推动地理标志特色产业融合发展。将地理标志特色产业培育与生态文明建设有机结合，实现经济发展与环境保护协调统一。围绕地理标志运用加强技术指导、创业孵化等公共服务，完善配套设施，提高发展地理标志新产业、新业态的能力。倡导发展新模式、新业态，推动地理标志与互联网、电子商务、文化创意、生态旅游等产业深度融合，实现经济效益倍增的裂变效应。

（6）开展贵州各地域苹果品牌地理标志品牌提升工作试点。强化政府资金引导和项目扶持，以龙头企业、农村合作社和家庭农场等为主体，集中力量培育一批市场占有率高、经济效益好、辐射带动强、有较高知名度的地理标志苹果品牌。加强地理标志品牌培育，制定培育发展规划，建立产品目录和档案。

（7）发挥不同市场主体在贵州各地域苹果品牌地理标志品牌培育中的作用。提升企业地理标志品牌培育能力。支持培育一批地理标志品牌服务机构，为企业提供定制化、专业化服务。加强地理标志各类市场主体的行业协作能力，引导并强化地理标志品牌开发利用。

（8）提升贵州各地域苹果品牌地理标志品牌影响力。加强贵州各地域苹果品牌地理标志品牌建设与历史文化传承发展有机结合。拍摄贵州各地域苹果品牌地理标志苹果专题片，加快地理标志产品品牌影响力，加强品牌国际化建设。突出地理标志特色品质，打造市场声誉口碑，提高品牌附加值和竞争力。

（9）加强贵州贫困地区各地域苹果品牌地理标志业务指导。贯彻乡村振兴战略，深入实施国家知识产权强县工程，将地理标志保护工作作为重要抓手。面向贫困地区开展地理标志保护专项培训。注重运用地理标志发展长效扶贫产业，提高贫困人口参与度和直接受益水平。

（10）推广贵州各地域苹果品牌地理标志品牌助力精准扶贫经验模式。结合精准扶贫工作，用好用活地理标志，打造助力精准扶贫“金字招牌”。以地理标志龙头企业和特色产业为带动，优先吸纳农村剩余劳动力和精准扶贫户。推动电商深化地理标志扶贫频道建设，开展电商地理标志扶贫品牌推介活动，推动贫困地区地理标志与知名电商企业对接。

（11）开展贵州各地域苹果品牌地理标志助力精准扶贫宣讲交流。举办地理标志助力精准扶贫系列宣讲活动，开展面对面、点对点结对帮扶。组织专家深入基层广泛宣讲地理标志专业知识和保护案例。适时组织召开地理标志助力精准扶贫地方经验交流，总结推广一批可复制可推广的地理标志助力精准扶贫经验。

（12）推动贵州各地域苹果品牌地理标志产品流通和展示推介。依托各类“展会”或“品牌”活动，促进地理标志产品市场流通和品牌提升。加大地理标志产品展示推介力度。发展地理标志产品电子商务，鼓励开展农户网络购销对接，促进地理标志产品流通线上线下有机结合。

（13）进一步扩大贵州各地域苹果品牌地理标志社会认知。充分利用新闻媒体和各类信息平台，宣传展示贵州各地域苹果品牌地理标志运用促进成效，突出地理标志的社会效益、经济效益和生态效益。通过举办研讨会、讲座等活动，激发企业运用地理标志的积极性、主动性。扩大地理标志社会认知。

2. 品牌 VI 系统的打造

根据各地域性苹果品牌，结合自身苹果产业的发展特点以及苹果的质量特色，打造包含种植、服务、包装、销售在内的一系列的可视化品牌 VI 系统。让消费者第一眼就可以有清晰的辨识度，使得品牌形象深入人心。

附　录

B18
贵州苹果产业大事记

李发耀　李顺雨　牟　琴

2020年

2020年11月12日至13日，国家扶贫办党组书记、主任刘永福率队赴威宁县调研脱贫攻坚工作，先后到威宁超越农业有限公司苹果分拣线、威宁雪榕生物科技有限公司食用菌生产车间、威宁江楠现代农副产品加工物流园和威宁自治县双龙镇高山蔬菜基地，调研了解企业发展、产品销售、带贫益贫等情况。

2020年10月20日，国家交通运输部党组书记杨传堂率队赴威宁县调研交通助推脱贫攻坚工作，其间莅临迤那－牛棚万亩苹果基地，调研了解产业路线、基地规模、企业发展、产品销售、带贫等情况。

2020年9月27日至28日，省委副书记蓝绍敏率队赴威宁县调研，考察了蔬菜基地、育苗中心、物流园和金针菇生产、苹果分拣线等项目，详细了解产销对接和带动脱贫情况。

2020年8月13日至14日，省委书记、省人大常委会主任孙志刚赴毕节市威宁自治县开展脱贫攻坚挂牌督战，其间莅临迤那－牛棚万亩苹果基地，调研基地规模、实地查看基地苹果的种植情况，与农户和企业负责人亲切交谈，了解企业发展、产销对接、利益联结等情况，对威宁苹果产业发展给予了肯定。

2020年8月10日，贵阳银行股份有限公司党委书记、董事长张正海率队赴威宁考察调研产业项目，详细了解基地建设、苹果种植技术保障、市场销售以及在贵阳银行的融资等情况。

2020 年 7 月，建行大学首席学习官、执行校长薛胜利率调研组赴威宁开展调研，实地察看基地苹果的种植情况，详细了解基地种植规模、苹果长势、带动就业、产销对接、利益联结等相关情况。

2020 年 7 月 9 日至 10 日，由中共威宁自治县委、威宁自治县人民政府主办的贵州省威宁自治县特色农产品推介会在广西壮族自治区南宁市兴宁区、柳州市柳南区、桂林市七星区三地举行。肖发君在会议上介绍威宁具有独一无二的气候、得天独厚的资源，是著名的高原苹果之乡、南方马铃薯之乡。

2020 年 6 月 8 日至 10 日，农业农村部未脱贫县威宁产业技术顾问组组长姜全率专家组到威宁就产业发展情况进行调研，实地调研了牛棚镇水源村苹果基地、迤那镇海升集团威宁超越公司苹果基地、观风海镇威宁侬超公司苹果基地。

2020 年 5 月 22 日，威宁农业专家董恩省、陶惠、陈睿、赵静等一行深入岔河镇云沙和新发两个深度贫困村，开展圆梦小康专家基层行暨专家集中会诊主导产业苹果活动，为主导产业“开具良方”，深入推进“圆梦小康专家行动计划”。

2020 年 5 月 22 日，为贯彻落实贵州省脱贫攻坚“冲刺 90 天打赢歼灭战”动员大会精神，助力“9+3”重点县（区）按时高质量打赢脱贫攻坚战，助推水果产业提质增效，由省水果专班副班长文晓鹏带队，组织贵州大学、省果树所、省果蔬站等专家，赴赫章县开展苹果夏秋管理及常见病虫害防治技术培训和指导工作。

2020 年 5 月 11 日至 12 日，省委副书记、省长谌贻琴赴毕节市威宁自治县调研脱贫攻坚工作，谌贻琴走进迤那镇万亩精品苹果示范基地，仔细了解结构调整、龙头带动、产销对接、利益联结、务工收入等情况。

2020 年 1 月 15 日，为推动苹果种植技术推广，促进果农增产增收，羊街镇邀请农牧局果蔬专家到大洼村开展苹果种植技术现场培训。

2020 年 1 月 14 日，全力推动威宁苹果产业高质量发展，助力按时高质量打赢脱贫攻坚战，努力建设贯彻新发展理念示范区，召开威宁自治县苹果产业发展暨管护现场会。

2020 年 1 月 2 日，毕节市市场监督管理局发布地理标志产品地方标准，《地理标志产品 威宁苹果》DB5205/T 2—2020。

2019 年

2019 年 11 月 23 日，第五届中国果业品牌大会在湖南省长沙市召开。“威宁苹果”以品牌价值 3.11 亿元，荣登 2019 中国果品区域公用品牌价值榜第 111 位，成为贵州省唯一上榜的果品区域公用品牌。

2019 年 10 月 6 日，中央电视台新闻联播报道“贵州：‘一减一增’产业革命促农增收”，以威宁自治县苹果种植产业为例，展示了贵州开展产业革命，调减玉米等低效作物，拓展高效农业的发展成效，为威宁发展苹果产业再添动力。

2019 年 9 月，威宁乌蒙绿色产业有限责任公司申报的农产品威宁苹果绿色食品认证获得中国绿色食品发展中心通过，成为继“威宁荞酥”后的威宁第二个获得国家绿色食品认证的农产品，再添国家级名片。

2019 年 5 月 28 日，中国林科院资源信息所书记王宏率中国林科院资源信息所研究室主任、研究员张怀清、雷相东，国家投资公司中成集团投资部高级业务经理戴婷婷，国家开发银行贵州省分行副处长周巍等一行组成调研组，到威宁调研并召开座谈会，先后深入中水镇上寨村海升苹果基地、迤那－牛棚万亩精品苹果示范基地调研。

2019 年 3 月 25 日，全国人大常委、法律委员会副主任，九三学社中央副主席、中国工程院院士丛斌率九三学社中央调研组到威宁调研，到迤那镇万亩精品苹果基地视察工作，举行了“贵州省各民主党派省委参与脱贫攻坚实践基地”挂牌仪式。

2018 年

2018 年，贵州省委号召全省“来一场振兴农村经济的深刻的产业革命”。威宁县因势利导、顺势而为，借助建行贵州省分行定点帮扶整县的力量，合理调整农业产业布局，围绕产业扶贫、民生扶贫、基础设施扶贫等内容，发挥金融机构优势，推进威宁县牛棚、迤那、雪山等7个乡镇矮化苹果产业示范基地建设。

2018年，龙场镇2018年脱贫攻坚种植苹果面积近2万亩。

2018年11月，贵州省农业委员会产业脱贫攻坚工作简报（2018年第10期）中提到威宁自治县黑石头镇采基村规划了500亩“苹果＋当归”套种基地。

2018年10月，贵州省“十三五”农产品加工及休闲农业发展规划中提到重点发展苹果、火龙果等为代表的果蔬食品加工。

2018年8月12日，中国农科院郑州果树研究所副研究员阎振立，国家苹果产业技术体系河南商丘试验站站长刘利民，商丘市农林科学院副研究员孔德静等到威宁调研苹果产业发展相关工作，并举行了2018年苹果产业技术培训会。

2018年4月12日，为推广优质专用农作物新品种，推进育繁推加一体化，不断提高科技成果转化率；推动优质、高产、多抗、广适农业动植物品种选育，提升我省农作物育种水平。省农委印发《关于申报2018年度贵州省农业动植物育种专项的通知》（黔农函〔2018〕71号），就苹果等一系列时令水果品种选育及新品种示范推广进行支持。

2018年3月31日，据行业进度调查，全省水果种植面积703.9万亩，苹果树种植面积14.7万亩，新增苹果集中在威宁，以富士系列为主。

2018年3月22日，开阳县米坪乡举行2018年农业产业结构调整暨脱贫攻坚“春风行动”启动仪式，开阳县米坪乡大坝村农业产业结构调整苹果、桃树种植1.3万亩。

2017年

2017年12月19日，国家质检总局2017年第117号公告批准威宁苹果成为国家地理标志保护产品。

2017年9月5日，副省长刘远坤到盘州市调研精品水果种植工作。六盘水市副市长付昭祥，盘州市委副书记、市长李令波陪同调研。先后到刘官街道拉山苹果种植基地和两河街道岩脚农民专业合作社精品水果基地调研，实地查看苹果的生长情况，并向有关部门、种植基地负责人了解苹果种植面积、种植技术及市场销售等情况。

2017年5月16日，农业部批准威宁苹果农产品地理标志［AGI02146］，地理标志主体为威宁自治县果蔬产业发展中心。

2017年5月，为贯彻落实省第十二次党代会精神，深入推进农业供给侧结构性改革，大力发展现代山地特色高效农业，省委办公厅、省人民政府办公厅印发《贵州省绿色农产品“泉涌”工程工作方案(2017—2020年)》，制定2017—2020年精品果业的具体任务和指标为：精品果业面积达700万亩，其中苹果树种植面积30万亩。

2017年4月，桐梓县政府下发了《关于印发桐梓县农业标准化建设工作实施方案的通知》和《桐梓县2017年绿色农产品基地建设产业扶贫奖补方案》等文件，根据县政府文件要求，县农牧局与县市场监督管理局联合制定了《桐梓县绿色食品地方标准实施方案》，实施方案中成立了领导小组及编制小组，明确规定了编制苹果、李子、梨、柑橘4个绿色地方标准生产技术规程的目标任务，苹果、李子、梨、柑橘是桐梓县主要水果产业，种植面积在7万亩以上。

2016年

2016年11月5日，贵州省果蔬推介暨毕节市农业招商项目签约仪式于第十四届中国国际农产品交易会期间在昆明举行，省人民政府副省长刘远坤、副秘书长项长权、省委农工委书记、省农委主任袁家榆出席。会议由省农委总农艺师黄俊明主持，刘远坤副省长发表重要讲话，并介绍威宁、长顺苹果主产区及众多城市郊区、旅游景区时令水果基地。

2016年4月，迤那镇海升苹果基地从新西兰引进威宁县早熟苹果新品种。

2016年3月，贵州省“互联网+”现代农业专项行动计划到2025年，全省基本实现对苹果优势产业，产业化龙头企业，休闲观光农业区、现代农业高效示范园区“互联网+”现代农业全覆盖。

2014年

2014年1月6日，中国农产品市场协会会员代表大会上，深圳·长顺东西合作农特产品集散中心成为中国农产品市场协会会员，并且成为国家农业部定点市场。依托深圳·长顺东西合作特产品集散中心，长顺县农业产业共发展高钙苹果4.5万亩。

2012年

2012年，省农委在“关于2012年全省农业结构调整的意见”（黔农发〔2012〕8号）中具体明确了2012年新增水果面积60万亩的工作任务，其中苹果基地主要布局在威宁、长顺、桐梓等地。

2011年

2011年8月，关于印发《贵州省农业抗旱保丰收技术方案》的通知中提到苹果等种植业抗旱技术方案。

2011年3月4日，在“四帮四促”活动中，省农业部门倾力帮扶威宁自治县迤那镇，明确在威宁县农牧局挂职的两名果蔬专家于3月底前引进苹果农业生产龙头企业建立标准苹果园，确定由公司采取土地流转的方式集中流转500亩以上的土地进行标准苹果园的创建，再采取土地入股等多种方式带动1000亩精果苹果基地发展。

20世纪90年代

1998年，贵州省苹果园面积91320亩，产量5709吨，其中威宁自治县74250亩，产量4429吨，分别占81.3%和77.6%；赫章县占10.6%和12.6%，毕节市占5.7%和7.4%，其他5县合计占2.4%和2.4%。

1997年，威宁红富士苹果，获贵州省优质果品荣誉证书。

1996年，威宁苹果获得“贵州省优质农产品”称号。20世纪90年代，威宁被有关苹果专家列入全国苹果四大优势区——“西南冷凉高地”优势区。

1992年，毕节地区鼓励单位、集体、个人开发非耕地资源，实施“四园三场”工程。威宁自治县农业局、计委、种子公司、职校、县政府办等单位，租赁荒山6000多亩，办起8个高标准苹果园，县水土保持办公室在中水、迤那、城关和雪山等乡镇租赁荒山3500亩，建立水土保持苹果示范场，带动群众发展苹果。同时期，赫章、毕节的苹果种植有较大发展。

1991年，中水镇开始种植新品种苹果“黄元帅”，并很快形成了万亩苹果基地。

1991年，毕节地区政协工作委员会组织人员对威宁自治县牛栏江流域进行考察，对苹果和黄梨为主的果树提出持续发展建议。

1990年前后，威宁果树站、水保办等单位，先后引进优质品种红富士系、新红星系、金冠短枝型系、乔纳金系以及早熟种藤木1号、早捷、贝拉，中晚熟种华冠、北斗等。除金冠短枝型外，均为红色品种。

20世纪80年代

1989年，威宁自治县水土保持办公室在实施《长江上游水土保持重点防治工程》项目中，依托项目工程专项经费，科学规划，在荒山上大力发展高标准集约化苹果园建设。

1987年，国家农业部将威宁列为西南地区优质苹果适宜发展区，贵州省财政厅、省农业厅在经费上给予扶持。

1984年，省政府批准威宁自治县为苹果生产基地。

20世纪80年代初期，威宁自治县农业局进行种植业区划，作出苹果种植基地的规划，在县内建立苗圃基地。

20世纪70年代

1979年，中国果树研究所生理室在威宁设点，进行金冠苹果花芽形态分化始期观察，明确金冠品种在威宁是6月初形成花芽，为苹果的夏剪和施肥提供理论依据。

1973—1976年，苹果砧木采用威宁农技站与省园艺研究所共同鉴定的野生湖北海棠、三叶海棠、丽江山定子、西府海棠、锡金海棠、垂丝海棠等。

1975 年冬、1976 年春，威宁自治县供销社从山东、辽宁等地调进苹果苗 150 多万株，此后几年陆续从四川蒲江、安徽砀山调进 130 多万株，在县内种植，成活 20% 左右。这期间，其他各县扩大苹果的栽培。

1975 年 10 月，威宁自治县农业农村局选送出水乡的金冠苹果样品到陕西铜川和延安召开的“全国苹果外销基地会”上鉴评得总分 207.9 分，名列全国第二。

1973 年，威宁“黄元帅”苹果在全国黄色苹果品质评比会上获得第二名。

20 世纪 20 至 60 年代

1969 年统计威宁苹果树有 50 多万株。

1966 年由威宁自治县供销社提供资金，从烟台调进苹果苗 100 多万株，在小寒、保家、朱戛、耿家等公社建立苹果生产园。

1958—1961 年，省农科所园艺组在威宁蹲点用红冠、金帅、祝丹顶等 10 多个品种，以花红、海棠梨作砧木嫁接成功。

1956 年在农场内规范化种植 30 亩 600 多株，作良种示范，20 世纪 60 年代前期投产。

1953 年，威宁县农场从烟台引进国光、元帅、红星、红玉、印度和青香蕉品种，以野生海棠梨和花红马蹄苗作砧木嫁接成功。

1930 年和 1935 年，威宁县两度引进苹果栽培。

1925 和 1933 年，英国传教士引进西洋苹果，在威宁县葛布（今属赫章县）和石门坎的教堂附近栽培，品种为金冠、丹顶、红星和元帅，这是境内引进西洋苹果之始。

清朝年间

清朝年间，中河乡回族从陕西引进苹果枝嫁接在林檎砧木上，至今尚存。

权威・前沿・原创